▶ 交通运输类“十三五”创新教材

▶ 中华人民共和国内河船舶船员适任考试培训教材

船舶值班与避碰

中国海事服务中心组织编审

主编 ◎ 张维俊　程志友　易太云

大连海事大学出版社

图书在版编目(CIP)数据

船舶值班与避碰／张维俊，程志友，易太云主编
. — 大连：大连海事大学出版社，2020.12(2024.3 重印)
中华人民共和国内河船舶船员适任考试培训教材
ISBN 978-7-5632-4068-5

Ⅰ.①船…　Ⅱ.①张…②程…③易…　Ⅲ.①船舶操纵—职业培训—教材②船舶航行—避碰规则—职业培训—教材　Ⅳ.①U675.9

中国版本图书馆 CIP 数据核字(2020)第 257691 号

大连海事大学出版社出版

地址:大连市黄浦路523号　邮编:116026　电话:0411-84729665(营销部)　84729480(总编室)

http://press.dlmu.edu.cn　E-mail:dmupress@dlmu.edu.cn

大连永盛印业有限公司　大连海事大学出版社发行

2020 年 12 月第 1 版　2024 年 3 月第 9 次印刷

幅面尺寸:184 mm×260 mm　印张:15.75　字数:390 千

出版人:刘明凯

责任编辑:董洪英　责任校对:王　琴

封面设计:解瑶瑶　版式设计:解瑶瑶

ISBN 978-7-5632-4068-5　定价:48.00 元

中华人民共和国内河船舶船员适任考试培训教材
编委会

前　言

根据《内河船舶船员适任培训和考试大纲(2019版)》,中国海事服务中心组织在内河船舶运输领域有着丰富教学和培训经验的专家在2016年培训教材的基础上重新编写了"中华人民共和国内河船舶船员适任考试培训教材",并组织实践经验丰富的海事管理机构专家和船公司的指导船长、轮机长对教材进行了审定。

在本套教材编写前,中国海事服务中心组织参编专家对内河船舶运输现状进行了广泛的调研和深入的讨论,确保教材内容符合船上实际,反映最新航运技术和与航运相关的最新法律、法规、规范与标准,并在表达方式上通俗易懂,符合内河船舶船员业务学习和技能培训的需要。

本系列教材分驾驶专业和轮机专业两类:驾驶专业包括《船舶操纵》《船舶值班与避碰》《船舶引航》《船舶管理(驾驶专业一类)》《船舶操纵与引航(二、三类)》《船舶管理(驾驶专业二、三类)》;轮机专业包括《主推进动力装置》《船舶辅机》《船舶电气设备》《船舶管理(轮机专业一类)》《船舶机械设备操作与管理(二、三类)》《船舶电气设备操作与管理(二、三类)》《船舶管理(轮机专业二、三类)》。

《船舶值班与避碰》由南京长江油运公司张维俊、重庆交通大学程志友、重庆交通运输高级技工学校易太云主编,江苏省地方海事局王建良、中国海事服务中心王建军主审。江苏海事职业技术学院王仁强、江苏航运职业技术学院赵晶、广西交通职业技术学院高海涛、河北航海学院王磊参与了本书的编写。全书由张维俊负责统稿。

《船舶值班与避碰》全书内容共分四篇。第一篇主要介绍《中华人民共和国内河避碰规则》的相关内容,是本书的重点内容,其中,绪论介绍该规则的沿革、内容和性质;第一章介绍规则的总则,包括适用范围、特别规定、责任、定义;第二章介绍航行与避让;第三章介绍号灯和号型;第四章介绍声响信号;第五章介绍附则及遇险信号;第六章介绍国际信号旗的识别和应用。第二篇主要介绍内河驾驶部船员值班的相关要求,该篇内容主要依据《中华人民共和国内河船舶船员值班规则》的规定,详细分析介绍了驾驶部船员的值班要求。第三篇简要介绍了人为失误与预防方面的内容。第四篇从技术性角度出发进行事故典型案例分析。本书适用于内河船舶驾驶专业一、二、三类证书船员适任考试培训,也可供航运企业内部培训使用,还可作为大、中专院校内河船舶驾驶专业或同类专业的教学参考书。

在教材编写过程中得到了各海事机构、航运院校、船员培训机构、航运企业等相关单位的关心和大力支持，特致谢意！由于时间仓促，书中难免存在错误和疏漏，欢迎广大读者和专家批评指正。

中国海事服务中心

2020 年 7 月

扫码学习《深入学习贯彻党的二十大精神　加快建设交通强国　当好中国式现代化开路先锋》

目　录

第一篇　避碰与信号

第二篇　驾驶部船员值班

第三篇　人为失误与预防

第四篇　典型案例分析

第一篇 避碰与信号

绪论

《中华人民共和国内河避碰规则》是防止船舶碰撞事故、保障水上交通安全的重要海事法规。随着船舶避碰技术发展和避碰实践的总结，在从最初设立至今的百余年间内河避碰规则的内容不断发展和变化，日益规范和完善，成为较为系统和全面的法规，对避免船舶碰撞事故的发生起到了重要作用。

早在清光绪二年(1876)，当时的清政府就制定了我国内河历史上第一部“避碰章程”，全称为《长江及沿海通商口岸，内地船只防备轮船避碰章程》。它的条文只有 8 条，虽很简单，但对于维护我国内河航运权益，减少船舶碰撞事故起到了一定的作用。该章程中有关“号灯”“向右避让”的规定在我国一直沿用至今。

1931 年，国民党政府颁布了《交通部内河航行章程》，这是当时全国统一的内河航行章程。整个章程没有分章节，采用顺序条款，共 24 条。该章程的条文虽比较简单，但编排有序，且条款涉及内容比较广泛。其中，有关号灯显示的“自日入起至日出止”“左红右绿”的规定，有关声号的“一右二左三向后”的规定，“两轮船对遇各靠右边让路，使它(他)轮向本轮左边驶过”“逆水者须让顺水者”“顺风者须让逆风者”“未接到前轮答复汽号时，不得争先越过”的规定等内容，对以后的《中华人民共和国内河避碰规则》产生了重要影响。

1953 年，中央人民政府交通部颁布了《长江航行暂行章程》，它是中华人民共和国成立初期长江航行避碰比较完整的一个章程。该章程包括“总则”“轮船航行规则”“木船航行规则”“附则”，共四章，八十六条，规定了轮船信号，木船信号，以及轮船、木船的航行与避让原则。该章程对全国内河船舶的航行与避让产生了重要影响，后来颁布的《长江避碰规则》《珠江航行规则》《黑龙江航行规则》都沿用了该章程的一些基本原则。

1960 年，经中华人民共和国交通部批准，长江航政局颁布了《长江避碰规则》。它是在《长江航行暂行章程》《长江轮船拖带暂行规则》等规定的基础上修订的。该规则包括“总则”“信号和航速”“航行避让规则”“附则”，共四章，三十三条，其中许多条款的避让原则沿用至今。该规则对保障长江船舶航行与避让安全起到了重要作用，也为现行的避碰规则奠定了重要基础，但是，该规则存在编排顺序不合理、各条交叉较明显、适用范围不清，以及未对船舶在能见度不良时的避让行动做出明确规定等不足。

1961 年，广东省交通厅、广西壮族自治区交通厅颁布了《珠江航行规则》，该规则包括"总则和定义""信号和航速""航行避让规则""附则"，共四章，二十二条。1973 年，黑龙江省交通厅颁布了《黑龙江航行规则》，该规则包括"总则""航道与航标""信号""航行与避让""港渡口""渔船与渔网""救助和海事处理""附则"，共八章，八十条。其中在航行与避让规则方面，《珠江航行规则》《黑龙江航行规则》《长江避碰规则》具有一定的相似性。

随着内河航运事业的发展，许多船舶早已跨区域运输，加之干支直达、江海直达等运输方式的出现，客观上需要有一个全面统一的内河船舶避碰规则。交通部（2008 年组建为交通运输部）从 1975 年开始酝酿，经过几年的工作，在《长江避碰规则》的基础上，吸取其他航行与避碰规则的内容，并参照《1972 年国际海上避碰规则》，几经修改，于 1979 年 2 月 1 日颁布《内河避碰规则（1979）》，并于 1980 年 1 月 1 日零时起开始施行。该规则是中华人民共和国成立后内河第一部统一的船舶避碰规则。该规则包括"总则""航行与避让""号灯和号型""声号信号""附则"，共五章，三十六条，四个附录。该规则在号灯、号型的规定上尽可能与海船规定接轨，还补充了声响信号规定等，但该规则存在归类不合理、适用范围不清、条文交叉冲突、表述不够完善等问题。

1989 年，交通部组织专家、学者对《内河避碰规则（1979）》的实施情况进行充分的调研，对《内河避碰规则（1979）》进行了多次讨论、修改、补充。1991 年 2 月 8 日，交通部颁布了《中华人民共和国内河避碰规则（1991）》，并于 1992 年 1 月 1 日零时起正式生效。它的颁布和实施，对维护水上交通秩序、保障人民生命和财产安全起到了十分重要的作用。该规则包括"总则""航行与避让""号灯和号型""声响信号""附则"共五章，四十八条，三个附录。在《内河避碰规则（1979）》的基础之上，《中华人民共和国内河避碰规则（1991）》在条理、结构、内容上有明显变动。在条理上，逻辑严密、条理清楚、内容紧凑、重点突出，解决了条款交叉和冲突的问题；在结构上，将最基本、最重要的条款突前，并将需要强调或提醒船员注意的问题列为专门条款；在内容上，充分吸收了《1972 年国际海上避碰规则》的核心内容，新增"责任""瞭望""安全航速""甚高频无线电话通话规定"等重要条款，并对其他部分条款进行了修订和完善。

在《中华人民共和国内河避碰规则（1991）》生效后，为了适应内河船舶避碰技术发展的需要，交通部发布《关于修改〈中华人民共和国内河避碰规则（1991）〉的决定》（交海发〔2003〕357 号），对规则进行了修正，新增了"渡船""船舶定线制、分道通航制"条款。"渡船"规定的纳入，有利于渡船航行与避让安全；"船舶定线制、分道通航制"规定的纳入，使该规则增加了水上交通管理新成分。因此，现行的规则是经 2003 年修正后的《中华人民共和国内河避碰规则》，以下简称《规则》。

《规则》具有技术规范和法律规范的双重性质，既是防止船舶碰撞事故的行动指南，又是碰撞事故发生后判定事故责任的依据。船舶避碰本身就是一门技术，所形成的以《规则》为核心内容的技术规范，来源于实践并指导实践。船舶在航行与避让的过程中，船员如不遵守船舶避碰的技术规范，违反避碰操作规程，就可能导致船舶碰撞事故的发生。同时，船舶碰撞事故的发生，所侵害的利益涉及社会公共利益，交通运输部作为水上交通安全的主管机构将船舶避碰的技术规范上升为法律规范，是以行政法规的形式，要求船员必须遵守《规则》所规定的责任和义务。

第一章 总则

《规则》第一章（总则）包含第一条至第五条，规定了《规则》的宗旨、适用范围、责任条款、特别规定条款和名词术语的定义，规定了对《规则》具有普遍意义的基本原则。从《规则》所调整的范围看，我国幅员辽阔，发展又很不平衡，内河水域通航条件不同，船舶种类繁多，期望所有在实践中遇到的问题都在《规则》中予以明确规定，是不可能的。从立法角度看，总则的作用在于，船舶、排筏在执行《规则》其他条款时，或者当遇到《规则》没有规定的特殊情况时，应当遵循总则规定的原则。所以，《规则》规定的总则与船舶、排筏在内河通航水域的一切活动具有密切的联系。学习、理解、执行《规则》，必须在学习、理解、执行《规则》总则的基础上进行。本章内容是《规则》的基础部分，回答了《规则》中最基本的问题。

第一节 宗旨和适用范围

本节包含《规则》的第一条、第二条，共两条内容。第一条“宗旨”，明确了《规则》制定的目的和意义；第二条“适用范围”回答了《规则》适用的水域、适用的对象，并且明确了不适用《规则》的内河水域。

一、《规则》第一条　宗旨

(一)条款内容

为维护水上交通秩序,防止碰撞事故,保障人民生命、财产的安全,制定本规则。

(二)条款解释

本条是关于立法宗旨的规定,是为了在我国江河、湖泊、水库、运河等可供通航水域中,维护水上航行秩序,保障船舶航行、停泊、作业的安全,避免船舶碰撞事故而制定的共同遵守的内河避碰规则。

《规则》其他各个条款就某一方面具体问题做出的规定,从属于、服务于《规则》的宗旨。《规则》是船舶航行的准则,是加强内河交通安全管理的重要法规,是分析和调查处理水上交通事故的法律依据。

为实现本宗旨,《规则》规范了船舶、排筏的行动,并由当事船员通过操纵来执行。船员作为水上交通安全和防止船舶污染环境的最终执行者,对水上人命、财产的安全和防止船舶污染环境负有很大的责任。《中华人民共和国船员条例》第二十二条规定:船长管理和指挥船舶时,应当保证船舶和船员在开航时处于适航、适任状态,保证船舶的正常值班,并对本船船员进行日常训练和考核,船员在船上工作期间必须认真履行船员职责,遵守船舶的管理制度和值班规定。因此,船员的安全意识是否牢固,理解和执行《规则》是否正确至关重要。所以,贯彻执行《规则》,必须加强对船员的思想教育,使其认真贯彻执行"安全第一,预防为主"的方针,加强有关安全生产等法制教育,使其增强法制观念,使其树立确保国家财产、人民生命安全的高度责任感。同时要防止船员不从立法宗旨着眼,单纯考虑本船操纵上的方便,片面理解《规则》。船员在学习和运用《规则》时,应注意以下几点:

1.《规则》的约束性

《规则》明确规定了在中国境内内河通航水域航行、停泊、作业的一切船舶、排筏均应当遵守规则,这是法定的义务。《规则》的条款对船舶设备、航行和避让等都有明确的规定,为了贯彻"安全第一,预防为主"的方针,不只是在碰撞危险已经形成时《规则》才有效,而是任何船舶,在任何时候的任何行动均应当自觉接受《规则》的约束。

2.《规则》的预防性

《规则》的精神是以预防为手段,达到避碰的目的。它不但要求防止碰撞事故,而且要求防止发生碰撞危险和产生这种危险局面的可能。这就要求船员随时注意判断是否存在碰撞危险,如果有任何怀疑,则应当认为存在这种危险。如果当时环境许可,应当及早、明确地采取行动以避免碰撞。当情况比较复杂,如多船相遇,暂时判断不清谁是被让路船时,应当把本船作为让路船考虑,主动采取避让行动等。所以当事船不能"有事找规则,无事随意行",必须从预防的高度居安思危,事事、时时、处处遵守规则。

3.《规则》的协调性

《规则》通过规范协调船舶的行动,维护水上交通秩序,避免碰撞事故。两船对遇,一方左让，另一方右让，动作不协调，必然导致紧迫局面甚至发生碰撞事故。其他如进出干支流、叉河口相遇、尾随、靠离、调头、追越、失控、在航施工等，《规则》对当事船舶都有明确的要求。凡遵守《规则》就协调，反之则可能发生事故。两船相遇的安全，取决于双方都能正确理解和执行《规则》对本船的要求，采取协调一致的行动，防止碰撞事故的发生。

4.《规则》的全面性

《规则》的所有条款从属于、服务于《规则》的宗旨，预防事故，确保安全。任何船舶，即使是会遇双方中的被让路船舶，也有遵守《规则》各条特别是第二章第一节行动通则各条的义务。所以，当船舶的行动涉及《规则》有关的条款时，当事船舶必须全面遵守《规则》。实践中，少数驾驶员由于种种原因只注意到《规则》个别条款的规定，忽视了《规则》其他条款对本船的约束，片面理解、运用《规则》将会导致事故的发生。

作为一名船舶驾驶人员，在真正了解和掌握了《规则》以上四个特性后，就必然产生不是要我学习《规则》，而是我要学习《规则》，不是要我遵守《规则》，而是我要遵守《规则》的高度自觉性。这种自觉性还应表现在遵守《规则》，养成良好习惯，做出榜样，带好一班人、带好接班人方面。

贯彻执行《规则》，就应当全面理解《规则》的精神，严格遵守《规则》的各条规定。另外，还要提倡文明行船，把困难留给自己，把方便让给别人，反对不顾客观实际情况的要求，强行或者突然采取行动，只顾自己不顾别人等不良驾驶作风。只有牢固树立对人民生命、财产高度负责的精神，才能主动、及时、准确地执行《规则》，避免各种事故，确保航行安全。

二、《规则》第二条 适用范围

(一)条款内容

在中华人民共和国境内江河、湖泊、水库、运河等通航水域及其港口航行、停泊和作业的一切船舶、排筏均应当遵守本规则。

船舶、排筏在国境河流、湖泊航行、停泊和作业，按照中国政府同相邻国家政府签有的协议或者协定执行。

船舶、排筏在与中俄国境河流相通的水域航行、停泊和作业不适用本规则。

(二)条款解释

1.《规则》的适用范围

(1)适用的水域

《规则》适用的水域是指“中华人民共和国境内江河、湖泊、水库、运河等通航水域及其港口”(简称“内河通航水域”)。

江河是指自然形成的河流。我国的地势西高东低，江河一般东西走向居多，如长江、黄河等，具有比降大、流速快的特点，而在靠近入海口的航段，受潮汐的影响，其流向具有周期性变化的特征。

运河是指人工开挖的河道，主要用于江河之间的连接沟通。举世闻名的京杭大运河，是世界最长的一条人工河道。该运河北起北京，南达杭州，流经北京、河北、天津、山东、江苏、浙江六个省/直辖市，沟通了海河、黄河、淮河、长江、钱塘江等五大水系，全长 1 797 km。

湖泊是指天然形成的“洼地”，如洞庭湖、鄱阳湖等。

水库是指拦洪蓄水和调节水流的水利工程建筑物，主要用作灌溉、发电、航运、防洪或者养鱼等，如长江三峡水库、黄河小浪底水库、丹江口水库等。

（2）适用的对象

《规则》适用的对象是指在内河通航水域航行、停泊、作业的一切船舶、排筏。这里的船舶应符合《规则》第五条对船舶的定义，即“船舶”是指各种船艇、移动式平台、水上飞机和其他水上运输工具，包括客船、货船、军事船舶、科考船、公务船、渔船、人力船、帆船等，也包括进入内河航行的海船，但不包括排筏。排筏主要是指人工流放的竹排、木排，航行时避让能力极差，也是《规则》的适用对象。总之，只要船舶、排筏在内河通航水域航行、停泊和作业，都应当遵守《规则》的规定。

2.《规则》不适用的水域

（1）国境河流、湖泊

国境河流、湖泊是指中国与相邻国家的界河或者界湖，如黑龙江、乌苏里江、额尔古纳河、松阿察河、兴凯湖、鸭绿江等。国境河流、湖泊是两国间的界河或者界湖，进出船舶受不同国家港口当局管辖，船舶在国境河流、湖泊航行、停泊和作业时若执行不同避碰规则，或没有统一的交通规则，如不同的避碰信号、航行与避让规定等，势必给船员带来许多麻烦，这对双方船舶避让安全都是不利的。为了规范国境河流、湖泊的航行秩序，保障航行安全，我国政府已与相邻的国家政府协商制定相应国境河流、湖泊的航行规则，签订有关船舶、排筏在国境河流、湖泊航行、停泊、作业等相关的协议或者协定，所以，船舶、排筏在国境河流、湖泊航行、停泊和作业，一律按照中国政府同相邻国家政府签有的协议或者协定执行，如船舶、排筏在中俄国境河流、湖泊航行、停泊和作业，执行《中俄国境河流航行规则》。

（2）与中俄国境河流相通的水域

与中俄国境河流相通的水域是指在中华人民共和国境内与中俄国境河流相通的通航水域，比如松花江、松花湖等。虽然该水域在中国境内，但船舶、排筏在该水域航行、停泊和作业时，并不执行《规则》，而应执行《中华人民共和国黑龙江水系航行规则》。原因是与中俄国境河流相通的水域相对于中国其他内河通航水域，具有一定的独立性，加之《中俄国境河流航行规则》与《规则》在号灯、号型、声响信号以及航行避让规定上有较大差异，如果船舶航行于中俄国境河流遵守《中俄国境河流航行规则》，进入与国境河流相通的我国境内水域又要执行《规则》，则船舶要有两套号灯、号型设备，船员遵守两套规则也容易混乱，特别是两艘船在国境河流和境内河流交汇水域相遇时，两船使用不同的规则容易导致误判或者行动上的不协调，极易发生碰撞事故。因此，为了保证船舶航行安全，考虑到同一艘船舶既航行于国境河流，又在境内河流航行时，船员应用规则的方便和历年来的航行与避让习惯，船舶、排筏在与中俄国境河流相通的水域航行、停泊和作业时不适用《规则》。由于该水域与中俄国境河流特点相似，并且与中俄国境河流紧密相通，在该水域制定和实施《中华人民共和国黑龙江水系航行规则》，有利于衔接《中俄国境河流航行规则》，确保航行于中俄国境河流及与中俄国境河流相通水域船舶的安全。

第二节 特别规定

本节介绍了各种有关交通管制在内的特别规定的由来。特别规定是指《规则》授权各省、自治区、直辖市海事机构，长江、黑龙江海事局及辖区内有内河的沿海海事机构根据辖区具体情况，制定的包括分道通航等有关交通管制在内的相关规定。

《规则》第四条 特别规定

(一)条款内容

本规则授权各省、自治区、直辖市海事机构，长江、黑龙江海事局及辖区内有内河的沿海海事机构根据辖区具体情况，制定包括分道通航等有关交通管制在内的特别规定，报交通部批准后生效。

(二)条款解释

我国幅员辽阔，内河通航水域的通航条件千差万别，船舶会遇情况错综复杂，如不同河流之间和同一条河流上、中、下游之间的通航环境均有一定的差异。《规则》针对内河通航水域的规定是普遍规定，不可能包罗万象。《规则》授权各省、自治区、直辖市海事机构，长江、黑龙江海事局及辖区内有内河的沿海海事机构根据辖区具体情况，制定包括分道通航等有关交通管制在内的特别规定，以解决《规则》无法解决的一些具体的或者特殊的问题。

1. 特别规定的制定

在《规则》授权的前提下，特别规定由各省、自治区、直辖市海事机构，长江、黑龙江海事局及辖区内有内河的沿海海事机构根据辖区具体情况制定。可见，制定特别规定的机构，只能是省级海事机构和长江、黑龙江海事局及辖区内有内河的沿海海事机构。在制定程序上，必须经《规则》授权，并报交通运输部批准后才能生效。特别规定是对《规则》的配套和补充，是对《规则》有关条款规定，尤其是对船舶航行原则的延伸和具体化，对船舶航行和避让具有较强的针对性、可操作性、实效性。它的制定和实施，进一步规范了船舶航行与避让行为，对确保船舶航行与避让安全起到了重要作用。在制定内容上，主要包括分道通航制、船舶定线制等有关交通管制的规定。例如，《长江江苏段船舶定线制规定》《长江安徽段船舶定线制规定》《长江三峡库区船舶定线制规定》《长江干线水上交通安全管理特别规定》等，都属于《规则》的特别规定。

2. 特别规定与《规则》的关系

特别规定的制定必须经过《规则》的授权，两者之间发生矛盾是不可避免的。事实上，特别规定与《规则》不一致的部分，也是各海事机构根据辖区的具体情况制定的最有针对性的条款，更是制定特别规定的意义所在。

在遵守特别规定时，一是要注意深入学习所要经过的航区、航段有关特别规定的具体内容，主动适应特别规定的交通管制，根据通航环境和情况，按照特别规定的要求航行与避让；二是要注意在遵守特别规定的同时，不免除遵守《规则》相关条款的责任。在同一水域，如果特别规定与《规则》在同一事项上的规定不一致，船舶应当优先遵守特别规定；对于特别规定未规定事项，仍应依照《规则》的各条款规定严格执行。例如，《长江江苏段船舶定线制规定》第三十四条规定："本规定系特别规定，涉及航行、停泊与避让的其他规定与本规定有冲突时，按本规定执行。未尽事宜，按照有关法律、法规执行。"

第三节 责任

本节是《规则》非常重要的内容，也是本章的难点。本节详细讲解了关于船舶、排筏及其所有人、经营人以及船员应当承担各种疏忽造成后果的责任；明确了在一定的条件之下，船员可以采取背离规则的行动。2003 年修订《中华人民共和国内河避碰规则(1991)》时还增加了关于长江干线客渡船的条款。

《规则》第三条 责任

(一)条款内容

船舶、排筏及其所有人、经营人以及船员应当对遵守本规则的疏忽而产生的后果以及对船员通常做法所要求的或者当时特殊情况要求的任何戒备上的疏忽而产生的后果负责。

不论由于何种原因，两船已逼近或者已处于紧迫局面时，任何一船都应当果断地采取最有助于避碰的行动，包括在紧迫危险时而背离本规则，以挽救危局。

不论由于何种原因，在长江干线航行的客渡船必须避让顺航道行驶的船舶。

(二)条款解释

《规则》作为内河交通安全法规，同时也是调查、处理内河水上交通事故和调节由此而引起的民事赔偿纠纷的依据。凡《规则》规定应为而不为者、不应为而为者，当事船舶都将承担违反《规则》或疏忽的后果责任。

1. 船舶、排筏及其所有人、经营人的责任

《中华人民共和国内河交通安全管理条例》第十条规定："船舶、浮动设施的所有人或者经营人，应当加强对船舶、浮动设施的安全管理，建立、健全相应的交通安全管理制度，并对船舶、浮动设施的交通安全负责；不得聘用无适任证书或者其他适任证件的人员担任船员；不得指使、强令船员违章操作。"第十一条规定："船舶、浮动设施的所有人或者经营人，应当根据船舶、浮动设施的技术性能、船员状况、水域和水文气象条件，合理调度船舶或者使用浮动设施。"尽管船舶、排筏的所有人、经营人一般不直接操纵船舶、排筏，但是作为船舶、排筏所有人、经营人，他们的责任主要包括两个方面：一是对船舶、排筏进行安全管理，使其处于适航状态，建立、健全相应的交通安全管理制度，并对船舶、排筏的交通安全负责；二是为船舶、排筏配备合格的适任船员，不得聘用无适任证书或者其他适任证件的人员担任船员，不得指使、强令船员违章操作。如果船舶、排筏及其所有人、经营人在管理船舶方面有故意或重大的过失，并且被证实该过失与碰撞的发生具有因果关系，如船舶设备不全或损坏，船舶处于不适航的状态而发生事故，那么保险公司将可能引用“除外责任”的规定，拒绝予以赔偿，船舶、排筏及其所有人、经营人还应当承担事故所引起的民事赔偿等相关法律责任。

《规则》之所以规定不能免除船舶、排筏的责任，其主要目的是有效地保障当事人，即受损人的合法权益不致受到侵害。只有追究当事船舶的责任，受损方才能名正言顺地对肇事船舶提出合理的海事请求，甚至请求法院依法扣押当事船舶。追究船舶的责任，实际上也是一种把船舶视为“模拟人”的做法。实际上，船舶的不当行为，也就是其所有人或船长、船员在管理船舶、驾驶船舶过程中的不当行为。真正能承担民事赔偿责任的，也只能是船舶所有人或者经营人。不管船舶所有人和经营人在管理船舶方面是否有疏忽或过失，只要其所属的船舶与他船发生碰撞，并且被证实其所属的船舶有过失，同样也不能免除船舶、排筏及其所有人、经营人的民事赔偿等相关责任。

2. 船员的责任

船员指持有船员服务簿的人员（包括引航员）。一般情况下，船舶的碰撞事故均是由船员的各种疏忽造成的。疏忽，可解释为过失，通常是指行为人并不存在希望损害发生的意图，对损害的发生应该或能够预见却没有或没能预见，致使损害发生。疏忽指的是行为人的过失行为，而不是其过失的心理状态。在船舶避碰过程中，疏忽通常可以理解为：该遵守《规则》但没有严格遵守，该有所预见但视而不见，该有所戒备但放松警惕，该采取措施但没有采取等，也就是该做不做、该为不为。行为人并不存在希望碰撞损害发生的意图，但无视《规则》的具体规定，不顾船员的通常做法，对特殊情况缺乏应有的戒备，违章指挥，盲目行动，并且对该行动可能导致的严重后果未能予以充分的估计的，均构成船舶碰撞中的疏忽或过失。船舶发生碰撞事故后，若证实船员存在疏忽，船员应当承担相应的责任，比如警告、罚款、违章计分、暂扣或者吊销证书，甚至追究法律责任。船员的疏忽一般包括：

（1）遵守《规则》的任何疏忽

遵守《规则》的任何疏忽是指在应该遵守《规则》的情况下，没有遵守《规则》或遵守《规则》不当。船舶、排筏在遵守《规则》各条规定时，必须对《规则》所要求的各项予以充分注意，不得疏忽，否则将对由此产生的后果负责。

如日落时在航船舶应当开启航行灯，如果日落时忘记开启航行灯或者只将航行灯开关打开，而实际上因灯泡损坏号灯不亮，或灯虽亮却被其他物体遮蔽，导致与来船相遇发生事故，就构成了对按规定显示信号的疏忽，必须承担相应的责任。对遵守《规则》的疏忽，通常包括但不限于以下情况：

①没有遵守行动通则；

②没有遵守船舶之间有关避让或者不妨碍行动的规定；

③没有遵守停泊规定和船舶失控的有关规定；

④能见度不良时没有按照能见度不良时的规定行动；

⑤没有按规定显示号灯号型、鸣放声响信号、使用甚高频无线电话。

（2）船员通常做法所要求的任何戒备上的疏忽

船员通常做法是指船员在航行中的习惯做法，即船员在长期的航行实践中所积累形成的并被实践证明有助于避碰、确保航行安全的行之有效的做法。船员在航行中要遵守安全生产制度并运用良好的驾驶技术，努力提高综合素质。

船员在航行中的习惯做法如驾驶人员在航行中注意力要集中，不得擅离岗位，舵令清晰明确，对本船的操纵性能要心中有数，交接班要交清接明等。大多数有关船舶驾驶和安全管理的习惯做法经过归纳、总结，已制定或逐步形成有关的规章制度和操作规程，如船员职务规则、航行值班制度、交接班制度、驾驶台纪律、安全活动日制度等。这些规则或制度虽然内容或形式不尽相同，也不具备法定通用的性质，但是在保障航行安全上是一致的。因此，有利于航行安全的这些习惯做法都已得到管理部门或广大船员的承认和重视，并不断予以总结、充实和提高。

此外，运用良好的驾驶技术，也属于《规则》所指船员通常做法的范畴。对船员通常做法所要求的任何戒备，涉及人、船、环境三个重要方面，其内容十分广泛，是对遵守《规则》各条款规定的重要补充，是遵守《规则》采取避让行动的重要基础，是船舶避碰技术的有机组成部分。

对船员通常做法所要求的任何戒备的疏忽，包括但不限于以下情况：

①掌握"船性"的疏忽，主要包括：不熟悉船舶操纵性能，船舶操纵方法不熟练；不熟悉船舶助航设备、甲板设备的使用方法，等等。

②掌握"水性"的疏忽，主要包括：不熟悉航区的航道、水流、障碍物、助航标志、风向风力、潮汐、锚地情况；不熟悉港口、渡口、桥区、过江架空电缆、捕鱼区、施工作业区情况；不熟悉船舶通航密度、通航复杂程度；不熟悉分道通航制、船舶定线制规定；在不了解当时环境和情况时交接班，等等。

③掌握"人性"的疏忽，主要包括：船员的心理状态、性格和技术特点，以及船员之间相互协作和配合等。船员不仅要了解自己，还要了解他人，特别是要了解本班每个人的性格和操作特点；船长更应该了解船上每位船员，特别是驾驶人员的性格和技术特点，使每位船员值班时充分发挥自身作用，保持良好的心理素质，加强团队协作和配合，共同应对船舶航行的各种风险。在船舶航行与避让中，船员相互不提醒、不配合，操作不规范，行动犹豫、慌乱，对舵令、车钟令不复诵、不核对等行为，属于对掌握"人性"的疏忽。

(3)当时特殊情况要求的任何戒备上的疏忽

特殊情况，即异乎寻常的情况。对特殊情况要求的任何戒备，是指针对可能出现特殊情况而应当持有的戒备。这种戒备需要船员对特殊情况及其危险具有高度的敏锐性、警觉性和预见性，事先有预见、有预案，事中有察觉，事后有措施。如果事先无预见、无预案，或者对事中征兆无察觉，或者事后措施不力或措施不当，都属于对当时特殊情况要求的任何戒备上的疏忽。

特殊情况通常是通航环境和情况从正常向特殊的"突变"，使船舶陷入十分危险的境地。如果缺乏对当时特殊情况要求的任何戒备，则难以挽救船舶危局。根据突变因素的不同，对当时特殊情况要求的任何戒备上的疏忽通常包括但不限于以下情况：

①对气象的突变缺乏戒备，主要包括：对突然遭遇大雾、大风、暴雨、大雪、沙暴等气象变化缺乏戒备。

②对关键性设备突发故障缺乏戒备，主要包括：对主机、舵机等设备突发故障缺乏戒备。

③对船舶会遇局面的复杂化缺乏戒备，主要包括：对他船突然横越、掉头、靠离泊或采取不协调的行动缺乏戒备；对他船突然采取背离《规则》的行动缺乏戒备；对多船会遇同时构成碰撞危险或紧迫局面的情况缺乏戒备；等等。

总之，船员应该严格按照《规则》的规定和船员通常做法的要求，运用良好的驾驶技术，及早地采取行动，以防不测；在当时特殊情况所要求的任何戒备方面，随时保持高度的警觉，及时发现或察觉各种特殊情况的征兆，预见可能发生的一切特殊情况，并且采取相应的防范措施。

3. 最有助于避碰的行动

（1）碰撞危险的判断

船舶在内河通航水域航行、停泊和作业，要保持正规瞭望，注意周围环境和来船动态，对局面和碰撞危险做出充分的估计，并采取适当措施保持安全航行。两船之间是否有碰撞危险可以通过两船在内河航道中的船位及相对位置、两船之间的距离等因素进行评估判断。如在一般河段，下行船舶与上行船舶之间相距较远，且有多个水域能进行安全避让；或者在定线制水域，下行船舶与上行船舶在各自规定的航路内行驶且未接近通航条件受限制的航段，两船之间都能保持安全航行，则不存在碰撞的危险。如果船员在值班中对两船是否存在碰撞危险有怀疑，则应当认为存在碰撞危险。按照程度变化发展，危险通常分为碰撞危险、紧迫局面、紧迫危险三种情况。

碰撞危险，通常是指两船潜在的碰撞可能性以及一切不安全的因素。如两船之间形成对驶相遇、追越、横越或交叉相遇等局面，或者在定线制水域下行船舶与上行船舶虽在各自规定的航路内行驶但接近通航条件受限制的航段，都存在碰撞的可能，即形成了碰撞危险。有碰撞危险时，当事船舶应当按照避让原则的要求，明确、有效、及早地采取避让行动，避免碰撞。

由于种种原因，两船相遇接近到单凭让路船的行动已难以避免发生碰撞的局面，即为紧迫局面。如由于某种原因在一般河段对驶相遇的两机动船接近到不能会船的弯曲、狭窄、滩险航段，单凭一船的行动已经无法在安全距离内驶过，即形成了紧迫局面。如形成紧迫局面，需要双方采取协调一致的行动，以避免碰撞。

当出现特殊情况，构成两船相对位置已临近，单凭一船行动非碰不可的境地，即使双方共同采取行动，也不一定避免碰撞，即为紧迫危险。如能见度不良时对驶的两机动船由于某种原因距离迫近，或由于某种原因对驶相遇的两机动船在不能会船的弯曲、狭窄、滩险航段相遇，即形成紧迫危险。从此时起，单靠一船的行动是无法避免碰撞的，任何一方必须立即采取最大程度的最有助于避碰的行动，包括采取背离《规则》的行动，以挽救危局。

从碰撞局面的阶段过程可知，两船从碰撞危险到紧迫局面再到紧迫危险，两船的距离越来越小，碰撞危险程度越来越大，避让的余地越来越小。《规则》要求船舶遵守规则，及早采取明确、有效的避让行动，尽可能避免出现紧迫局面和紧迫危险。

（2）采取最有助于避碰的行动的时机

根据对船舶碰撞局面的阶段过程的分析，按照《规则》第三条第二款，采取最有助于避碰的行动应在“两船已逼近或者已处于紧迫局面时”进行。与此同时，所采取的行动应符合“最有助于避碰”的要求，这有别于避免形成紧迫局面的行动。

紧迫局面是否形成，应根据当时具体情况做出正确判断。判断紧迫局面应当考虑多种因素，包括航道情况、能见度、风、浪、流、操纵性能、通航密度、会遇方式、两船航速、船舶尺度等。

通过对大量的碰撞事故的分析，形成紧迫局面的原因主要包括：未保持正规瞭望，以致发现来船时太晚；未能对局面和碰撞危险及早做出正确判断；未能积极、及早地采取有效的避碰行动；采取了不协调的避碰行动；等等。

（3）采取最有助于避碰的行动的含义

最有助于避碰的行动是指两船已逼近或者已处于紧迫局面时，任何一船驾引人员都应当充分地发挥良好的驾驶技术，以期最大限度地避免碰撞或者减少碰撞的损失，包括在紧迫危险时背离《规则》的行动。

采取最有助于避碰的行动的目的是能够避免碰撞,或者在碰撞不可避免的情况下能够尽量减少碰撞损失,以挽救危局。其避让原则是:如当时环境和情况许可,船舶应当遵守《规则》有关规定采取行动;如当时环境和情况处于墨守规则必然碰撞的紧迫危险局面,则应当果断采取背离《规则》的行动。其避让措施包括转向、减速、停车、必要时倒车、用锚操纵甚至触滩等措施。

第三条第二款所指均为在紧迫局面下的处置措施,为了避免碰撞,当事船舶均有遵守的义务。但这应与两船相互发现后应当及早采取的避让行动有所区别。紧急措施虽也与确定事故责任有关,但首先必须查明是谁的过失构成了紧迫局面或紧迫危险。《规则》不期望船舶相遇出现紧迫局面。《规则》第三条第二款只在一旦出现这种局面时当事船舶如何协调行动避免碰撞提出要求。所以,在分析调查处理事故时,应当根据碰撞前的事实、经过和应当及早采取的避让行动来判明责任。

4. 背离《规则》的行动

当事船舶处于紧迫危险时,要迅速全面地衡量局势,确认必须采取背离行动,应注意把握时机,并且要用信号明确表达本船的行动和意图,以取得他船的配合和协调一致的行动,并要注意运用良好的驾驶技术。

(1)背离《规则》应具备的条件

背离《规则》是在迫不得已的情况下采取的应急措施,合理地背离《规则》的行动必须同时满足以下条件:

①两船已经形成紧迫危险局面。该危险不仅包括由于两船距离逼近,形成紧迫危险,且碰撞即将发生,也包括一船或两船受航道尺度、水流、障碍物等因素的影响而存在航行风险。这时需要一船果断决策是否采取背离《规则》的行动,这不仅取决于当时环境和情况的要求,还取决于遵守《规则》是否能够避免碰撞和航行风险,如果严格遵守《规则》仍然有可能实现避碰或者消除航行风险,那么应当严格遵守《规则》,绝对不容许采取背离《规则》的行动。

②墨守规则,必然出事。若当时的环境和情况限制到墨守规则,必然出事,则该船必须采取背离《规则》的行动。这种限制可能来自航道条件(浅滩、礁石等障碍物)、船舶条件(吃水过大)、来船已采取背离行动、多船会遇等因素。同时,结合两船会遇越来越逼近、越来越紧迫的危险状况,其避让时机也会受到极大限制,"封杀"了该船仍然遵守《规则》采取行动避免碰撞和航行风险的可能,合理的选择是必须采取背离《规则》的行动。合理的背离《规则》行动,要求行动时机和方式应合理,行动的有效性应得到保证。

总之,采取背离《规则》行动,其必要条件是"遵守《规则》将导致碰撞或者航行风险",而"两船处于紧迫危险"和"当时环境和情况的限制"也是必须具备的条件,两者缺一不可。

(2)背离《规则》行动的含义

合理的背离行动有着严格的要求。首先,它要满足背离的条件,只有符合条件的背离才是合法的;符合条件的背离行动不但不违背《规则》,相反是严格遵守《规则》的良好体现。背离行动的目的当然是最大限度地避免碰撞、降低碰撞的损失,挽救危局。但背离《规则》的行动是否合理,绝对不是用是否避免碰撞来衡量的,当背离的条件具备时,采取的背离行动即使发生了碰撞也是合理的,当背离的条件不具备时,即使不发生任何碰撞,其所谓的"背离行动"也是不合理的,是遵守《规则》的疏忽。其次,背离《规则》的行动是局部的、短时间的、小范围的行动,一般背离的是《规则》第二章有关避让行动的条款,而对于号灯、号型、瞭望等通用条款,是没有任何理由背离的。

当然，在具备采取背离行动的条件下，如果没有按照《规则》的要求采取背离《规则》的行动，同样被视为遵守《规则》的疏忽行为，应该承担相应的责任。

作为船舶驾引人员，一定要清醒地认识到，背离是一种万不得已的应急措施，它是非常危险的一种局面，在这种局面下即使正确背离，也不一定避免碰撞的发生。所以，最根本的做法是严格遵守《规则》，防患于未然，尽可能避免这种局面的出现，保证船舶的安全航行。

（3）背离《规则》的注意事项

背离《规则》，不但是极为严肃的法律行为，还是良好的驾驶技术的表现；不但受到条件的严格约束，还必须接受行动效果的检验。因此在背离《规则》时，一定要十分谨慎，并严格遵守以下注意事项：

①背离《规则》是在特殊情况下贯彻执行《规则》宗旨的行动，并不是指背离《规则》所有条款的规定，它的含义是指背离《规则》第二章有关避让行动条款的规定。

②应认清遵守《规则》行动与背离《规则》行动的辩证统一关系。采取背离《规则》的行动，仅仅是在全面遵守《规则》的基础上的一种有益补充，只是与遵守《规则》采取行动的适用条件不同，所采用的行动方式不同而已。两者行动的目的和内涵是完全一致的，都是为了避免碰撞和航行危险。背离《规则》与违背《规则》的内涵完全是两回事。

③应正确判断采取背离《规则》行动的适用条件。“遵守《规则》不能避免碰撞和航行风险的客观事实”是检验背离《规则》行动是否正当、合理、合规的根本点。“方便”不能成为背离《规则》行动的条件和借口。一方面，当遵守《规则》采取行动尚能避免碰撞时，任何背离《规则》的行为，都是《规则》所不允许的，也是极端错误的；否则，必将导致船舶避让出现极端混乱的局面，这就是“不该背离则决不背离”。另一方面，“该背离则背离”，即只要符合采取背离《规则》行动的适用条件和目的，则应当坚决采取背离《规则》的行动；否则，一样会构成不能免责的疏忽。

④应充分了解背离《规则》情况的“危险性”，避让时应当运用良好的驾驶技术，确保行动的有效性。如采取背离《规则》的行动，应正确把握行动时机、方式和幅度，以避免碰撞或减少碰撞损失。

5. 长江干线航行的客渡船的责任

《规则》第三条第三款规定：“不论由于何种原因，在长江干线航行的客渡船必须避让顺航道行驶的船舶。”长江干线航行的客渡船具有载客人数多、航程短、航行环境复杂、技术装备落后、船员避让意识差、违规操作多的特点，在操作上频繁掉头、靠离码头、横越航道，这样与顺航道行驶的船舶经常构成危险局面，甚至导致重大、特大事故的发生，因而客渡船是长江各类船舶中的高危险品种船舶。为保障客渡船的航行与避让安全，强化客渡船的警戒意识和避让责任，《规则》规定了该款。《规则》第九条第三款、第十四条也强调了客渡船避让顺航道行驶的船舶，详见相关解释。

第四节 定义

《规则》在第五条“定义”条款中,就规则中所引用的各类船舶与专用术语的定义做了解释,该定义对整个规则普遍适用。在个别条款中,对所引用的各类船舶与专用术语的定义做出解释时,却不完全采用该条款所给予的定义,而做出另一种法律解释。

《规则》第五条 定义

(一)条款内容

本规则下列用语的含义是:

(一)“船舶”是指各种船艇、移动式平台、水上飞机和其他水上运输工具,但不包括排筏。

(二)“机动船”是指用机器推动的船舶。

(三)“非自航船”是指驳船、趸船等本身没有动力推动的船舶。

(四)“帆船”是指任何正在驶帆的船舶,包括装有推进器而不在使用者。

(五)“拖船”是指从事吊拖或者顶推(包括傍拖)的任何机动船。

(六)“船队”是指由拖船和被吊拖、顶推的船舶、排筏或者其他物体编成的组合体。

(七)“快速船”是指静水时速为 35 千米以上的船舶。

(八)“限于吃水的船舶”是指由于船舶吃水与航道水深的关系,致使其操纵、避让能力受到限制的船舶。限于吃水的船舶的实际吃水在长江定为 7 米以上,珠江定为 4 米以上。

(九)“在航”是指船舶、排筏不在锚泊、系靠或者搁浅。

(十)“船舶长度”是指船舶的总长度。

(十一)“航路”是指船舶根据河流客观规律或者有关规定,在航道中所选择的航行路线。

(十二)“顺航道行驶”是指船舶顺着航道方向行驶,包括顺着直航道和弯曲航道行驶。

(十三)“横越”是指船舶由航道一侧横向或者接近横向驶向另一侧,或者横向驶过顺航道行驶船舶的船首方向。

(十四)“对驶相遇”是指顺航道行驶的两船来往相遇,包括对遇或者接近对遇、互从左舷或者右舷相遇、在弯曲航道相遇,但不包括两横越船相遇。

(十五)“能见度不良”是指由于雾、霾、下雪、暴风雨、沙暴等原因而使能见度受到限制的情况。

(十六)“感潮河段”是指沿海各省、自治区、直辖市海事机构及长江海事局划定的、受潮汐影响明显的河段。

(十七)“干、支流交汇水域”是指不与本河(干流)同出一源的支流与本河的汇合处。

(十八)“叉河口”是指与本河同出一源的叉河道与本河的分合处。

(十九)“平流区域”是指水流较平缓的运河及水网地带。

(二十)“渡船”是指内河Ⅰ级航道内,单程航行时间不超过 2 小时,或单程航行距离不超过 20 千米,其他内河通航水域单程航行时间不超过 20 分钟的用于客渡、车渡、车客渡的船舶。

(二)条款解释

1. 船舶

船舶是指除排筏外的水上运输工具,不论其种类、大小、形状、结构、推进方式或用途如何,只要用作或者能够用作水上运输工具即可,包括移动式平台、水上飞机在内,均属《规则》的船舶范畴,比如客船、货船、快速船、帆船、人力船、工程船、渡船、科学考察船、军用舰艇、政府公务船等。

水上飞机被视作船舶时,是指当其在水面上滑行、漂浮或锚泊时,而一旦脱离水面,应当被视为飞机,而不被视为《规则》定义的船舶。

移动式平台是指虽未用作但能够用作水上运输工具的船舶,在水上按其用途不同可能有不同类型,而《规则》对此未具体明确化。

船舶不包含排筏。排筏是指人工流放的竹排、木排等。

2. 机动船

一艘船舶无论其使用何种类型的机器,如柴油机、电气动力装置、空气螺旋桨推进装置、核动力装置或其他新能源推进装置,均属于机器推进的范畴。用机器推进,并不仅仅指正在使用机器推进,只要一艘船舶改变运动状态是用机器作动力推进的,都视为属于机动船的范畴,比如,机动船停车淌航、机动船锚泊与系靠中、机动船搁浅等,虽然机器不在使用,但仍然属于机动船范畴。非自航船虽装有了机器,但该机器的用途是起锚、发电等,并不用作船舶运动的推进,所以不属于机动船。总之,机动船的定义既不可改为“正在使用机器推动的船舶”,也不可说成“任何装有推进器的船舶”。

3. 非自航船

非自航船是指本身没有推动动力,需要其他机动船提供动力推动的水上运输工具,属于船舶范畴。非自航船一般是指驳船、趸船、移动式平台等。注意,帆船、人力船不属于非自航船,因为它们本身有推进动力。

4. 帆船

帆船通常指依靠帆利用风力推进的船舶,在帆船未装备推进器的情况下,只要是正在驶帆,就属于《规则》定义的帆船。

对于装有推进器的帆船,如果正在驶帆而不使用推进器者则为帆船;如果使用推进器,无论是否正在驶帆均应视为机动船;如果在既不驶帆也不使用推进器的状态下,从安全角度考虑,则应当视为机动船,而他船如不能通过号灯或号型判断其是机动船还是帆船,应当假定该船为帆船,以策安全。

5. 拖船

拖船一般是指专门从事吊拖、顶推或傍拖作业的机动船,但从《规则》定义的角度看,任何一艘机动船只要是在从事吊拖、顶推或傍拖作业,就应视作拖船。

总之,拖船首先一定是机动船,同时,任何机动船都有可能被作为拖船使用,比如客渡船、海巡艇、军舰、货船等。

6. 船队

船队为拖船与被拖物的总和,拖船和被拖物两者缺一不可,船队中必然有拖船的存在,否则不叫船队，比如吊在浮筒上由若干艘驳船编成的组合体，就不属于船队。

拖船是指从事吊拖或者顶推（包括傍拖）的任何机动船。一个船队中拖船的数量可能不止一艘，但是只要有一艘拖船存在，就可以构成船队。

被拖物绝大部分是船舶，而船舶又包含各种各样的水上运输工具，比如驳船、机动船、趸船、人力船、帆船、移动式平台等，当然，被拖物也有可能是排筏或者其他物体（比如一些水上漂浮物等）。由于被拖物中可能含有机动船，所以机动船和驳船组合在一起并不一定构成船队，关键要看该机动船是拖船还是被拖船。

机动船是指用机器推动的船舶，船队完全符合机动船的定义要求，也属于机动船，机动船包含船队。

7. 快速船

快速船是指在静水条件下速度达到 35 km/h 以上的船舶，快速船通常具有良好的操纵性能。快速船一般指气垫船、水翼船及一些快艇。

快速船在有流的情况下实际航速并不一定达到 35 km/h，快速船在航的时候也应该使用安全航速。这都意味着快速船可能以各种速度行驶，但不论以何种实际航速在航行，始终属于快速船的范畴。

8. 限于吃水的船舶

限于吃水的船舶，首先是船舶吃水较大，在内河航行时，内河的航道水深不是普遍满足要求，使限于吃水的船舶需要走深水航道，导致其操纵和避让能力受到了很大的限制。

《规则》定义的限于吃水的船舶，是指在内河行驶，其实际吃水在长江为 7 m 以上、珠江为 4 m 以上的船舶。

限于吃水的船舶在《中华人民共和国内河避碰规则（1991）》中是专指“限于吃水的海船”，2003 年修订时，将原规则的第十八条规定修订为“限于吃水的船舶”，修订的意图是随着内河船舶大型化的发展，内河部分船舶的吃水已经达到甚至超过限于吃水的海船，所以修订后的限于吃水的船舶不仅包括限于吃水的海船，也应当包括限于吃水的内河船舶。

9. 在航

《规则》将船舶、排筏的动态分为在航、锚泊、系靠、搁浅四种。若船舶、排筏不在锚泊、系靠或者搁浅，则必然处于在航。因而，应正确理解在航、锚泊、系靠、搁浅的含义。

（1）在航

在航不仅包括正常航行的船舶，还包括所有的操纵用锚（抛锚掉头、用锚控制航速、抛锚靠泊、起锚离泊）和失控（舵机失灵、主机失控、失电、走锚、失火），在航包括对水移动和不对水移动两种状态。

（2）锚泊

锚泊是指船舶、排筏通过抛锚使用锚的抓力与河底业已抓牢时的状态。锚泊的含义不限于一船用自己的锚抓牢河底，还包括船舶系泊于另一艘锚泊船上。走锚的船舶属于失控状态，失控属于在航，但是在大风浪中为了防止锚泊船走锚，开微车（也可能用舵）来减少锚链的张力亦是防止走锚的一种操作方法，此时应该视为锚泊状态。

（3）系靠

系靠是指船舶、排筏通过缆绳系留在码头、岸壁、栈桥或陆岸上的状态。在许多港口，常设有系船浮筒供船舶系泊,系浮筒是系靠的一种补充。当一船用系缆系靠在另一艘系泊船上时,亦属系靠。总之,船舶、排筏用缆绳直接或间接地系靠在码头、岸壁上,均应视为系靠。在系靠与在航的转换上,靠泊时当第一根系缆系上缆桩时,应视为在航转换为系靠;离泊时当解脱最后一根系缆时,应视为系靠转换为在航。

(4)搁浅

搁浅是指船舶、排筏搁置在浅滩或坐在礁面上,失去全部或者部分浮力无法自由漂浮的状态。船舶即使尚能在主机的驱动下做局部的船体移动,但仍然无法脱浅,仍应视为搁浅。若船体擦浅仍能前进,则不属于搁浅。

10. 船舶长度

船舶长度是指船舶的总长度,即船舶最前缘到船舶最后端的纵向水平距离,也是船舶最大长度。《规则》是一个交通规则,交通规则中使用的船长和船宽,都是指最大长度和最大宽度,船舶长度一般作为船舶通过船闸、避让、旋回、系泊时的参照。

11. 航路

航路就是在航道中选择的航行路线,航道是指可航水域,可航水域不一定是航标标示的水域。

在航道中选择航路的依据首先是"有关规定"。这里的有关规定是指包括定线制、分道通航制等有关交通管制在内的特别规定,比如在长江江苏段就要按照长江江苏段船舶定线制的规定选择航路。

在没有具体规定的内河通航水域,选择航路的依据是"河流的客观规律"。河流的客观规律就是江河、运河有主流、缓流之分,比如,顺直河段主流居中,弯曲河段主流靠近凹岸,一般的水域都是岸边水浅,中间水深,而湖泊、水库由于过水断面大,流速极其缓慢,这就是河流的客观规律。因此,船舶选择航路应根据自身是上行还是下行、自身吃水是深还是浅来选择适合自己的航路,既充分利用流速,提高航速,又能保证船舶安全航行。

航路一般分为:上行航路与下行航路,逆流航路与顺流航路,过河(跨河)航路,枯水、中水、洪水航路,定线制(通航分道、单向通航、沿岸通航带等)航路,海船推荐航路等。

12. 顺航道行驶

顺航道行驶是指顺着航道的方向行驶,航道的方向就是航道的走向。江河、运河的航道一般都是由顺直航道和弯曲航道反复交替构成的,湖泊、水库的航道走向一般宽阔、顺直。所以,顺航道行驶既包括顺着直航道行驶,也包括顺着弯曲航道行驶。顺航道行驶的船舶通常包括顺航道行驶的上行船(逆流船)和顺航道行驶的下行船(顺航船)。

13. 横越

横越具有两层含义:一是参照航道走向,船舶由航道一侧横向或者接近横向驶向航道另一侧。参照航道时要满足与航道走向成横向或者接近横向,也就是船员说的大角度或者直角。由航道的一侧驶到另外一侧,通常是指船舶由一侧的缓流驶过主流到达另外一侧的缓流航行的过程。从船舶航路选择的过程和目的来看,船舶由航道一侧驶向另一侧,如以较大角度经过该过程,当角度要素与过程目的要素同时具备时,则视为横越;否则,不能视为横越。二是参照顺航道行驶船舶的船首方向,即船舶横向驶过顺航道行驶船舶的船首方向。参照顺航道行驶的船舶船首方向时,不强调从航道的一侧驶到另一侧,也就是说即使没有从航道的一侧驶到另一侧，横向驶过顺航道行驶船舶的船首方向与顺航道行驶的船舶构成了碰撞危险，也认定为横越。

以上两种情况都视为横越，当然如果同时满足以上两个条件，也视为横越。参阅《规则》第十二条“机动船横越和交叉相遇”。

14. 对驶相遇

对驶相遇的定义，首先强调的是顺航道行驶的两船来往相遇，顺航道行驶是指顺着航道的方向行驶，包括顺着直航道和弯曲航道，对驶相遇就包括顺着直航道的两船来往相遇，也包括顺着弯曲航道的两船来往相遇。

对驶相遇通常就是指顺航道行驶的上行船与下行船相遇。对驶相遇的态势一般包括：互从左舷或右舷相遇、对遇或接近对遇，在弯曲航道相遇。参阅第十条“机动船对驶相遇”。

由于横越船不是顺航道行驶的船，所以对驶相遇不包括两艘横越船相遇。

15. 能见度不良

根据能见度不良的定义，雾、霾、下雪、暴风雨、沙暴是形成能见度不良的最常见、最频繁的原因，但不限于这五种原因，比如，浓烟、扬尘等都可能造成能见度不良。由于夜间漆黑使能见度受到限制不属于能见度不良；由于弯曲航道，或居间有障碍物遮蔽对视线的阻挡，也不属于能见度不良。

能见度被限制到什么程度才视为能见度不良，则因地因原因而异。由于该定义中所列各种原因所造成的能见度限制的实际视距下降程度是不同的，所以《规则》定义中的“能见度不良”的实际视距因定义中所列天气现象而变化，不是一个固定的数值。船舶航行时，船员应以实际导致当时能见度不良受到限制的雾、霾、下雪、暴风雨、沙暴等天气原因或任何其他类似原因来判定本船进入能见度不良情况，随之按照《规则》第二十三条“船舶在能见度不良时的行动”规定避让。

16. 感潮河段

《规则》所指的感潮河段，并非所有受潮汐影响的河段，而是沿海各省、自治区、直辖市海事机构及长江海事局划定的受潮汐影响明显的河段。例如，长江受潮汐的影响，在洪水期常波及芜湖（距河口 500 km），枯水期则可延伸至大通（距河口 624 km），甚至历史记录上枯水期的大潮可以到达江西的小孤山附近。因此，长江的感潮河段仅仅是海事管理机构划定的江阴的鹅鼻嘴以下（南岸黄山鹅鼻嘴与北岸十圩港烟囱的连线）受潮汐影响明显的河段；江阴的鹅鼻嘴以上虽然也受潮汐的影响，但是不在海事部门划定的范围以内，不被称为感潮河段。

划定感潮河段的目的和意义：在内河航行中，不同流向的两船相遇并存在碰撞危险，一般规定“上行船应当避让下行船”，因为上行船操纵性能和舵效较好，好等、好让。但是在每一条江河的入海口航段，不论枯水期还是洪水期，由于受潮汐的影响，水流流向周期性往复，如果仍然按照“上行船应当避让下行船”的规定进行避让，就会发生顺流船应当避让逆流船的情况，对航行与避让的安全极为不利，所以海事管理机构划定了一段“受潮汐影响明显的河段”为感潮河段。在感潮河段，不管是涨潮还是落潮，对驶相遇的两船都是按照“逆流船应当避让顺流船”的规定避让，这样既符合实际情况，又充分保障了航行安全，也是对“上行船应当避让下行船”避让规定的一个很好的补充，使不同流向的两船相遇的避让规定更加合理可行。

17. **干、支流交汇水域**

实践中,人们将本河称为干流,不与本河同出一源而流入本河的河流称支流。支流与干流的汇合处,称为干、支流交汇水域。

干流一般水更深、流量更大,航道条件明显好于支流,在干流上航行的船舶避让时用车、用舵的余地也更大。

18. **叉河口**

由于河道江心洲或者陆地的存在,将河道分成两叉河道或者多叉河道,一叉河道(本河)与其他支叉河道的分岔处和汇合处,称为叉河口。

干、支流交汇水域与叉河口水域的共同特点是船舶密度大,通航条件复杂,不正常水流较多,对船舶航行构成一定的影响。

叉河口与干、支流交汇水域的区别如下:

(1)对于干、支流交汇水域,干流与支流不同出一源;对于叉河道,则是一叉河道(本河)与其他支叉河道同出一源。

(2)对于干、支流交汇水域,是指干流与支流的汇合处;对于叉河口,则是江心洲或者陆地的上、下两端的河道分岔处和汇合处。

19. **平流区域**

平流区域是指水流平缓的运河及水网地带。水流平缓是指流速慢、流向不明显。平流区域存在于运河及水网地带。

20. **渡船**

渡船的定义是根据航道的等级不同划分的。内河Ⅰ级航道内,单程航行时间不超过 2 h,或单程航行距离不超过 20 km 的用于客渡、车渡、车客渡的船舶称为渡船;Ⅰ级航道以外的其他内河通航水域,单程航行时间不超过 20 min 的用于客渡、车渡、车客渡的船舶称为渡船。渡船包括客渡、车渡、车客渡。

渡船在内河Ⅰ级航道内,单程航行时间可以达到 2 h,或单程航行距离可以达到 20 km,就意味着渡船在航时不一定是横越船,也可能是顺航道行驶的船舶。

第二章 航行和避让

《规则》第二章“航行和避让”共分四节：第一节“行动通则”；第二节“机动船相遇，存在碰撞危险时的避让行动”；第三节“机动船、人力船、帆船、排筏相遇，存在碰撞危险时的避让行动”；第四节“船舶在能见度不良时的行动及其他”。这四节是《规则》的核心部分。《规则》第二章规定的是指导船舶安全航行，协调船舶在各种不同状态和条件下相遇时，防止产生碰撞和紧迫局面的避让行动原则。我国广大内河船员根据航行条件和船舶操纵规律、特点，并经过长期反复实践证明这些原则是行之有效的。所以，认真学习这方面的有关规定特别重要。它归纳了船舶为避免碰撞而保持的各种戒备；船舶航行和采取避让行动的一般原则；各类船舶相遇，存在碰撞危险时的避让责任和行动；船舶在能见度不良时的行动规则。

第一节 行动通则

第一节“行动通则”属于《规则》第二章的核心内容，规定了船舶在任何能见度情况下的行动规则，包括“瞭望”“安全航速”“航行原则”“避让原则”，即《规则》第六条至第九条。本节详解了这些条款的内涵实质，可归纳为船舶如何保持正规瞭望，如何控制安全航速，如何选择航路，如何履行避让责任和采取避让行动 4 个主题，对船舶航行与避让的安全具有重要指导作用。《规则》第二章第一节各条是航行和避让的总原则，是船舶避碰的基本原则和预防性措施。船舶按《规则》第二章其他各节条款避让时，都应当在遵守第一节“行动通则”各条的基础上进行。

一、《规则》第六条　瞭望

(一)条款内容

船舶应当随时用视觉、听觉以及一切有效手段保持正规的瞭望，随时注意周围环境和来船动态，以便对局面和碰撞危险作出充分的估计。

(二)条款解释

1. 瞭望的含义与重要性

船舶相遇安全会让，取决于正确的避让行动。正确的避让行动来源于及时、正确的判断，而及时、正确的判断要求船舶按《规则》第六条规定随时保持正规的瞭望。因为只有及时发现来船，才能争取到较多的时间和较大的空间距离等有利条件，以便从容采取避让行动安全会让。根据对船舶碰撞事故的统计，近年来发生的一些重大水上交通事故，共性的教训之一就是当事船舶严重疏忽瞭望，造成临近时才发现危险，以致来不及采取措施而发生碰撞事故。所以，正规瞭望是船舶安全会让全过程中的首要环节、关键程序，是船舶安全航行的前提和基础。

(1)瞭望的含义

船舶航行与避让，首先靠的就是瞭望。

什么是瞭望？根据《规则》第六条的含义，瞭望是指船舶瞭望人员运用一切瞭望手段和方法，对船舶周围环境和情况，特别是来船动态进行观察、了解和判断，以便对局面和碰撞危险做出充分估计。瞭望，其含义是鉴别在船舶周围出现了一些什么情况。这个“周围”的大小，应当根据当时的具体情况、航道条件、船舶性能结合安全航行的需要确定，《规则》不可能给予一个具体的范围尺度。瞭望应包含瞭望人员、瞭望手段和方法、瞭望信息、瞭望目的四个要素。

①瞭望人员：在驾驶岗位负有瞭望值班职责的驾驶人员。驾驶人员泛指船长和大副、二副、三副、驾驶员、普通船员等甲板部船员。瞭望是驾驶人员值班的重要职责之一。瞭望归根结底是人的瞭望，瞭望人员的责任心、瞭望能力和水平，特别是对各种信息的识别与判断能力，对瞭望效果和避碰安全起着决定性作用。

②瞭望手段和方法：瞭望人员在瞭望过程中所运用的手段和方法，包括视觉、听觉以及其他一切有效手段和方法。瞭望人员除自身具有视觉、听觉瞭望手段外，船舶助航设备、仪器，如望远镜、VHF(甚高频)无线电话、雷达、AIS(船舶自动识别系统)、VTS(船舶交通信息系统)等，为瞭望人员提供了更多瞭望手段、渠道和资源。瞭望的关键是瞭望人员要掌握适合当时环境和情况的瞭望手段和方法，确保所获得的各种信息真实、客观、准确。

③瞭望信息：瞭望人员运用瞭望手段和方法所获得的各种信息，包括船舶周围环境和情况，特别是来船动态情况，及其与本船所处局面和碰撞危险状况等。获得的瞭望信息越充分，越有利于准确判断。

④瞭望目的：要求瞭望人员根据瞭望所获得的各种信息，对局面和碰撞危险做出充分估计，为船舶避让决策和行动提供可靠依据和保证。瞭望信息越丰富、估计判断越充分，越有利于正确决策和有效行动。

瞭望的四要素联系紧密，相辅相成，缺一不可。为实现瞭望目的，要求瞭望人员运用瞭望手段和方法要充分，获得瞭望信息要充分，而且估计要充分，判断要准确。由此可见，瞭望的充分性和准确性在瞭望中是何等的重要，它是检验船舶是否保持正规瞭望的重要标志。

（2）瞭望在避碰中的重要性

瞭望的含义与本质，决定了瞭望在船舶避碰中的地位和作用特别突出。

第一，瞭望贯穿于船舶航行与避让全过程，船舶只有在保持正规瞭望的前提下，才能正常航行和避让。在船舶航行和避让的过程中，船舶信号的识别、船舶动态的判断、船舶会遇局面与碰撞危险的判断、船舶避让的决策与行动、避让效果的核查、安全航速的控制、航路的选择这些关键环节和技术，都离不开瞭望的保证，都离不开瞭望对信息的识别和判断这个根本作用。一旦中断瞭望，船舶航行与避让行动就会陷入盲目、被动，极易引发碰撞事故。所以，保持正规瞭望，是保证船舶航行与避让安全的首要因素，也是《规则》将瞭望条款置于《规则》第二章“航行和避让”中首位的原因。

第二，船舶避让效果取决于瞭望效果。从船舶避碰的机理看，瞭望效果、避让决策与行动、避让效果三者之间具有密切的关联性，船舶避让效果是否有效，取决于船舶避让决策与行动是否正确，如船舶避让方式的正确性、避让时机和幅度的适当性。而船舶确定避让决策和行动，又取决于瞭望效果是否充分可靠。所以，保持正规瞭望，是船舶采取正确避让行动的先决条件。

第三，船舶碰撞事故案例表明，未保持正规瞭望是导致船舶碰撞事故的起因、重要原因或主要原因，当事船舶几乎都有不同形式和程度的瞭望疏忽。未保持正规瞭望位于船舶碰撞失误链的首端，如瞭望出现过错，则极易导致避让决策和行动出错，因此成为事故重要原因或主要原因之一。例如，2002 年 12 月 18 日，“宜盛”轮（滚装船）在由重庆开往宜昌的途中，在重庆市长寿区长江干线下码头碛水域（长江上游航道里程约 581. 9 km），与“长运 1”号（渡船）发生碰撞，造成“长运 1”号沉没，8 人死亡、32 人失踪的特大水上交通事故。事故调查表明，两船均未能保持正规瞭望，未能保持连续观察，未能按照规定使用甚高频无线电话，是导致该起事故的主要原因之一。

广大驾驶人员应该时刻牢记：只有保持正规瞭望，才能做出准确判断，才能采取正确的避让行动，才能确保船舶航行与避让安全！

2. 正规瞭望的方法

（1）适用范围

瞭望条款适用于每一船舶。不论船舶的用途、种类、大小、动态如何，只要符合《规则》定义的船舶，就有责任和义务遵守瞭望条款。因此，不论是机动船还是帆船、人力船，大船还是小船，处于正常状态下的船舶还是失去控制的船舶，在航船舶还是锚泊、搁浅的船舶，都有责任和义务遵守本规定。对于系岸的船舶，虽然不要求它们以在航或锚泊的船舶的标准进行瞭望，但应保持相应的值班制度，随时观察船舶本身和船舶周围所发生的情况，防止意外事故发生。这种值班制度也属于广义瞭望范畴。

瞭望条款适用于任何时候。不论是白天还是黑夜，能见度良好还是能见度不良，航行在顺直宽敞水域还是弯曲狭窄水域，船舶都要保持正规瞭望。

（2）瞭望的手段和方法

目前，船舶所运用的瞭望手段主要包括：视觉、听觉、望远镜、VHF、雷达、AIS、VTS 等。互联网+、大数据、云计算、人工智能、5G 等技术的发展和应用，可为船舶瞭望提供更多的信息渠道和资源。瞭望人员应掌握各瞭望手段的特点和运用方法，确保所获得的各种信息准确、无误，完全符合当时的实际情况。

①视觉瞭望

视觉瞭望是指通过人的肉眼识别目标信息。视觉瞭望是最基础、最重要的瞭望手段。其优点是“眼见为实”，识别简便、直观、快捷，对识别判断视觉应能看见的目标信息具有不可替代的作用，如识别船舶号灯、号型和信号旗，识别船舶动态、会遇局面和碰撞危险等。在任何能见度情况下，都不能忽略视觉瞭望的作用，即便装置有现代化助航设备的船舶也是如此。视觉瞭望的不足之处在于受能见度不良、弯曲航道通视条件、视觉盲区的限制。用视觉瞭望应注意下列事项。

a. 做到视觉瞭望的全方位。采取“先近后远、兼顾两舷、由前到后”的方法，从本船周围各个方位识别目标，不得疏漏目标。识别时既要全面，又要聚焦重点，在距离上要特别注意近距离目标，在方位上要特别注意正横前的目标。

b. 做到消除视觉盲区。视觉瞭望与驾驶人员瞭望位置密切相关，驾驶人员从驾驶台瞭望，视线受船体结构、驾驶台位置、结构影响，加之被驾驶台拐角、门窗框遮挡，船舶正横或正横前后位置可能形成视觉盲区。驾驶人员应根据当时环境和情况的需要，来回走动、变换瞭望位置，或者采取增派瞭望人员的办法来消除视觉盲区。

c. 做到视觉瞭望与其他有效瞭望手段的有机结合，以弥补视觉瞭望的短板。

②听觉瞭望

听觉瞭望是指通过人的听觉识别声音声响来获取有关瞭望的信息。其优点是简便、快捷。通过识别船舶会遇时鸣放的各种声号，了解他船的避让意图和行动；船舶雾航中，视觉瞭望受限，通过识别他船雾号，了解本船周围是否有他船的存在，但他船的种类、动态，以及与本船的距离和方位，可能还需其他瞭望手段核实、验证。此外，航行中的船舶还可通过听觉识别船舶行驶的“水花声”，判断水深还是浅；当然，风声、雨声、雷声甚至机器的声响等都能够传递有关安全航行的信息，这都属于听觉瞭望的范畴。听觉瞭望也有不足之处：一是通过听觉识别声号，取决于他船是否按规定鸣放声号，如未鸣放，则听觉无法识别；二是声波的传递会发生反射、折射，所以不能盲目根据声波的方位判断目标的位置；三是声音声响传播受外界干扰较大，如机器声、风浪声、雾媒介等，削弱了声音声响，可能导致未必听到有效声音声响的状况。

③其他有效瞭望手段

望远镜的远视、放大功能可极大补充肉眼视觉瞭望的不足，通过望远镜能够在更远距离分辨目标、识别他船动态，判断碰撞危险，及早采取避让行动。在任何时候，望远镜的作用都是不可替代的，它是视觉瞭望手段的最有效补充。

VHF 在船舶联系和沟通方面具有独特优势，在 VHF 性能范围内，不论一船是否看见他船或距离他船远近均可使用，且操作简便。但这种优势取决于一方的主动联系和另一方的积极回应，只有积极的回应才能确保双方有效沟通。在船舶密度较大的通航水域，VHF 的使用相互影响、干扰，加上部分船舶电话音量开得较小，船舶之间联系时，从效果上说，最有效的方法是直接呼叫目标船的船名。船名的获得可以通过 AIS、第三船等多种手段，呼叫船名的好处首先是不会联系错而引起误会，其次是更容易引起目标船注意，更方便目标船识别、应答。如果无法获取目标船的船名，可以呼叫目标船的位置和动态，但效果要差很多。还要注意，通过呼叫船位联系，一定要进行验证，如确认对方是否是某种船型、夜间要求应答船舶打开约定的灯光等进行甄别，防止由于联系错误而导致行动不协调，从而引发事故。

一船通过 VHF 联系，应做到主动联系、早联系、勤联系，更有利于及早、全面地获取准确信息，及早做好避让准备。就船舶避碰而言，联系的主要渠道有与他船、VTS、信号台联系等三种。

a. 联系他船。通过联系，可获得他船船名、船型、吨位、船位、航向、航速、避让意图等信息，可协调避让意图和行动，可了解当地水域通航环境和情况。

b. 联系岸基及 VTS 中心。一是应遵守船舶报告制度，主动报告船名、船位、航向、航速、吃水、货物种类和性质、目的港等情况，了解 VTS 中心管辖水域船舶通航情况、航行警告等信息；二是应主动适应 VTS 中心对船舶实施的动态管理，服从 VTS 中心工作人员指挥，遵守当地相关规定。

c. 联系控制河段信号台。驶入控制河段之前，应向信号台报告船名、船位、航速、船舶长度、载重量等情况，了解控制河段船舶通行情况及相关信息，并服从通信信号台的指挥，遵守控制河段的航行规定。控制河段是指受航道、通视条件限制及水流影响，会船困难，由信号台指挥船舶通行的水域。

用 VHF 联系，不论是船-船联系，还是船-岸联系，其信息沟通都是双向的，主动联系与守听电话积极回应同样重要，当一船用 VHF 向另一船呼叫而未得到任何回应时，意味着联系无效，则该船应保持高度戒备，应视另一船"未设有无线电话设备"，在使用 VHF 的方法上，驾驶人员应遵守《规则》第四十六条"甚高频无线电话"规定。

雷达依靠电磁波的探测技术和成像技术，具有独特的识别功能，已成为现代船舶必备装备，已被广泛地运用于船舶导航与避让。其优点是在任何能见度的情况下，雷达都能探测到航道形态、地形地貌、障碍物分布、他船动态等情况，这些以"实况"方式反映的图像，便于直观观察，识别方便。通过连续系统观测，船上人员还能及早获悉他船的位置、距离、方位、航向、航速、会遇局面及碰撞危险等重要信息，特别是在判断船舶动态、会遇局面及碰撞危险方面雷达瞭望具有独特优势。当船舶遇能见度不良时，雷达瞭望可极大地弥补视觉、听觉瞭望手段的不足，成为船舶遇能见度不良情况下不可或缺的瞭望手段，也是船舶在任何能见度情况下十分重要的瞭望手段之一。但雷达瞭望也存在一定的局限性，例如，雷达电磁波探测受天气、雨雪、波浪等外界因素干扰，分辨率下降，可能探测不到小船、小物标，雷达波受地形地貌影响或者船舶甲板设施设备的遮挡形成盲区等。可以参阅《规则》第七条"安全航速"、第二十三条"船舶在能见度不良时的行动"等有关雷达应用的相关规定。

在运用雷达瞭望时应注意下列事项：

a. 熟悉雷达开关面板或按钮的功能和作用，正确操作和调试，抑制干扰，提高效率，保证雷达回波图像清晰，便于识别。

b. 善于识别和区分雷达探测航道形态、障碍物分布、他船动态情况所构成的图像特征，从中善于查找和跟踪他船动态信息。

c. 选择适当的量程，并根据需要适时转换不同的量程，以便及早发现远距离目标，又能对近距离目标进行跟踪观测和判断。

d. 在雷达上连续跟踪观测和判断他船动态，并借助 AIS 自动识别他船信息的功能，获取他船位置、距离、方位、航速、航向、运动趋势等信息。

e. 善于借助雷达回波的直观性和动态数据，准确判断船舶会遇局面和碰撞危险。特别注意雷达显示的来船如位于正横以前、小舷角、距离近，接近速度快、通过距离小，其碰撞危险明显大于来自正横或正横后的来船。对雷达上那些动态不明的船舶、不按《规则》行动的船舶，以及高速船应保持高度戒备。

随着船舶装备的现代化和自动化的发展，自动识别仪（AIS）已成为内河船舶获取他船信息和海事部门监管船舶的重要手段。《中华人民共和国内河船舶船员值班规则》规定，100 总吨以上的内河船舶的 AIS 应当处于常开工作状态。AIS 是一种集网络技术、现代通信技术、计算机技术、电子信息显示技术为一体的数字助航系统和设备。对配有 AIS 的船舶，一船通过 AIS 能自动识别他船静、动态信息。静态信息包括 9 位识别码（MMSI）、船名、呼号、船舶类型、船舶大小、定位天线的位置、船籍等。动态信息包括船位（经纬度）、距离、航向、航速、转向率等。同样，配有 AIS 的岸基站（如 VTS 中心），也能自动识别他船这些信息。AIS 自动识别他船信息，具有识别快速、实时、准确，且不受气象、水流、障碍物条件影响的优点。特别是在任何能见度情况下，他船动态一旦发生改变，AIS 相应的动态信息数据随之实时发生改变，这有利于准确判断他船动态，减少人为因素判断失误。AIS 在这方面的功能和优势，可弥补雷达识别，以及人工视觉、听觉识别的不足。不仅如此，AIS 还具有收读和发送短信息功能，通过短信息互动，可了解当地水位、风力、雾情、航行警告等安全信息。船舶所配备的 AIS，还融合了船载电子海图系统 ECS（内河电子航行示意图），内河电子航行示意图模拟实际航道，标明了航道方向、地名、航标名称、障碍物位置、水深状况、航路等信息，为船舶定位和航路选择指明了方向。在使用 AIS 时应注意下列事项：

a. 熟悉 AIS 开关面板或按钮的功能和作用，应将 AIS 开启并使其处于工作状态，便于他船、岸基站识别，不得装而不用。

b. 对 AIS 输入的静态信息须准确无误，禁止用户随意修改静态信息，静态信息只有在船舶变更船名、MMSI 或船舶类型时才需要更改。

c. 在能见度不良的情况下，应充分发挥 AIS 和雷达各自的特点和优势，准确识别他船信息。单独使用 AIS 的作用有限，所识别的他船信息仅仅是数据，缺乏船舶会遇的画面感和现场感，如能利用这些数据，追踪识别雷达"回波亮点"（他船动态），由此获得"回波亮点"数据，更有利于提高识别效果。

d. AIS 识别他船的范围有限。AIS 识别他船信息的前提条件是他船配备并使用了 AIS，但不是所有船舶都配备了 AIS，还有许多 100 总吨以下的机动船或人力船尚未配备 AIS，还有部分船舶由于种种原因未开启 AIS 设备，而在正常条件下，雷达具有能识别所有船舶的优势，包括识别未配备 AIS 的船舶。所以，AIS、雷达各有长处和不足，两者具有很强的互补性，但不可相互替代。

e. 内河电子航行示意图模拟实际航道，信息内容和准确度与实际航道存在较大误差，仅供驾驶人员参考。

总之，上述各种瞭望手段因不同的识别方式而各具优势和局限性，瞭望人员要充分认识到当时客观环境和情况复杂多变，单靠某一种瞭望手段获得的信息是有限的、不充分的，因而也是不可靠的。所以，在瞭望手段运用方法上，应根据当时的环境和情况，结合各瞭望手段的特点，学会综合运用，交叉识别，取长补短，做到会看、会听、会使用助航仪器，使各瞭望手段"互联互通"，起到相互验证和相互补充的作用，从而搭建一个科学的、有效的保持正规瞭望的立体系统，确保瞭望效果的充分性、准确性和可靠性。

(3)瞭望人员

①瞭望人员资格应适任

瞭望人员是船舶保持正规瞭望的主体,由负责值班的驾驶人员担任。瞭望人员资格应适任:第一,瞭望人员(值班驾驶人员)的任职资格应完全符合我国海事法规所规定的强制性要求,与其担任职责相适应。第二,瞭望人员应具有高度的责任心,高度重视瞭望的重要性,严守岗位,恪尽职责,集中精力保持连续、不间断瞭望;做到人员值班不间断,不得擅离职守;人员注意力不间断,防疲劳驾驶;其他工作的影响(引航定位或转向、校对罗经或其他影响)也不可间断瞭望。第三,瞭望人员应具有驾驶专业知识与技能,具有较强的识别和判断能力、沟通能力,善于运用瞭望手段和方法,善于沟通,准确识别和判断当时的环境和情况,充分了解各方面信息。

②瞭望人员配备应足够

瞭望人员的配备因船、环境、设备不同而很难统一,但要把握一个总的原则,就是以适合当时环境和情况为前提条件,并结合船舶自身条件综合考虑,确保瞭望全方位不局限、可连续不中断,并保证瞭望效果充分、准确,避免因瞭望人员数量偏少而瞭望不周,避免因人的瞭望判断错误而带来不可逆转的损失。因此,船长在安排人员值班时,需要综合考虑当时的天气情况、能见度情况、航道情况、通航密度、助航仪器,以及特殊的操作环境可能产生的对航行值班的特别要求。船舶通过复杂危险航道,特别是在通航密度大的情况下航行,驾驶台可以增加瞭望人员,船长监航或者操作也是增加瞭望人员的有效方法。按照《中华人民共和国内河船舶船员值班规则》的规定,1 000 总吨至 3 000 总吨内河货船或者 300 总吨至 1 000 总吨内河客、渡船在雾航或夜航时,应增配 1 名瞭望人员(普通船员)。如果船舶在进行掉头、靠离泊操纵,也应考虑在适当位置增派适量的瞭望人员。

选择瞭望位置,应以满足当时环境和情况的客观需要、获得最佳瞭望效果为前提条件,不能因为瞭望位置不当或盲区的存在而疏漏瞭望目标。在驾驶台值班的人员,应当通过变换自己的位置来消除盲区。能见度不良时,瞭望人员通常增派在船舶的前部,这是因为在及早发现来船、守听他船声号、克服主机噪声、判断碰撞危险等方面,船舶前部位置瞭望具有明显优势;而船舶掉头、靠离泊、倒车后退之时,通常在船舶的尾部或两侧增派瞭望人员。

3. 瞭望的目的

(1)瞭望的目的

按照《规则》第六条的规定,保持正规瞭望的目的是对局面和碰撞危险做出充分的估计。即通过保持正规的瞭望,及时掌握和获得客观存在的周围环境变化和来船动态的正确信息,并据此可以对将构成的局面或碰撞危险做出充分的估计,从而采取相应的预防措施。正规瞭望的目的不限于船舶避碰,还包括防止船舶搁浅、触礁等其他危害航行安全的危险,具体包括下列内容:

①凭借瞭望手段和方法,根据他船的形体、号灯和号型、声响信号、雷达回波、AIS 数据、VHF 通信和 VTS 中心获取信息,及早发现他船,并判断他船种类、大小、动态、避让意图等。

②根据他船动态情况,判断会遇局面及其碰撞危险,从而为确定船舶避让责任、避让决策和行动提供可靠依据。

在航行实践中,有的船员虽然认识到了瞭望的重要性,但对如何加强瞭望往往感到力不从心,认为加强瞭望无非是“眼睛瞪大,望远镜勤拿”而已。在实践中,加强瞭望可以按照由近及远、先中后边、兼顾左右、环视四周的瞭望程序，以便按轻重缓急保证对周围情况瞭望不间断、不遗漏，还可以根据船舶航速、冲程、航道条件将瞭望区域划分为跟踪区、判断区、反应区，在较远距离的跟踪区要求及时发现目标，予以跟踪监视动态获得早期信息；对于在中距离判断区内的目标，则要求判断清楚其是否与本船构成碰撞危险；当目标进入近距离反应区时，就要迅速采取避让措施等，将瞭望和避碰紧密结合起来，从而对可能构成的局面早有准备，掌握避让行动的主动权。

(2)正规瞭望与疏忽瞭望

保持正规瞭望是确保船舶航行与避让安全的首要因素。瞭望的标准因受船舶、装备、配员、环境各方面因素影响而难以确定。船舶是否按《规则》第六条规定保持正规的瞭望，一般可以用以下几个标准衡量：瞭望应是全面的和尽可能的；瞭望必须连续、不间断进行；瞭望必须有效。实际上，海事调查或法院在审理船舶碰撞案件时，对当事船舶是否保持正规瞭望的认定，也往往是就具体案件中所涉及的瞭望事件，从某一侧面去说明何者为正规瞭望，何者为不正规的瞭望或犯有过失。

根据《规则》瞭望条款的规定，结合船舶避碰实践，可总结归纳正规瞭望要素和内涵，如表2-1所示，由此可以判断正规瞭望和疏忽瞭望。

表2-1　正规瞭望与疏忽瞭望比较

瞭望要素	瞭望内涵	正规瞭望	疏忽瞭望
瞭望人员	资格	具有资格	不具资格
	数量	足够	不足够
	值班瞭望连续性	认真，坚守岗位，注意力集中，瞭望过程连续	不认真，擅离岗位，注意力不集中，瞭望过程中断，从事与瞭望无关的其他事情
瞭望手段和方法	视觉(望远镜)方位	全方位	方位局限，疏漏目标，存在盲区
	听觉识别	识别声号	未能识别声号
	VHF、VTS联系与沟通	主动联系与积极回应	未主动联系与积极回应
	雷达观测	会操作，会识别雷达回波，适时观察雷达	不会操作，不会识别雷达回波，观测次数太少，长时间盯看雷达而疏忽其他手段
	AIS识别	会操作，善于查找和运用他船动态信息	不会操作，不会查找和运用他船动态信息
	适合当时环境和情况瞭望手段的运用	综合运用适当、系统，交叉识别，相互验证	运用不当、不系统，未交叉识别和验证
瞭望信息	当时环境和情况	信息全面、充分	重要信息遗漏
瞭望目的	局面和碰撞危险的估计	识别和判断准确、可靠	识别不准确、判断失误

二、《规则》第七条　安全航速

(一)条款内容

船舶在任何时候均应当以安全航速行驶，以便能够采取有效的避让行动，防止碰撞。

船舶决定安全航速时，应当考虑能见度、通航密度、船舶操纵性能、风、浪、流及航道情况和周围环境等主要因素；使用雷达的船舶，还应当考虑雷达设备的特性、效率和局限性。

机动船经过要求减速的船舶、排筏、地段和船舶装卸区、停泊区、鱼苗养殖区、渡口、施工水域等易引起浪损的水域，应当及早控制航速，并尽可能保持较开距离驶过，以避免浪损。

由于本身防浪能力或者防浪措施存在缺陷的，不能因本条第三款规定而免除责任。

（二）条款解释

1. 安全航速

（1）安全航速的含义

船舶在航行中所采用的航速应当足以保障自身的安全和不危及其他船舶、排筏、设施的安全。任何船舶在各个特定的环境中，要以一个可以被合理地认为对本船、周围船舶、设施，对可能构成的局面是安全的速度行驶。

《规则》未明确定义安全航速，也没有做出任何“量”的规定，事实上，任何定量的做法都是不切实际的，也不符合《规则》第七条的精神。因为船舶航行所处的当时环境和情况因素的变化，决定了安全航速大小的变化。根据《规则》第七条的规定，安全航速应符合“三性”要求：

应变性——能够采取适当而有效的避让行动，防止碰撞和浪损。

适应性——能适合当时环境和情况的要求。

安全性——既要保障船舶自身安全，也不危及其他船舶、排筏、设施安全。

由此可知，安全航速是指能够采取适当而有效的避让行动，并能适合当时环境和情况的要求，有足够的时间和距离采取措施，达到避免碰撞和浪损的速度。当船舶所处环境和条件发生变化时，应当及时调整船速，以保证船舶以安全航速行驶。

①能够采取适当而有效的避让行动

《规则》规定：“船舶在任何时候均应当以安全航速行驶，以便能够采取有效的避让行动，防止碰撞。”能够采取适当而有效的避让行动是指船舶按《规则》规定所采取的避让行动（如转向、变速或者转向变速结合）应适当，能够满足当时环境和情况的要求，并保证避让行动的有效性。采取适当而有效的避让行动需要足够的避让距离和时间才能完成，一船与另一船的避让距离和时间靠航速或船速控制。这就要求所控制的航速，对所采取的避让行动，不仅要留有足够的距离和时间完成，而且能保证有效地完成，应同时具备避让距离、时间与避让行动有效性两个条件，使会遇两船在安全距离上驶过；否则，如航速不能保证避让行动有效完成，这样的航速显然是不安全的。安全航速要求船舶控制航速，必要时应当毫不犹豫地减速，但它不仅指缓速，还要求船舶具有能够采取有效的避让行动的能力。

船速的快慢不仅影响避让时间和距离，而且影响船舶操纵性能与避让行动有效性。如船速快，虽舵效好、转向灵活，但两船接近速度快，供判断和采取行动的距离和时间较短，将会造成避让不及或避让不当的危险，难以确保避让行动的有效性，还有可能造成浪损事故；反之，如船速慢，虽延缓了与他船的接近，有利于留有更多时间估计局面，却会导致舵效差，转向迟缓，有可能失去对船舶的有效控制，也难以保证避让行动的有效性。所以，船速快、慢各有利弊，控制船速的关键在于船速快慢用在什么环境和情况下，使利大于弊。不能简单地讲，慢速、常速就是安全航速，而快速就不是安全航速。慢速、常速、快速是不是“安全航速”，取决于它们所采用的速度大小是否满足当时环境和情况的要求。如适合，则是安全航速；如不适合，则不是安全航速。确定安全航速的大小不能单纯地将某一航速与当时环境与情况割裂开来，只有适合当时环境和情况要求，有足够的时间和距离采取适当而有效行动防止碰撞的航速才是安全航速。安全航速的适应性和应变性，决定了安全航速大小必须适当，即"当快则快，当慢则慢，当停则停"。

②能适合当时环境和情况的要求

船舶采取适当而有效的避让行动，就航速大小而言，与当时环境和情况紧密相关。一方面要求航速大小适合当时环境和情况；另一方面当时环境和情况又制约航速大小。当时环境和情况因素可从以下三方面理解：

a. 船舶操纵性能因素。在速度与控制惯性冲程的关系上，应充分满足在有限的时间和距离以内把船有效制动的要求；在速度与旋回性能关系上，应满足船舶具有一定的旋回性能的要求。只有两者兼备，才能确保避让行动的有效性。这里之所以未提在适合当时环境和情况的距离以内把船停住的要求，是因为流速的影响使顺流船即使采取了停车甚至倒车的避让行动，也无法将船停住，倒车效应反而使船舶转向避让效果更差，除非必要时船舶紧急掉头。

b. 船舶外部环境和情况的主要因素。结合《规则》第七条第二款的规定，外部环境与情况的能见度、通航密度、风、浪、流及航道情况和周围环境等因素，均会制约航速大小。这些环境与情况因素复杂多变，加之船舶的操纵性能各异，且船舶朝大型化、快速化方向发展，对航速的适应性和应变性提出了更高的要求。

c. 机动船外部环境的浪损因素。结合《规则》第七条第三、四款的规定，机动船控制航速还应充分考虑如何避免浪损。浪损是指船舶因其他船舶兴波冲击造成损害，又称为间接碰撞。由于机动船行驶受内河通航水域的限制，以及他船防浪能力或防浪措施可能存在缺陷的制约，机动船有时不得不减速行驶防止浪损。所以，机动船控制安全航速，不仅应达到避碰的目的，还应达到避免浪损的目的，从该意义上讲，安全航速也应该是避免浪损的速度，如保持该速度达不到避免浪损的目的，则仍然是危险速度。

③安全航速与地方限速规定的关系

在某些特定水域中，其主管机关为确保船舶航行的畅通和航行安全，根据当地水域的特点对航速做出了限制性规定。例如，《长江江苏段船舶定线制规定》指出，在长江江苏段航行的船舶，最高航速不得超过 15 kn，最低航速不得低于 4 kn（泰州大桥以下的深水航道内不得低于 6 kn），像这样的限速规定简称为限制航速。限制航速不能认为是安全航速的量化。

安全航速是大概念，限制航速是小概念。安全航速是定性的，限制航速是定量的。安全航速一般情况下应当在地方限速范围内确定，但符合限速规定的航速不一定是安全航速，因为限速是指船舶航速不能超过的限度，并不意味着船舶随时随地都可以采用此速度。比如，船舶采用的航速符合最低速度规定的，并不一定符合安全航速的要求，限速规定的最低速度是要求船舶正常航行时应该具有一定的操纵、控制能力，并不意味着船舶在任何时候的航速都不能低于此速度。当来船动态不明或者声号不统一时，切不可由于顾忌最低限速的规定而犹豫不决，而应当立即采取减速、停车，必要时倒车的行动，确保船舶安全航行。

（2）安全速度的适用范围

"船舶在任何时候均应当以安全航速行驶。"只要是符合《规则》定义的船舶，都应当以安全航速行驶。"任何时候"是指船舶不论在白天或夜间，视界清楚或能见度不良，良好航道或困难航段，气象情况如何等，只要船舶在航行都应当以安全航速行驶。

2. 决定安全航速时应考虑的因素

应正确理解安全航速的含义，充分考虑相关因素对航速的影响以控制安全航速。

（1）对所有船舶

①能见度情况

能见度情况是决定安全航速时应考虑的首要因素，因为能见度情况是否良好，决定了视觉瞭望距离远近、发现他船时机早迟，这将影响局面判断的准确性、避让行动的及时性和协调性。如遇能见度不良，视觉瞭望则受限，即使有其他瞭望手段协助，也难以达到视觉瞭望简便、直观、快捷的效果。与能见度良好相比，能见度不良降低了瞭望的准确性，增加了避让操作的失误率，使船舶碰撞率远远超过能见度良好时的情况。因此，《规则》第二十三条规定："船舶在能见度不良的情况下航行，应当以适合当时环境和情况的安全航速行驶，加强瞭望，并按规定发出声响信号……除已判定不存在碰撞危险外，每一船舶当听到他船雾号不能避免紧迫局面时，应当将航速减到能维持其航向操纵的最低速度。"这些规定对船舶在能见度不良时的航速使用提出了更加明确的要求。

在能见度不良的情况下，安全航速控制是采用慢速还是常速、快速行驶不是绝对的。通常情况宜采用慢速行驶，因为这有利于留有更多时间和距离估计局面，提高瞭望准确性，更有利于采取有效的避让行动；如果采用常速或快速行驶，除非驾驶人员已确信瞭望充分可靠，这样的速度满足当时环境和情况的要求，否则是不可以冒险的。

②通航密度情况

通航密度是指单位面积水域中船舶的密集程度。在同一水域，通航密度越大，船舶可航水域越窄，避让行动受限越大，船舶越大，受限越大。同时，通航密度越大，情况越复杂，船舶会遇次数增加，给驾驶人员分析会遇局面、判断碰撞危险、进行避让决策增加了难度。因此，当船舶在通航密度较大的港口、锚地、捕鱼区、施工作业区等水域航行时，应加强瞭望，严格控制船速，所采取的速度一般比通航密度较小的水域要慢，并保持灵活避让，备车行驶。特别是驶经港口、锚地的船舶，尤其注意掉头船，靠、离泊船的动态，按《规则》第二十条、第二十四条的规定，注意减速等候或者绕开行驶，加强避让。

此外，船舶夜航驶经通航密度较大的水域时，由于港区、锚地诸如来自岸上和水上背景灯光复杂，散射干扰严重，减弱了号灯显示效果，干扰了视觉瞭望，降低了视觉瞭望的准确性，所以，船舶夜航应注意这些背景灯光不利影响，加强瞭望，减速行驶，充分估计他船动态。

③船舶操纵性能

船舶操纵性能通常包括旋回性能、航向稳定性和变速性能。船舶操纵性能因船而异，船舶操纵性能越好，船舶运动状态就越容易控制；反之，其运动状态就越不易控制。对船舶避碰而言，掌握船舶操纵性能，是船舶采取适当而有效避让行动的必备条件，尤其要掌握船舶的旋回性能与变速性能，即船舶在当时情况下的旋回要素，以及减速、停车、倒车的冲程和冲时。如船速大，虽舵效好，但回转运动的初始阶段长，回转圈的纵距大、偏距大，减速性能差，这可能给避让带来不利。所以，船舶决定安全航速时，必须结合船舶的操纵性能考虑：一是掌握船舶变速性能，需要考虑船舶排水量、初始船速、主机的倒车功率、外力因素对船舶变速性能的影响，从而决定变速避让的时机和幅度；二是掌握船舶旋回性能，需要考虑船速、舵角、船形（方形系数）、浮态、外力因素对旋回性能的影响，从而决定转向避让的时机和幅度。不论是变速避让还是转向避让，都要保证避让距离和时间足够，以及避让行动的有效性。

④风、浪、流情况

风、浪、流作为影响船舶操纵的外界因素，均对船舶操纵性能产生直接影响，使船舶航速、航向、船位、纵横倾等要素随之发生改变。例如，当顺风、顺浪或顺流行驶时，船舶航速增大，船舶停车、倒车冲程随之增大，船舶回转的纵距增大，而舵效较差；当顶风、顶浪或顶流行驶时，则正好相反。当空载船舶遇横风、重载船舶遇横流或斜顶浪航行时，如航速太慢反而难以控制本船的航向和船位。所以应认清这些外界因素对船舶操纵性能的影响及其变化规律，一定要予以高度戒备，以防意外事故的发生。

⑤航道情况和周围环境

航道情况和周围环境因素，不仅包括风、浪、流因素，还包括航道尺度、航行标志、航行危险物、天气、能见度、船舶会遇态势等。就内河航道尺度和通行船舶而言，航道的宽度、弯曲半径、深度、障碍物分布，加之船舶通航密度和会遇态势的影响，对船舶航行与避让产生了诸多限制，如果不能有效控制这种限制所带来的各种风险，如浅水效应、岸壁效应、船间效应带来的潜在危险，这些风险就会演变为搁浅、触礁、碰撞等事故。控制风险的原则是趋利避害，利用一切有利条件和办法，预防和化解可能出现的风险。预防风险始终是第一位的，化解风险才是第二位的，预防风险要估计充分，化解风险要方法得当。控制风险最直接的办法是对航速、航向的有效控制，甚至是精确控制，确保变速、变向的适用性、应变性和有效性。例如，为避免船舶在浅窄水域可能出现浅水效应、岸壁效应，应适当降低船速行驶；大型船舶之间高速追越，一旦出现明显船间效应，追越船在相持并航过程中应当采取减速行动，并用舵角抑制向被追越船偏转。对船速的变动，当增则增，当减则减，并非只减不增，这要看当时的环境和情况。再如，为避免船舶偏离航路的危险，大型船舶（队）在通过弯曲航道时，通常所采用的变速方法是进弯道前先减速、转弯时加车助舵、过弯后恢复常车。

（2）对备有可使用雷达的船舶，还应考虑雷达设备的特性、效率和局限性

雷达作为一种重要的助航设备，在船舶避碰方面得到广泛的应用，被称为船员的“特殊的眼睛”。船舶在能见度不良的情况下通过雷达获取信息，已成为驾驶人员在避碰操纵中进行避让决策的主要依据。尽管如此，如果使用雷达不当，或过分信赖雷达提供的信息而盲目高速行驶，反而不利于船舶航行与避让安全，所以，驾驶人员应认清雷达设备的特性、效率和局限性，既要充分发挥雷达设备应有的功能和作用，又要防范雷达设备在使用时所存在的各种局限性。

雷达的特性是指雷达的功能、性能和作用；雷达的效率是指雷达探测成像能力、效果及其精度；雷达的局限性是指雷达的特性、效率存在的不足。雷达虽可提供水上船舶分布情况，但不如视觉瞭望提供的情况更直接；运用雷达虽然可获得碰撞危险的早期预报和来船的运动要素，但要花费一定的时间进行识别和判断；当他船的运动状态发生变化时，雷达对这种变化反应较慢，驾驶员不易觉察。同时，不同的雷达设备具有不同的特性和效率，具有不同水平波束和脉冲宽度的雷达，其方位分辨率和距离分辨率也不同。此外，雷达提供的各种信息均存在不同程度的误差，加之雷达假回波的存在，极有可能导致驾驶人员做出错误的判断。此外，决定安全航速时还应充分考虑所选用的雷达距离标尺带来的任何限制；雷达精度、盲区、天气，以及航道地形、弯曲度、架空电缆等因素的限制，在适当距离内，雷达对小船、漂浮物有探测不到的可能性；雷达探测到的船舶数目、位置和动态的影响等。可以参阅《规则》第六条“瞭望”中与雷达相关的内容。

3. 需要防止浪损的水域及避免浪损的措施

（1）浪损的主要原因

常言道："超载超速，危机四伏。"浪损事故屡屡发生，造成船毁人亡，危害极大。船舶浪损事故表明，造成船舶浪损事故主要有以下两方面的原因：

①船速大，机动船该减速而未按规定减速。尤其是快速船、大型船舶、进入内河的海船等航速大，经过要求减速的船舶或地段时，未能有效减速和保持较开距离行驶，导致他船受航行波的冲击而酿成浪损事故。

②船舶超载、积载不当或超航区行驶，导致防浪能力或者防浪措施存在缺陷。尤其是小型船舶盲目超载，甚至主甲板入水而行，严重降低了干舷和稳性，导致船舶的抗浪能力极差。

（2）机动船应当防止浪损的水域

浪损通常称为间接碰撞。在内河安全航速不仅是为了船舶避碰，也是为了防止浪损事故的发生。根据《规则》第七条第三款的规定，机动船应当防止浪损的水域是要求减速的船舶、排筏、地段和船舶装卸区、停泊区、鱼苗养殖区、渡口、施工水域等易引起浪损的水域。由于当时所处的特定环境和条件所限，这些船舶和区域可能难以承受机动船航行波的冲击而发生浪损事故，所以，要求机动船必须采取措施，防止浪损事故的发生。

要求减速的船舶、排筏、地段，应按《规则》第三十七条的规定显示要求减速的信号，以便提醒经过的机动船注意；否则，属于防浪措施的缺陷，应当对浪损后果承担相应的责任。

（3）机动船减速防浪损的措施

机动船应把握减速的时机、幅度，以及与需要减速方的距离。一是减速要及早进行，以提早降低航行波的波击。机动船航行所产生的航行波从大变小要经过一定过程，如果临时慌忙减速则难以奏效。一般情况下，机动船顺水航行时要提早减速，逆水航行时要迟些恢复常速。狭窄航段，或者枯水季节的浅滩、槽口，水位浅、过水断面小，船舶驶过掀起的余浪大，要提早减速，减速的时间要长一些。二是减速要足够，做到减速时间和幅度的足够。关于"足够"，虽没有量的规定，但机动船可根据本船航行波的波击能力，以及需要减速方的承浪能力，决定本船减速时间长短和幅度大小。若遇需要减速方的防浪能力或防浪措施越差，则减速幅度越大，持续时间越长，宜多不宜少，但减速后的最低限度不至于造成本船航行安全受到威胁。三是与需要减速方尽可能保持较开距离行驶。这使机动船航行波的破坏能力相对降低，也有利于彼此宽让。尽可能保持较开距离行驶的前提条件是不违背《规则》第八条"航行原则"的规定。

4. 不能免责的规定

机动船航行时，由于航道过水断面的变化、水流的挤压，机动船减速即使是停车，对附近船舶的影响也是客观存在的。机动船的相关行动是避免浪损的主要措施，但单靠机动船的相关措施避免浪损是远远不够的。任何船舶本身都应具备足够的适航条件和能力，不能因装载、配载原因而造成适航缺陷或隐患。一些小型船舶严重超载、积载不当、超越航区行驶或者货舱无围蔽、货物未绑牢固、甲板排水口不畅通等，使其自身防浪能力或防浪措施存在明显缺陷，极大削弱了自身稳性和抗沉性。对这些危险船舶，机动船即使最大限度地采取了防止浪损的行动，也难以避免浪损。因此，《规则》第七条第四款规定，因本身防浪能力或者防浪措施存在缺陷的不能免除责任，对由此造成的浪损后果应当承担相应责任。预防浪损单靠机动船一方采取行动是远远不够的，要求减速的船舶、排筏、设施必须遵守国家相关规定及技术要求，使之处于适航状态或者保持良好的技术状况，不能滥用或单纯依赖减速信号，只有减速方和需要减速方都按规定遵守各自的责任和义务，才能有效避免浪损。

三、《规则》第八条　航行原则

（一）条款内容

机动船航行时，上行船应当沿缓流或者航道一侧行驶，下行船应当沿主流或者航道中间行驶。但在感潮河段、湖泊、水库、平流区域，任何船舶应当尽可能沿本船右舷一侧航道行驶。

设有分道通航、船舶定线制的水域，必须按照有关规定航行和避让。两船对遇或者接近对遇应当以左舷会船。

（二）条款解释

1. 不同通航水域的航行原则

（1）航行原则的重要性

航行原则是指船舶选择航路应遵守的基本原则。航路是指船舶根据河流客观规律或者有关规定，在航道中选择的航行路线。《规则》第八条规定了船舶选择航路的基本原则。所以，船舶选择航路是有依据的，而不是主观随意地选择航路。

航行原则的作用是规定船舶航路，要求船舶按规定航路行驶，使不同流向船舶各行其道，分道行驶，避免因航路相互干扰、侵占而发生碰撞，避免因航路偏离而发生搁浅、触礁事故。

熟悉航道情况，遵守航行原则规定，是驾驶人员正确选择航路的必然要求；否则，如一船选择航路错误，侵占了另一船的航路，导致双方发生碰撞，将成为事故的直接原因，可能负有事故的主要责任。参阅本章第五节对驶相遇碰撞事故案例分析（二），2012 年 1 月 18 日 0607 时许，浙江籍个体所有的 Z 船从安徽池州装载 373 t 石子开往浙江绍兴，在沿乌江水道下行的过程中，与江苏顺海船务有限公司所属的 S 船在乌江#3 红浮上游附近水域发生碰撞，造成 Z 船船毁人亡，教训深刻。事故的最直接原因就是 Z 船违反航行原则，下行船驶进乌江单向上行航道，与正常上行的 S 船发生碰撞，Z 船负事故的主要责任。

（2）不同通航水域的航行原则

《规则》第八条做出了原则性的规定，要求每一船舶在任何能见度情况下，均要明确在什么水域按什么航行原则行驶。即便船舶在能见度不良水域中行驶，航行原则也不能因为能见度不良而改变，因为一旦发生改变就会导致航路错误，不同流向的船舶发生碰撞事故难以避免。按照《规则》第八条的规定，船舶航行原则如下：

①一般河段的航行原则

除感潮河段、湖泊、水库、平流区域外的水域称为一般河段。一般河段水域河流流速的平面分布，由于受到河水黏滞性和河床边界条件的影响，在顺直航道的最大流速即主流通常处于河心的位置，缓流区则往往在岸边。在弯曲航道中，主流偏于凹岸一侧，缓流偏于凸岸一侧。在航道条件较好的一般河段，通常用航标分别标示出主流、缓流的位置。根据上述适用水域的特点，《规则》第八条第一款规定了“机动船航行时，上行船应当沿缓流或者航道一侧行驶，下行船应当沿主流或者航道中间行驶”，简称“上行船走缓流，下行船走主流”航法。上行船是指航向朝向河流上游方向行驶的顺航道行驶船舶，下行船是指航向朝向河流下游方向行驶的顺航道行驶船舶。两者都不包括横越船的航路。

“上行船走缓流，下行船走主流”航法，是机动船航行的基本规律，也是为了在自然航道条件下达到机动船分道航行的目的，有助于避免船舶相遇而产生碰撞危险，同时也有利于机动船提高航速，节约航行成本。此外，缓流与主流，或航道一侧与航道中间的横距，使上、下行船的航路可保持一定安全横距，互以左舷或者右舷会船。但是，这种横距的大小，受航宽、船宽和吃水因素限制较大，采用此方法会使大型船舶在航宽相对较小的水域会船横距变小，会船难度增加。

运用“上行船走缓流，下行船走主流”航法需做到以下几点：一是熟悉航道情况，判明缓流、主流位置，正确选择上、下行船航路。二是准确把握船位，航向正确，横距恰当，不得偏离航路，不得相互侵占航路，一旦发现航路出现偏差，要及时用舵纠正。三是注意航道尺度、水流、航标、气象、他船动态、船舶尺度及其操纵性能等因素对选择航路的影响。下行船不能在能见度不良时为自身定位方便而靠近航道一侧行驶从而侵占上行船航路，上行船不能因为吃水较大而靠近航道中间行驶从而侵占下行船航路。四是绝不可低估过河横越船对顺航道行驶船舶的不利影响。由于缓流、主流的位置随航道走向的改变而改变，为充分利用缓流提高航速，上行船可能频繁过河横越，从而对顺航道行驶的船舶产生阻碍构成碰撞危险，导致船舶碰撞概率增大。

②感潮河段、湖泊、水库、平流区域的航行原则

感潮河段，由于流速流向受潮汐涨落影响，同时又随季节、水位、朔望、风向、风力等因素的不同而变化，随着涨、落潮流的转换，水流流向也随之发生变化。湖泊、水库、平流区域，虽航道宽度各异，但都具有水流较平缓、流速较小、流向不明显的共同特点。

根据上述适用水域的特点，《规则》第八条第一款规定“在感潮河段、湖泊、水库、平流区域，任何船舶应当尽可能沿本船右舷一侧航道行驶”，简称“各自靠右行驶”航法。任何船舶包括机动船、人力船、帆船等，应当尽可能沿本船右舷一侧航道行驶，是指在安全可行的条件下，上行船与下行船应尽可能靠近本船右舷一侧顺航道行驶，使会遇双方保持足够的横距互从左舷会船。

安全地尽可能靠右行驶需做到以下几点：一是做到靠右行驶的“尽可能”，能靠右侧尽量靠右，保证与不同流向的船舶具有足够的横距会让。船舶尽可能靠右行驶的横距（岸距）大小取决于船舶吃水与航道水深的关系。同一船舶在不同水域的靠右横距不尽相同。在同一水域，不同吃水的船舶靠右横距也不同，船舶吃水越大，靠右横距越大；反之，靠右横距越小。所以，在同一水域同一流向靠右行驶的过程中，浅吃水的船舶应当比深吃水的船舶靠右横距小，这有利于同流向行驶船舶之间的分流和避让，也有利于同流向行驶船舶之间的追越，在追越的方式上，宜采用从前船左舷追越（简称“左追越”）。二是确保尽可能靠右行驶安全可行。尽可能靠右行驶，并非盲目、过分靠右，应充分考虑船舶吃水与水深的关系，应保证船舶行驶留有足够的富余水深，同时还应考虑障碍物的影响。所以，在尽可能靠右行驶的过程中，应熟悉航道通航条件，特别是水深条件和障碍物分布情况，熟悉船舶操纵性能、引航方法，准确把控船位，保持顺航道行驶，防止搁浅、触礁事故发生。

2. 船舶在设有分道通航、定线制的水域航行原则

《规则》第八条第二款是《关于修改〈中华人民共和国内河避碰规则（1991）〉的决定》（交海发〔2003〕357 号）在《中华人民共和国内河避碰规则（1991）》第八条中新增加的一款，提出以分道通航制为主要形式的船舶定线制相关规定。《规则》第八条第一款属于航行原则的一般原则，还不够具体，还需要进一步明确和规范不同航区或同一航区不同航段的船舶航路，才

更有利于增强航行原则的针对性和实用性。所以，海事管理机构针对辖区水域特点和船舶交通流情况，专门制定了船舶定线制规定，对《规则》第八条第一款进行了有益的补充和细化，完善了航行原则的规定，规范了船舶航行与避让行为，这对改善水上交通秩序、避免碰撞事故的发生起到了重要作用。例如，长江干线颁布实施了《长江江苏段船舶定线制规定》《长江安徽段船舶定线制规定》《长江三峡库区船舶定线制规定》等，珠江干线颁布实施了《珠江口水域船舶定线制》等。所以，船舶定线制已成为船舶航行原则的重要内容。

(1)船舶定线制及其目的

船舶定线制是指在规定的区域(航段)建立单航路或多航路的制度或定线措施，旨在减少水上交通事故的数量，提高通航效率。建立船舶定线制是有针对性的，针对的对象首先是区域(航段)和船舶，然后是定线措施。建立船舶定线制的根本目的是增进区域(航段)船舶航行与避让安全。在船舶流量较大、通航密度较大、船舶种类繁多、会遇态势复杂的航段，一些航段的通航条件还受到航道尺度、障碍物、水流条件、通视条件等因素的限制，导致船舶会让困难或不能会让，对这样的航段，有必要建立船舶定线制。

(2)船舶定线制的种类

《规则》第八条第二款规定："设有分道通航、船舶定线制的水域，必须按照有关规定航行和避让。"在内河通航水域，设有分道通航、船舶定线制的水域，几乎集中在长江航区，其他航区即便有，也没有长江航区如此广泛应用分道通航、船舶定线制。各航区无论是设有全面的还是局部的船舶定线制，相关船员都要学习掌握本航区船舶定线制规定，以便正确选择航路。

各航区或同一航区各航段建立和实施船舶定线制的具体方法和措施可能不尽相同，但其根本目的和作用是一致的，船舶定线制的基本理论和方法是一致的。梳理长江干线各航段船舶定线制规定，可以总结出船舶定线制的种类和方法(见表 2-2)，这对其他航区船舶定线制的建立和实施具有借鉴意义，有利于驾驶人员掌握船舶定线制相关知识。

表 2-2　长江干线各航段船舶定线制种类

定线制种类 / 航区(段)	分道通航制		沿岸通航带(推荐航路)	单向通行航路	其他定线制
	上、下行通航分道	分隔带/分隔线			
长江江苏段船舶定线制	设置深水航道，由航标标示，建立上、下行通航分道	分隔带：占深水航道宽度的 1/5；分隔线：航道中心线	在部分航段分别设置上、下行船舶推荐航路，主要供小型船舶使用	在通航条件受限航段，对受控船舶设置单向通行航路	桥区水域通航规定；叉河、捷水道航路规定；专用航道航路规定；船舶停泊区等
长江安徽段船舶定线制	方法同上，但通航分道设置标准不同	分隔线：航道中心线	在部分航段设置上行船舶推荐航路，仅供小型船舶使用	方法同上，但受控船舶规定标准不同	警戒区；叉河道通航规定；船舶停泊区
长江三峡库区船舶定线制	方法同上，但通航分道设置标准不同	分隔线：航道中心线	在部分航段左岸或右岸设置沿岸通航带，仅供渡船和短途客船使用	方法同上，但受控船舶规定标准不同	警戒区；船舶停泊区

船舶定线制主要包括分道通航制、沿岸通航带(推荐航路)、单向通行航路、警戒区等，根

据实际需要可单独或组合使用。其中,分道通航制是船舶定线制最主要的方式。

分道通航制是指通过适当方法建立通航分道,以分隔相反的交通流的一种定线措施。它由分隔带或分隔线、通航分道、交通流方向等要素构成,如图 2-1 所示。

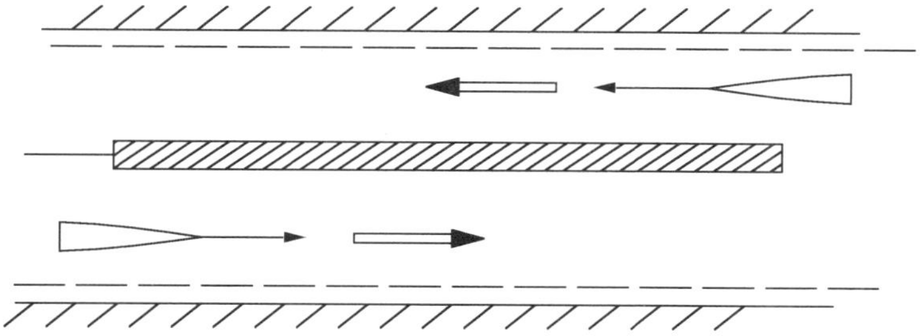

图 2-1 分道通航制的构成

分隔带或分隔线是指分隔交通流方向相反或接近相反的通航分道的带或线。

通航分道是指在规定界限内建立单向通航的一种区域,该区域即船舶通航的航路,包括上行通航分道和下行通航分道。

交通流方向是指指示分道通航制内规定的交通流通行方向的一种交通流图示。

沿岸通航带(推荐航路):分道通航制区域中靠岸一边的界线与相邻河岸之间用作沿岸通航的一个指定区域,如图 2-2 所示,该区域通常设置在航道宽度较宽的航段,因位于分道通航制水域(深水航道)外侧,其水深比深水航道小,主要用于设置推荐航路,供小型船舶使用,其目的是大船、小船分流行驶。

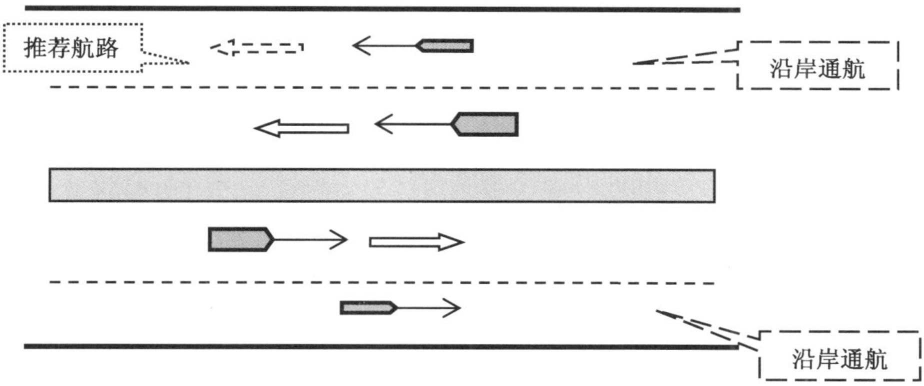

图 2-2 沿岸通航带(推荐航路)的构成

单向通行航路是指在通航条件受限制航段内,对受控船舶建立的一种单向通航措施。在该航段内规定受控船舶只能单向下行或单向上行,禁止受控船舶之间会让,非受控船舶则不受单向通航控制。该定线措施还规定了该区域的界限范围、适用水位(水深)、受控船舶、VHF 电话联系时机或地点、航行原则、等让地点、等让原则,其目的是控制该航段船舶通行与避让行为。

通航条件受限制航段是指船舶通行和会让受到通航条件限制,使船舶会让困难或不能会让的航段。不同航区或同一航区不同航段没有统一标准,只有相对标准,这取决于航段本身通航条件对船舶通航和会让的限制程度。航道尺度越小,航道越弯曲、狭窄,对船舶通行和会让的限制越大；对同一航段，船舶越大，受限越大，当限制到某些船舶只能单向通行时，这样的受限船舶称为受控船舶；船舶越小，受限越小，对非受控船舶虽可会让，但会让的横距相对较小，因而增加了会让的难度。

针对各通航条件受限制航段，受控船舶的规定标准也是不同的，通常以船舶吨位、类型、船舶（队）长度界定，主要受控对象为该航段的大型船舶。比如，《长江江苏段船舶定线制规定》规定：船舶长度 80 m 及以上的船舶（不包含吊拖船队）为大型船舶；尹公洲单向控制航段的受控对象为船长 110 m 及以上的船舶（吊拖船队除外）。

警戒区：由一个规定界限的区域构成一种定线措施，在该区域规定或推荐船舶航路，船舶航行必须特别谨慎地驾驶。警戒区通常设置在干、支流交汇水域，叉河道，桥区水域，港口水域和其他通航条件受限制的水域，而不需要设置在通航条件较好的水域。尽管这些区域各具特点，或已建立分道通航制（如具备条件），但这些区域或因航道类型、尺度、跨河桥梁、船舶种类、吨位、通航密度、会遇态势等因素的限制，通行船舶可能受限更多、风险更大。设置警戒区的目的是向船舶警示通行限制，指示通行要求。例如，在叉河道警戒区，船舶通行既受主叉、支叉的航道尺度的限制，还会受主叉航路与支叉航路交叉汇聚的不利影响。船舶如何正确选择支叉航道的通行航路？支叉航道的通行航路，在某一水位（水深）之下，对某些船舶可按规定的各自靠右航行原则行驶，对某些大型船舶（受控船舶），则只能按单向通行航路的航行原则行驶。

（3）船舶在设有船舶定线制水域航行的注意事项

船舶在分道通航制水域航行时，应按规定的航行原则行驶。一是应在规定的通航分道行驶，并保持顺航道行驶，避免与他船构成航向交叉，如超出通航分道界限行驶，就失去了建立分道通航制，分隔相反船流的作用；二是尽可能远离分隔带或分隔线，保持各自靠右行驶，并与使用沿岸通航带（推荐航路）的小型船舶保持足够的安全距离。

船舶在通航条件受限制的航段航行时，应按单向通行航路、警戒区或其他定线制规定行驶。一是充分了解该区域通行限制规定，主要包括区域界限、适用水位（水深）、受控船舶、联系地点、航行原则、等让地点、等让原则等；二是加强联系和沟通，充分了解该区域他船动态情况，在设置单向通行航路航段按相应规定行驶，在设置警戒区或其他定线制航段按相应规定行驶，做到特别谨慎地驾驶，正确选择航路，保证船舶航行与避让安全。

两船对遇或者接近对遇应当以左舷会船。《规则》第八条第二款还特别指出了两船对遇或者接近对遇，互以左舷会船。对遇或者接近对遇，是指顺航道行驶两船，在航向相反或者接近相反（船首向左/右约 5°的范围内）相互逼近的局面。该局面具有相对速度快、会遇时间短、碰撞危险度大的特点。《规则》规定航行原则的主要目的就是要求上、下行船舶之间应避免该局面的形成。在设有船舶定线制、分道通航制的水域，上、下行船舶只要按规定航路行驶，就不可能形成该局面。但是，由于种种原因，该局面一旦形成，则要求上、下行船舶按互以左舷会船的方式统一避让意图，各自采取向右转向的行动进行避让。该局面的形成原因和具体避让方法，详见《规则》第十条第二款解释。

四、《规则》第九条 避让原则

（一）条款内容

船舶在航行中要保持高度警惕，当对来船动态不明产生怀疑，或者声号不统一时，应当立即减速、停车，必要时倒车，防止碰撞。采取任何防止碰撞的行动，应当明确、有效、及早进行，并运用良好驾驶技术，直至驶过让清为止。

船舶在避让过程中，让路船应当主动避让被让路船；被让路船也应当注意让路船的行动，并按当时情况采取行动协助避让。

在任何情况下，在长江干线航行的客渡船都必须避让顺航道或河道行驶的船舶。

两机动船相遇，双方避让意图经声号统一后，避让行动不得改变。

（二）条款解释

1. 船舶避让的一般原则

（1）船舶在航行中要保持高度警惕，当对来船动态不明产生怀疑，或者声号不统一时，应当立即减速、停车，必要时倒车，防止碰撞。

①警惕与戒备

船舶种类繁多，通航密度日益加大，水上情况千变万化，船舶会遇情况错综复杂，船舶航行必须保持高度警惕和戒备。警惕与戒备是指船舶确保航行与避让安全的预备状态。从船舶避碰的角度来讲，安全预备状态主要包括下列措施：一是驾驶人员具有高度责任心。在航行值班过程中，驾驶人员应履职尽责，千万不能松懈麻痹，对水上任何航行危险应保持高度戒备，谨慎驾驶。二是加强瞭望。按《规则》第六条“瞭望”的要求保持正规瞭望，特别是在能见度不良时，或者通航密度大的水域，应加强联系，统一会让意图，协调避让行动。三是以适合当时环境和情况的安全航速行驶。按《规则》第七条“安全航速”的要求，在任何时候任何水域均以安全航速行驶，随时做好操纵避让准备，如及早减速或者备车、备锚等，以防不测。四是按规定航路行驶。按《规则》第八条“航行原则”的要求，在任何能见度情况下均应按规定航路行驶，不可侵占他船航路。五是熟悉《规则》规定，掌握船舶在不同情况下的避让方法。

《规则》第九条规定是机动船相遇避让行动的总原则。船上人员在通过认真瞭望发现来船后，应当仔细观察其动态，正确判断与来船是否存在碰撞危险。当对两船是否存在碰撞危险有怀疑时，应当认为存在这种危险。继而根据《规则》正确判断与相遇船舶的避让关系，明确本船在避让中的义务。

②对来船动态不明表示怀疑或声号不统一时的行动原则

对来船动态不明表示怀疑时可能出现下列情况：

来船身份不明。来船身份包括船舶种类、性质、大小等。船舶常见种类按《规则》划分，除有一般机动船和船队外，还有快速船、渡船、渔船、工程船、限于吃水的船舶、非自航船、人力船、失控船、搁浅船等。

来船动态不明。来船动态包括船位、航向、航速和运动形式。船舶在航道中的运动形式包括顺航道行驶、横越、掉头、靠离泊等。

来船会遇态势及其碰撞危险不明。会遇态势包括机动对驶相遇、追越、横越和交叉相遇等。

来船避让意图不明和避让行动不协调。这取决于两船避让意图的沟通和避让行动的协调。例如，当一船通过 VHF 电话与来船联系沟通避让意图时，来船不回答；当一船对来船鸣放会船声号表示避让意图时，来船不鸣放相应的会船声号，这属于来船避让意图不明的情况。当一船对来船鸣放会船声号表示避让意图，而来船鸣放回答了相反的会船声号时，这属于会船声号不统一；当来船还采取了不协调的避让行动时，如来船在未显示任何信号的情况下，突然横越或掉头，这属于来船避让行动不协调。

造成对来船动态不明表示怀疑或者声号不统一的原因，可能是本船识别判断不清所致，也可能是来船未给出船舶信号使避让意图和行动不明确所致。不论何种原因，这些情况一旦发生，双方都应当立即减速（减速、停车，必要时倒车），即船员通常所说的动向不明先减速，这是防止碰撞的重要原则之一。船舶避让操纵，可以是变速、变向或者两者结合进行，但在来船的动向、意图不明的情况下，一般首先应当减速，以争取较充裕的时间和较大的距离进行判断、交换和统一意图，协调行动进行避让。

减速的时机为立即。“立即”是指减速行动要果断迅速、毫不犹豫，争取避让的有利时机。如果优柔寡断，拖延了时间，极易产生十分被动的紧迫局面。减速的方式为减速、停车，必要时倒车。减速的幅度以及是否采用停车、倒车应根据船舶变速性能、当时环境和情况而定。船舶吨位（排水量）越大、初速度越快、倒车制动能力越差，而来船距离越近、速度越快，则减速幅度越大，必要时采用倒车。

船舶采取减速行动，并不意味着不需要采取转向行动，只是不可盲目地采取转向行动。采取转向行动的前提条件是对来船动态动向、会遇态势及其碰撞危险做出了充分估计。显然，在对来船动态不明表示怀疑，或者声号不统一的情况下，局面不清，情况不明，立即采取转向行动是盲目且被动的，不但起不到避让作用，反而会造成对局面的误判和避让行动的不协调，人为导致碰撞事故。

（2）采取任何防止碰撞的行动，应当明确、有效、及早进行，并运用良好驾驶技术，直至驶过让清为止。

①采取任何防止碰撞的行动

任何防止碰撞的行动从不同的角度具有不同的划分。从避让过程上讲，任何防止碰撞的行动包括：防止形成碰撞危险的行动、防止形成紧迫局面的行动、防止形成紧迫危险的行动或最有助于避碰的行动等。从避让操纵的方式上讲，该行动包括变速、变向、变速和变向相结合的行动，在某些特定的环境和情况下还包括备车、备锚、抛锚等避碰准备和紧急行动。实际上，船舶避让操纵行动，仍然需要运用到避让过程之中。不论采取何种避让行动，应充分考虑当时的环境和情况，结合船舶操纵性能，从而决定避让行动的方式、时机、幅度，确保行动的有效性，直至驶过让清为止。

②避让行动明确、有效、及早、让清的要求

明确是指船舶避让行动的意图要使来船易于察觉，船位要摆正、摆顺，使相遇船舶一目了然，而不致产生错觉、怀疑或误解。同时，如果条件许可，转向避让应避免采用不易被来船注意的一连串、多次小舵角避让，减速也要使来船能及时了解，辅以声响信号表达本船的行动和意图，并且要言行一致，意图明确。

要做到避让意图和行动的明确需做到以下几点：第一，做到双方避让意图的统一。要求避让意图经会船声号和会船号灯统一，经 VHF 无线电话通话商定一致，不可侥幸、盲目会船。在声号与灯光信号的统一上，机动船应遵守《规则》第四十三条、第四十四条的相关规定；在 VHF 无线电话通话商定上，还应遵守《规则》第四十六条第三款规定。第二，做到双方避让意图经声号统一后，避让行动不得改变。《规则》第九条第四款之所以这样规定，是因为如其中一方避让行动突然改变，势必抵消对方的避让行动，人为造成避让的不协调，如双方距离逼近，使对方措手不及，发生碰撞事故。会遇双方避让意图经声号统一后，避让行动必须得到坚决执行，不能因避让出现困难或主观借口而随意改变。第三，做到避让行动方式、时机和幅度都要明确，确保避让行动协调和有效。无论是采取转向行动还是变速行动，其行动方式应符合《规则》相关规定，不是违背《规则》的规定采取错误的行动方式，规定右转向避让的，而不能左转向避让，规定减速避让的，不能盲目转向避让。不论是行动方式还是行动时机、幅度，都要让对方易于察觉、理解、接受，而不产生任何怀疑，这才叫明确。避让意图的统一，可保证避让方式的协调，但不代表保证避让行动的完全协调，还需靠避让时机和幅度保证才有效。例如，当两机动船对驶相遇时，如双方通过鸣放声号一短声，已统一互以左舷会船的避让意图，而上行船（让路船）虽采取了右转向行动，但未能保证安全距离会让下行船，那么上行船右转向的时机和幅度仍然是不易察觉、不能接受的，因而是不明确的。

有效是指避让行动必须达到预期的效果，对船舶安全会让产生积极的作用和防止碰撞。在避让过程中，为了保证达到安全会让的避让效果，无论两船以何种方式会船，应保证船舶安全会让距离。会让距离大小是衡量避让行动有效性和避让效果的重要指标。会让距离越大，行动有效性和避让效果越好；反之，行动有效性和避让效果越差，甚至避让无效。船舶安全会让距离受人、船、环境诸多因素影响。

为保证避让行动有效性，需做到以下几点：第一，应充分考虑船舶安全会让距离。安全会让距离受航道尺度、通航密度等因素的限制，因此应充分了解哪些航段能会船，哪些航段不能会船。如会船应了解在该航段以何种方式会船，只有在这样的前提下，才能正确把控船舶安全会让距离。例如，在不同的航段中，本船应了解在对驶相遇或追越过程中，本船避让行动应保持什么样的安全会让距离会船。第二，应充分了解在可以会船的航段，船舶避让行动的方式、时机和幅度对船舶会让距离的影响。在避让方式上，对航宽较大的航段，通常采用转向行动避让，其避让幅度受限较小，转向避让较快，可保证以安全会让距离通过；对航宽较小的航段，当转向避让明显受限时，通常采取减速行动避让，或结合转向行动避让，尽可能利用避让时间和空间，提高行动有效性。在避让时机和幅度上，早让、宽让，有利于增加安全会让距离和行动有效性，同时，早让能增加宽让效果。如迟让、小幅度避让、近距离避让，则导致避让不及、避让不当的危险，使船舶陷入紧迫危险的境地。

及早是对采取避让行动的时机要求，船舶采取的各项避让行动应当根据当时所处环境，双方相对位置以及接近速度等尽可能早地进行，在时间和空间上留有一定的余地，不能疏忽大意，不能等到最后关头，不要贻误时机。同时要考虑本船如果迟迟不采取措施，会使对方受到惊吓，从而采取了错误的行动而导致碰撞的可能。船舶相遇会让，从瞭望发现来船开始，通过判断有无碰撞危险确定避让关系，表达行动意图，采取避让行动直至驶过让清为止。

做到避让行动的及早需做到以下几点：第一，应判明两船相遇是否构成碰撞危险或避让关系，这是采取避让行动的基本前提。如果两船确已构成碰撞危险或避让关系，意味着有关两船之间的避让责任和行动条款同时生效，需要两船立即统一避让意图、采取避让行动。所以，两船一旦构成碰撞危险或避让关系即为统一避让意图、采取避让行动的依据和时机。第二,应综合考虑船舶操纵性能、当时环境和情况等因素对避让时机的影响。有关减速避让行动的时机和幅度问题,前面已讨论,就转向避让行动的时机而言,应考虑船舶大小、船速、舵效、水流条件、航道限制等因素对避让时机的影响。例如,比较大型船舶与小型船舶的转向时机,如在同一顺直航段,以同一航路同一航速顺航道下行,在同样的距离内遇正前方横越船,如需转向避让横越船,则大型船舶转向时机应提早。

让清是指两船相遇在采取相应的有效避让行动后,已经安全驶过,并经细心核查确认与相遇船不再有碰撞危险。在这个全过程中,双方都应当密切注意情况的发展和变化,遵守《规则》,协调行动。此外,驾驶人员要运用良好的驾驶技术,如掌握船舶性能、航道特点,正确估计风、流、浪的影响,正确使用车、舵、锚,正确显示号灯、号型,使用声响信号,遇有突发情况要沉着、冷静等。在这个让清时刻到来之前,避让双方均不能解除在避让过程所应承担的责任和义务,应密切注意情况的发展和变化,直到碰撞危险解除为止。

避让行动有效性需要核查吗?完全需要。需要避让双方全程核查,从避让开始直至驶过让清。核查避让有效性,是避让双方的共同责任和义务。因为在避让过程中,一方或双方的行动方式、时机或幅度不当,都有可能导致避让行动不协调或无效,如没有核查手段检验,避让行动的有效性是不可靠的。避让行动有效性应核查以下内容:一是核查避让行动的正当性,是否按《规则》相关规定采取行动;二是核查避让行动的协调性,是否按双方统一的避让意图进行避让;三是核查会让是否安全可靠,来船是否能在安全距离内驶过。如果没有避让行动的正当性、协调性,则难以保证会让安全可靠。这三条核查内容相互关联,都是检验避让行动有效性的重要标准。核查用视觉、听觉以及其他有效瞭望手段和方法进行核查,一旦发现避让行动不协调,或会让距离明显减小,要及时对避让行动进行调整和纠正,必要时采取最有助于避碰的行动。

避让行动的明确、有效、及早、让清是对船舶避让全过程所提出的总要求,可概括为避让行动的“明、宽、早、清”。“明”是对避让意图和行动协调一致的要求;“宽”是对避让幅度和有效性的要求;“早”是对避让时机的要求;“清”是对避让结果和目的的要求。每一个环节相辅相成,缺一不可。

③运用良好驾驶技术

良好驾驶技术是指优良的操船技艺,是船舶驾驶员在长期的驾船生涯中所积累的宝贵经验、形成的优良技能及通常做法。良好驾驶技术是船舶避碰技术的有机组成部分,在船舶避碰过程中,船舶驾驶人员不但应当遵守《规则》的规定,还要善于运用良好驾驶技术,为船舶避碰提供有力的支撑。

良好驾驶技术包括但不限于下列做法:

a. 熟悉航道、水流、航标等通航条件及航法;

b. 充分了解航道尺度、通航密度、能见度、水流等通航条件对船舶航行与避让的各种限制和风险,并掌握识别和控制风险的手段和方法;

c. 熟悉本船操纵性能,熟练船舶操纵,充分了解影响船舶旋回性能、变速性能的因素;

d. 充分了解外界环境因素对船舶避让操纵的影响,充分估计可能出现的浅水效应、岸壁效应、船间效应;

e. 熟悉船舶助航设备、甲板设备的使用方法;

f. 熟悉包括特定水域船舶定线制、分道通航制在内的特别规定。

2. 让路船与被让路船的避让责任与行动

(1)船舶之间的避让责任

船舶之间的避让责任是指《规则》规定的相遇两船中一船对另一船所承担的避让责任。纵观《规则》第二章各条规定，船舶之间的避让责任分为两种类型：

①一船应给另一船让路

a. 适用条款

《规则》规定会遇两船中一船应给另一船让路时，应给他船让路的船舶即为让路船，而另一船即为被让路船。该避让责任适用于《规则》第十条、第十一条、第十二条、第十三条、第十四条、第十五条、第十六条、第十七条、第十八条、第十九条、第二十二条。例如，《规则》第十条规定："两机动船对驶相遇时，除本节另有规定外；(一)上行船应当避让下行船，但在感潮河段，逆流船应当避让顺流船。"《规则》第十七条规定："不论本节有何规定，机动船与在航施工的工程船相遇，机动船应当避让在航施工的工程船。"

b. 确定原则

确定一船应给另一船让路避让责任的原则，采用的是船舶等级制原则和船舶几何制原则。船舶等级制原则指根据两船避让操纵性能的差别，确定船舶避让责任。例如，机动船应当避让限于吃水的船舶；快速船在航时，应当宽裕地让清所有船舶等。船舶几何制原则是指相遇两船在避让操纵性能基本相同的情况下，根据两船几何位置关系确定船舶避让责任。该原则是按船员通常做法或传统习惯确定的。例如，同流向的两横越船交叉相遇，有他船在本船右舷者，应当给他船让路。两帆船相遇，两船都是顺风船或者抢风船，左舷受风船应当避让右舷受风船。

c. 避让责任要求

《规则》第九条第二款规定："船舶在避让过程中，让路船应当主动避让被让路船；被让路船也应当注意让路船的行动，并按当时情况采取行动协助避让。"该规定对让路船与被让路船的避让责任和行动提出了一般原则性要求，要求让路船主动避让，被让路船协助避让，双方避让责任具有主、次之分，各自按主动、协助的要求履行相应的避让责任和义务。同时，主动与协助的关系是配合与协作关系，协作共赢，反之共损。至于让路船如何做到主动避让，被让路船如何做到协助避让，会遇两船除遵守《规则》第九条第二款规定外，还应根据会遇的具体情形遵守《规则》其他相关条款的规定。例如，机动船追越时，追越船(让路船)和被追越船(被让路船)之间应按照《规则》第十一条的规定采取避让行动。

②一船不应妨碍另一船的安全通行

a. 适用条款

《规则》规定会遇两船中一船负有不应妨碍另一船安全通行的责任，负有不应妨碍责任的船舶为不应妨碍他船的船舶，另一船即为不应被他船妨碍的船舶。该避让责任适用于《规则》第十二条、第二十条、第二十一条、第二十四条、第二十六条，见表 2-3。例如，《规则》第十二条对机动船横越确立了无碍他船行驶的避让责任；《规则》第二十六条对渔船捕鱼确立了不得阻碍他船航行的避让责任。

表 2-3 《规则》各条款中的不应妨碍他船的船舶和不应被他船妨碍的船舶

《规则》条款	不应妨碍他船的船舶	不应被他船妨碍的船舶
第十二条	横越船	他船
第二十条	掉头船	过往船
第二十一条	人力船、帆船	机动船
第二十四条	靠、离泊船	附近行驶的船舶
第二十六条	渔船	他船

b. 确定原则

该避让责任的确定是因为内河通航水域属于受限水域，随着船舶吨位和船舶密度的增大，需要有效维护通航水域的畅通和效率，对不利于通航水域畅通的横越、掉头、靠离泊、渔船捕鱼行为，以及人力船、帆船航行与避让行为给予规范约束。

在上述条款中，不论是无碍他船还是不得妨碍他船、不得阻碍他船，均属于一种禁止性的法律规范，要求负有该责任的船舶应严格遵守该规定，在履行该责任时犯有任何的疏忽也将被视为一种过失，并予以追究。该规定的设计是《规则》运用民法通则的一般原则，对两艘均具有同等路权的船舶的权利在各自受到他船侵害的情况下，进行适当的权利调整的行为，确认一船（不应被他船妨碍的船舶）继续享有航路权，限制或部分限制另一船（不应妨碍他船的船舶）的航路权。

c. 避让责任要求

不应妨碍他船的船舶应根据当时环境和情况的需要及早采取行动，以留出足够的水域供不应被他船妨碍的船舶安全通过。因此，不应妨碍他船的船舶应尽可能采用避免发生碰撞危险的方法航行，当在接近他船致有碰撞危险时，仍然不得解除其不应妨碍的避让责任。不应妨碍的避让责任，既适用于两船在构成碰撞危险之前，也适用于两船在构成碰撞危险之后，直到最后驶过让清为止。

不应妨碍他船的船舶当与他船构成碰撞危险时，可能是一艘构成《规则》其他条款指定的让路船，也有可能是一艘构成《规则》其他条款指定的被让路船。同理，不应被他船妨碍的船舶可能是一艘被让路船，也有可能是一艘让路船，这取决于会遇两船的类型、性质、态势，以及《规则》第二章第二节、第三节、第四节相关条款的规定。因此，不应妨碍他船的船舶和不应被他船妨碍的船舶应完全遵守《规则》其他条款的相关规定，而不可将不应妨碍的避让责任当作一船应给另一船让路的避让责任。

如果不应妨碍他船的船舶构成《规则》其他条款指定的让路船，则其不应妨碍的行动应与给他船让路的行动一致；如果构成《规则》其他条款指定的被让路船，其不应妨碍的责任并未解除，不可片面强调被让路而继续妨碍他船，在采取不应妨碍的行动时应注意协助让路船按《规则》的规定采取避让行动，使两船的行动协调一致。如果不应被他船妨碍的船舶构成《规则》其他条款指定的让路船，在采取让路行动时应注意他船可能正在采取的不应妨碍的行动，以避免避让行动不协调；如果构成《规则》其他条款指定的被让路船，则应遵守被让路船的行动。

（2）让路船与被让路船的避让责任与行动

在内河航行不同于在海上航行，船舶避让的水域受航道的限制，因此不可能存在可以保速保向的直航船。在很多情况下，船舶相遇需要相互体谅，共同配合采取避让措施才能安全会让。《规则》第九条第二款本着避让分清主次、要求互让的原则，规定让路船应当主动避让，如及早采取缓速、转向、注意控制船位以便在较安全适宜的位置会船，并视当时条件可能保持一定的安全会遇距离等。被让路船虽然一般来说控制船位比较困难，但也要注意让路船的行动，按当时情况采取相应的协同动作。必须指出，《规则》对船舶避让行动的要求并无让路船和被让路船之分，但是让路船的主动避让和被让路船的协助避让不能等量齐观，否则避让责任就没有主、次之分。同时协助避让也不能忽视，如果当时的情况需要，而且条件可能，为预防碰撞，即使是应该采取和可以采取的行动，被让路船也应当毫不犹豫地配合。

3. 长江干线客渡船的避让

《规则》第九条第三款规定是《关于修改〈中华人民共和国内河避碰规则（1991）〉的决定》（交海发〔2003〕357 号）专门为在长江干线航行的客渡船新增加的一款内容，可见该款的必要性和重要性。近年来，在长江干线航行的客渡船碰撞事故频发，造成了大量人员伤亡和财产损失。例如，1990 年 1 月 24 日 0644 时，“东至挂 114”客渡船与“大庆 407”油船，在安庆港区长江航道上发生碰撞，造成 80 人死亡，32 人失踪的特大水上交通事故。再如，1998 年 7 月 12 日 0830 时，“川江安渡 0016”客渡船与“四川 308”船队，在长江上游江安县水域相撞，造成 5 人死亡，88 人失踪的特别重大沉船事故。大量事故表明，客渡船技术装备落后，靠离泊操作频繁且复杂，船员避让意识差、违规操作，是导致事故发生的主要原因，因而客渡船是长江各类船舶的高危险船舶。

为保障客渡船的航行与避让安全，强化客渡船的警戒意识和避让责任，该款规定在任何情况下，在长江干线航行的客渡船都必须避让顺航道或河道行驶的船舶。

第一，该款虽纳入《规则》条款，但仅适用于长江干线的客渡船，而不适用于长江干线以外的其他水域，是《规则》对长江干线水域客渡船的专门规定。在长江干线以外的其他水域，由于《规则》对客渡船的航行与避让未做出与机动船不同的规定，所以客渡船仍旧归属于机动船，并完全遵守机动船航行与避让相关规定。

第二，该款规定仅调整在长江干线航行的客渡船与顺航道或河道行驶的船舶的避让责任，客渡船避让指明的对象是顺航道或河道行驶的船舶，而不是非顺航道或河道行驶的船舶，说明当客渡船与非顺航道或河道行驶的船舶，如横越船、掉头船、靠离泊船相遇存在碰撞危险时，仍然与机动船一样遵守《规则》相关条款规定。

第三，该款避让责任提出的条件是任何情况下，在长江干线航行的客渡船无条件避让顺航道或河道行驶的船舶，使该款优先适用于《规则》第二章第二节的相关条款。这说明客渡船无论在何种水域、以何种会遇态势与顺航道或河道行驶的船舶存在碰撞危险，客渡船均是让路船，而顺航道或河道行驶的船舶均是被让路船。

第二节 ● 机动船相遇，存在碰撞危险时的避让行动

本节机动船相遇，存在碰撞危险时的避让行动包括《规则》第十条至第二十条，共十一条内容，规定了机动船相遇的避让责任和行动，对指导机动船相遇应如何避碰具有重要指导意

义，也是学习内河避碰规则的重点和难点。机动船相遇，存在碰撞危险时，避让行动一般应该遵循操纵性能好的船舶主动避让操纵性能差的船舶。机动船相遇，会遇态势不同、会遇船舶类型（操纵性能）不同、会遇水域及环境不同，其避让责任和行动也随之不同，在学习理解机动船避让责任和行动时，应注意它的适用条件、各条款之间的联系和交叉、条款优先适用等问题，避免出现理解和执行上的错误。

内河船舶相遇状态十分复杂，为了避免两机动船相遇在一种状态下可援用本节两条条文解释而使其责任不清，两机动船相遇存在碰撞危险，在确定避让责任时，只适用本节的其中一条规定。例如，《规则》第十条、第十二条均采用了"除本节另有规定外"这样的用语，它具有下列含义，首先是如果本节另有规定，则不执行本条规定，而执行本节另外规定；其次是如果本节无另外规定，则必须执行本条规定。《规则》第十七条、第十八条还采用了"不论本节有何规定"的用语，表明该条款是优先适用的条款。

一、《规则》第十条　机动船对驶相遇

（一）条款内容

两机动船对驶相遇时，除本节另有规定外：

（一）上行船应当避让下行船，但在感潮河段，逆流船应当避让顺流船；在湖泊、水库、平流区域，两船中一船为单船，而另一船为船队时，则单船应当避让船队。

（二）在感潮河段、湖泊、水库、平流区域，两船对遇或者接近对遇，除特殊情况外，应当互以左舷会船。

（三）机动船驶近弯曲航段、不能会船的狭窄航段，应当按规定鸣放声号，夜间也可以用探照灯向上空照射以引起他船注意。遇到来船时，按本条（一）、（二）项规定避让，必要时上行船（感潮河段的逆流船）还应当在弯曲航段或者不能会船的狭窄航段下方等候下行船（感潮河段的顺流船）驶过。

（二）条款解释

1. 机动船对驶相遇的定义

对驶相遇是指顺航道行驶的两船来往相遇，包括对遇或者接近对遇、互从左舷或者右舷相遇、在弯曲航道相遇，但不包括两横越船相遇。

对驶相遇的特点是相对速度快，可供船舶判断和采取避让行动的时间短，这点需要引起驾引人员的重视。对驶相遇时及早联系确认会让的意图，采取让路的行动要留有更充分的余地，否则一旦发生碰撞事故，由于相对速度快，造成的损失往往也比较大。

2. 机动船对驶相遇的条件

根据本节标题"机动船相遇，存在碰撞危险时的避让行动"以及"对驶相遇"的定义，构成机动船对驶相遇应同时具备的三个条件：

（1）两艘机动船

本条适用的两艘机动船是指同类型（操纵性能类似）的船舶，即两艘普通的机动船（本节另有规定的机动船除外），或者虽然是本节另有规定的船舶，但地位（操纵性能）相同，包括相遇的两艘渡船、两艘限于吃水的船舶、两艘快速船等。

（2）顺航道行驶的两船来往相遇

顺航道行驶的两船来往相遇，是指在所有通航水域顺着航道方向行驶的上行船和下行船相遇，包括在感潮河段顺着航道方向行驶的逆流船和顺流船相遇。会遇的态势包括：

①对遇或者接近对遇

对遇或者接近对遇是指两船航向（接近）相反且航路（接近）在同一直线上，即互在对方的（接近）正前方或者对方在本船船首向左/右 5°的范围内对驶相遇，相互存在碰撞危险。

对遇或者接近对遇具体表现为：在夜间，上、下行船舶若发现他船前、后两盏桅灯（接近）上下成一直线（船长超过 50 m 的机动船在航），或者一盏桅灯处于红、绿舷灯连线中点的上方（船长未满 50 m 的机动船在航），包括两船距离接近时仍然能够同时看到来船的红、绿舷灯；在白天，上、下行船舶发现来船前、后桅杆成一直线或接近成一直线（相互重叠或接近重叠），如图 2-3 所示。

对遇或者接近对遇是对驶相遇中最危险的一种态势，两船相对速度快，会让左、右舷不明显，容易导致双方会让意图不一致，应当尽可能避免该种态势的出现，一旦发生，双方应当尽可能控制航速，及早统一会让意图，否则极易发生碰撞事故。当一船对是否存在这样的局面有任何怀疑时，该船应假定确实存在这种局面，并及早采取相应的行动。

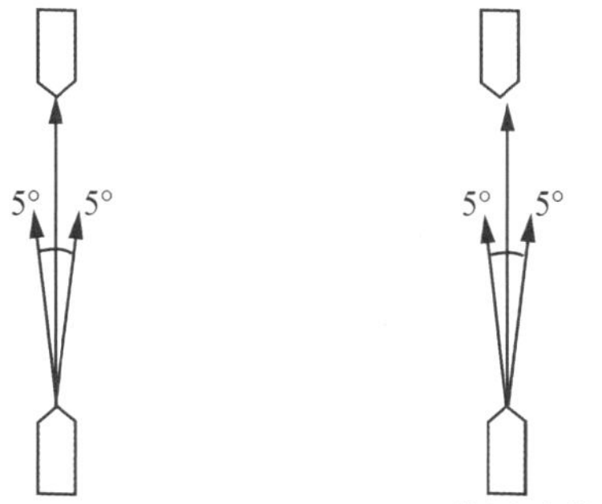

(a) 对遇　　(b) 接近对遇

图 2-3　机动船对遇或接近对遇

②互从左舷或者右舷相遇

互从左舷或者右舷相遇指顺航道行驶的两船相互从左舷或者右舷具有一定安全横距的来往相遇。相较对遇和接近对遇而言，互从左舷或者右舷相遇由于会让态势明确，不易引起误会，是比较安全的会让方式。两船是互从左舷相遇，还是从右舷相遇，取决于顺航道行驶两船相遇时的航路规定或者双方约定的避让意图，如图 2-4 所示。

③弯曲航道相遇

弯曲航道相遇是指顺着弯曲航道行驶的两船互从左舷或者右舷来往相遇，在弯曲航道对驶相遇的具体表现形式如图 2-5 所示。

弯曲航道相遇的两船应及早统一会让意图，注意横流对船位的影响，随时修正航向，确保会让时的安全横距。弯曲航道对驶相遇，上、下行船舶虽然航向交叉，但切不可与交叉相遇的局面混淆，造成避让行动不协调，从而导致事故的发生。

（3）存在碰撞危险

上、下行两船构成碰撞危险，或者对是否构成碰撞危险表示任何怀疑是构成让路关系的必要条件。本节标题是“机动船相遇，存在碰撞危险时的避让行动”，说明本节引用的各条款规

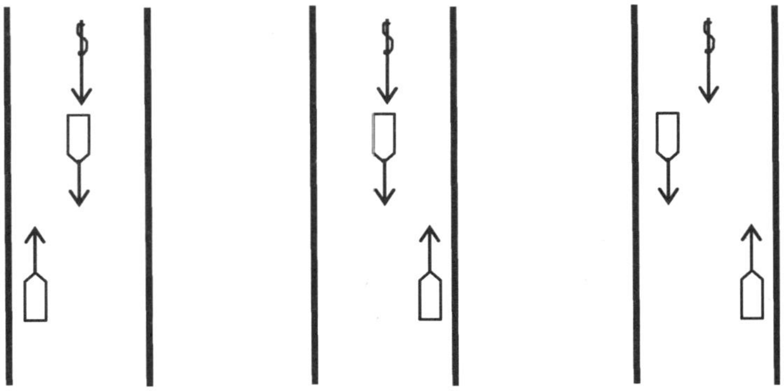

图 2-4　机动船互从左舷或者右舷相遇

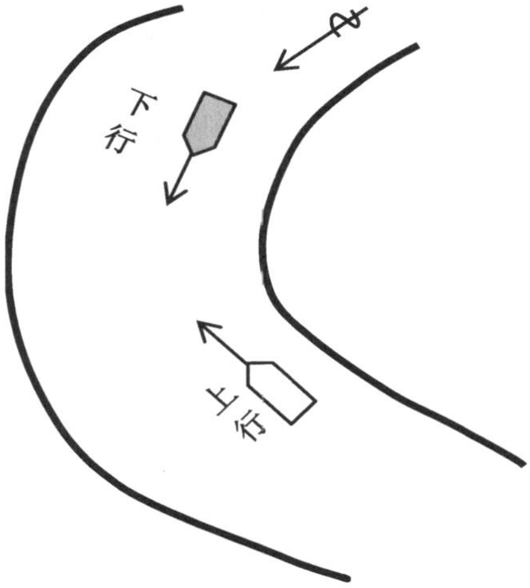

图 2-5　机动船弯曲航道对驶相遇

定的机动船相遇时的行动都是以碰撞危险为前提条件的。没有碰撞危险也就不存在让路船与被让路船的关系。

3. **机动船对驶相遇的避让关系**

两机动船构成对驶相遇，让路关系应当遵循：

(1)上行船应当避让下行船

两机动船对驶相遇时，上行船应当避让下行船(简称“上让下”)的规定适用于除感潮河段以外的内河通航水域。除感潮河段以外的内河通航水域，包括感潮河段界限以上的江河，还应包括湖泊、水库、运河。

上行船和下行船是按照河流上、下游方向进行区分的。上行船是指朝向河流上游方向行驶的船舶，下行船是指朝向河流下游方向行驶的船舶。除湖泊、水库、平流区域外，一般来说上行船速度慢、舵效好，操纵性能好，易于控制，好等好让，俗话讲“上水留得住船”，就是这个道理。实践早已证明，上行船应当避让下行船是符合船舶驾驶操纵规律且行之有效的，也是两机动船对驶相遇避让的基本原则。因此，《规则》确定上行船应当避让下行船，上行船是让路船，下行船是被让路船。

在感潮河段界限以上，虽然潮流还有一定影响，但船员的习惯航法主要是依靠岸形走船，上行船沿岸边或缓流行驶，下行船沿航道中间或主流行驶，所以，不论涨、落潮仍应当执行上行船避让下行船的规定。湖泊、水库、平流区域的共同特点就是流速慢，流向不明显，对船舶操纵性能的影响较小，由于对驶相遇不存在左、右之分，区分让路关系只能按照上、下游的方向，即上让下，这样不会由于辨认不清流向而延误避让的时机，如图 2-6 所示，A 船让 B 船，D 船让 C 船。

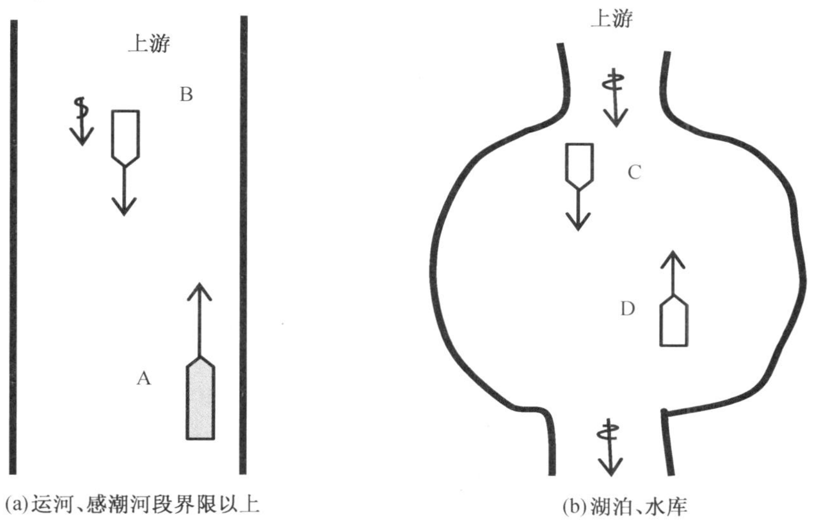

图 2-6　除感潮河段以外水域机动船对驶相遇

(2)逆流船应当避让顺流船

两机动船对驶相遇时，逆流船应当避让顺流船(简称"逆让顺")的规定仅适用于感潮河段。

区分逆流、顺流，要看两个方向：水流流向和船舶行驶方向。当船舶行驶方向和水流流向一致时，称为顺流船；不一致时，称为逆流船。顺流、逆流的确定与河流的上、下游方向无关。在感潮河段，由于水流流向周期性变化，如果仍然按照上行船让下行船的让路关系，就会出现顺流船让逆流船的情况，这样不利于避让的安全，所以《规则》规定，在感潮河段，不管是涨潮还是落潮，都是逆流船避让顺流船，这也是划定感潮河段的意义所在。

在感潮河段内行驶的船舶若遇平潮或平潮间隙不能确定本船是否是逆流船，应认为本船是逆流船，主动避让，这样可以避免当事船因对流向判断不一致而贻误避让时机。这种把本船看成逆流船，主动承担让路的责任，是符合《规则》预防性要求的。

在感潮河段，两机动船对驶相遇时，不论是遇涨潮还是落潮，两船的避让责任都是逆让顺，如图 2-7 所示，A 船让 B 船，C 船让 D 船。

(3)单船应当避让船队

两机动船对驶相遇时，单船应当避让船队的规定适用于湖泊、水库、平流区域。

湖泊、水库、平流区域具有流速慢、流向不明显的特点，水流对上、下行船舶操纵性能的影响差异很小。但是由于单船和船队本身在操纵性能方面具有较大的差异，单船的操纵性能显然好于船队，按照两机动船相遇操纵性好的避让操纵性差的原则，《规则》规定单船避让船队，

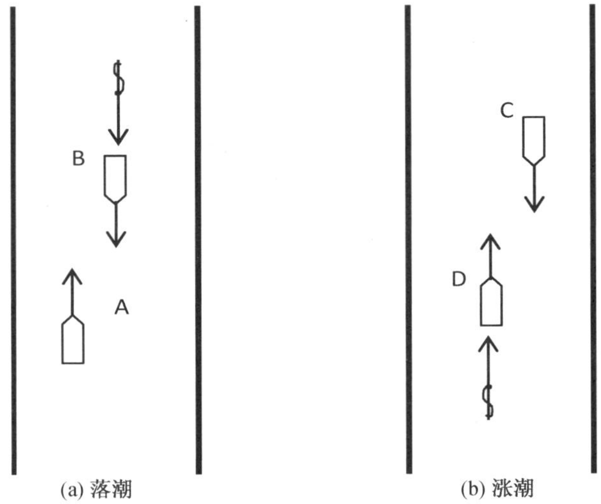

图 2-7　感潮河段逆流船避让顺流船

如图 2-8 所示。

单船让船队的条件有两个：首先是对驶相遇；其次必须是在湖泊、水库、平流区域。如果在湖泊、水库、平流区域对驶相遇的两船同是单船或者同是船队，那么让路关系仍然是上行船让下行船。如果在湖泊、水库、平流区域相遇的两船不是对驶相遇，那么也不存在单船让船队。

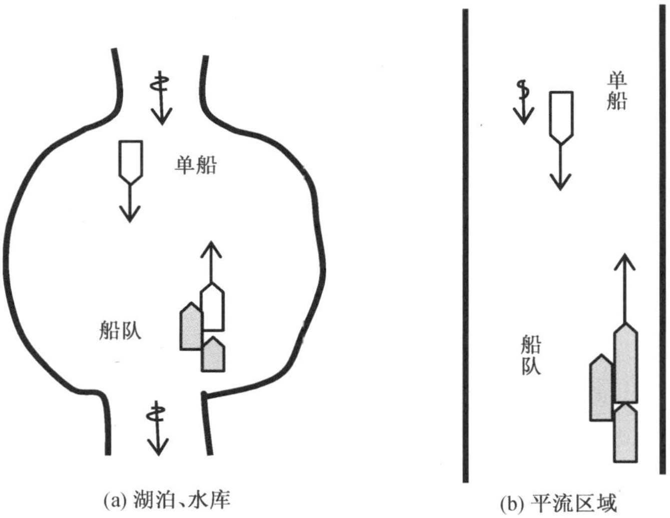

图 2-8　单船让船队

4. 两船对遇、接近对遇时的避让方向选择

在感潮河段、湖泊、水库、平流区域，两船对遇或者接近对遇，除特殊情况外，应当互以左舷会船，如图 2-9 所示。

感潮河段、湖泊、水库、平流区域的航行原则是任何船舶各自靠右航行，所以在感潮河段、湖泊、水库、平流区域，两船对遇或者接近对遇，一般情况下各自向右，应当互以左舷会船；如有特殊情况，也可以右舷会船。比如让路船右舷一侧可能遇浅水区、暗礁、沉船、工程船、第三船

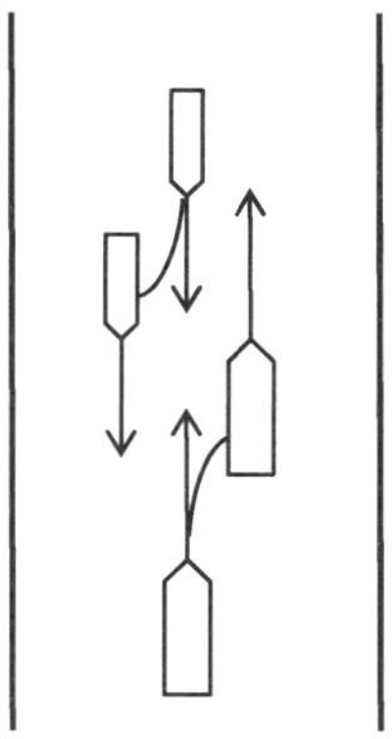

图 2-9 两机动船对遇或者接近对遇互会左舷

逼近等特殊情况，在这种情况下，让路船也可以主动联系，要求到本船左舷更宽阔的水域与来船会右舷，确保留出足够的距离供来船通过，这也是让路船主动让路的体现。

由于感潮河段、湖泊、水库、平流区域的特点是水流平缓、流向不明显，有些航段水域开阔，航路选择缺乏岸形依据，船员在宽阔的水域习惯于依照航标、罗经航向行驶。在湖泊、水库水域，水流平缓，船员习惯按自身需要选择航路，因为靠右航行的航法可能航程变长，以“走弓弦丢弓背”的方式航行更好。平流区域虽航道狭窄，但水流缓慢，通航密度大，航路分隔受限。这样就造成了两船对遇或者接近对遇的情况很容易在感潮河段、湖泊、水库、平流区域出现，当这种对遇或者接近对遇的情况出现时，就危险程度而言，相比在分道通航制与船舶定线制水域内的对遇或者接近对遇时的危险要小得多（参阅《规则》第八条第二款的相关解释）。在这种情况下，只要相遇的两艘船加强瞭望，与来船及时联系，统一好会让意图，按照航行原则各自靠右互会左舷或者遇有特殊情况互会右舷的方式，都可以确保会让的安全。

当然，每一艘船舶都应该尽量避免对遇或者接近对遇局面的形成，这就要求每一艘船舶严格遵守航行原则，沿规定航路行驶。即在感潮河段、湖泊、水库、平流区域，任何船舶应当沿本船右舷一侧航道行驶；在设有分道通航制、船舶定线制的水域，船舶必须按照有关规定航行和避让。

5. 机动船驶近弯曲航段、不能会船的狭窄航段的正确做法

弯曲航段、不能会船的狭窄航段，航道条件差，船舶的避让和操纵具有很大的难度，也是事故多发地段，机动船驶近时，一定要事先了解该行段的具体通航规定。加强瞭望和联系，充分了解是否存在对驶的船舶，准确判断相遇的位置，对航道尺度，船舶大小，操纵性能和风、流对船舶操纵的影响做出充分的估计。遇到来船，必要时上行船（感潮河段的逆流船）还应当在弯曲航段或者不能会船的狭窄航段下方等候下行船（感潮河段的顺流船）驶过。下行船（感潮河段的顺流船）发现弯曲航段、不能会船的狭窄航段有船驶来，也应该采取等候措施。

机动船驶近弯曲航段、不能会船的狭窄航段通常应该做到以下几点：

（1）保持正规瞭望，使用安全航速行驶。

（2）机动船驶近狭窄、弯曲航道，应该用 VHF 无线电话周期性通报船位和动态。

（3）应当按规定鸣放声号一长声。

（4）夜间也可以用探照灯向上空照射以引起来船注意。

（5）遇到来船时，根据《规则》第十条（一）、（二）款规定避让，必要时上行船（感潮河段的逆流船）还应当在弯曲航段或者不能会船的狭窄航段下方等候下行船（感潮河段的顺流船）驶过。

（6）下行船（感潮河段的顺流船）发现弯曲航段、不能会船的狭窄航段有船驶来，也应该采取等候措施。具体措施可以是减速、停车等候、掉头等候，必要时抛锚等候等。

二、《规则》第十一条　机动船追越

（一）条款内容

一机动船正从另一机动船正横后大于22.5度的某一方向赶上、超过该船，可能构成碰撞危险时，应当认定为追越，并应当遵守下列规定：

（一）在狭窄、弯曲、滩险航段、桥梁水域和船闸引航道禁止追越或者并列行驶。

（二）在可以追越的航道中，追越船必须按规定鸣放声号，并取得前船同意后，方可以追越。

（三）在追越过程中，追越船应当避让被追越船，不得和被追越船过于逼近，禁止拦阻被追越船的船头。

（四）被追越船听到追越船要求追越的声号后，应当按规定回答声号，表示是否同意追越。在航道情况和周围环境允许时，被追越船应当同意追越船追越，并应当尽可能采取让出一部分航道和减速等协助避让的行动。

（二）条款解释

1. 追越的条件

根据该条款，构成机动船追越，应同时具备四个条件：

（1）两艘机动船

两船均为机动船。两艘机动船的含义与《规则》第十条“两艘机动船”的含义一样，参阅《规则》第十条“机动船对驶相遇”的解释。

（2）方位

后船位于前船正横后大于22.5°（包括22.5°）的任一方向上，这一条件表明了两船的相互位置关系，即后船位于前船的艉灯的水平光弧区范围内。在夜间，后船只能看见被追越船的艉灯而不能看见前船的任一舷灯。在白天，这一确定两船之间方位的方法同样适用，如图2-10所示。

（3）速度

后船快于前船。只有在后船速度大于前船速度的前提下，后船才能赶上、超过前船，否则，也就不存在追越过程。

（4）可能构成碰撞危险

后船与前船构成碰撞危险，或者对是否构成碰撞危险表示任何怀疑。

当后船与前船可能构成碰撞危险时，应认定为追越。这表明后船对前船是否构成碰撞危险或是否构成追越局面持有怀疑时，应认为存在碰撞危险或处于追越局面。该怀疑可能由后船与前船的航向、位置与相对方位的变化所致。

这四个条件必须同时具备，才构成追越；否则，不构成追越。例如：在宽阔的航道中，沿着

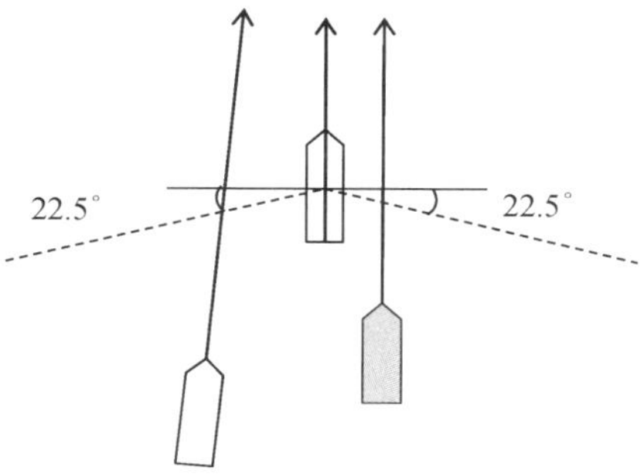

图 2-10 机动船追越的方位要求

不同岸壁同向行驶的两艘机动船，一船虽比另一船快，也满足角度的要素，但由于不构成碰撞危险，就不构成追越。也就是说，一船在赶上或者超过前船的过程中，如果认定没有碰撞危险，则可以直接超过前船。

2. 追越的特点

（1）相对速度小，并行相持时间长

追越时两船同流向行驶，相对速度小，相持时间长。当两船航速相差不大或者两船队之间追越时，相持时间较长。在大江大河中，一般来说上行追越时，追越船的船位更靠近主流，所以追越船的航速损失较大，两船的相对速度更小，追越难度更大，追越的时间更长。两船并行相持时间越长，不利于追越的因素就越多；航道情况和周围环境的变数越大，碰撞概率就越大。如两船横距较小，则会产生船间效应；如被追越船岸距较小，则会产生浅水效应或岸壁效应；在并行相持过程中，还可能出现因主机或舵机故障而导致船舶失控的情况。

（2）航段通航条件的限制使追越过程复杂化

追越受航道尺度、通航密度限制较大。船舶定线制的实施有效地避免或者减少了对驶相遇事故的发生，但是由于定线制水域航道的宽度限制，追越的难度增加，追越时的横距不好保持；即便在可追越的航段，两船的安全通过距离大小，还会受船舶大小、航道走向、流态及航路变动的影响，使追越船的行动要随时跟着被追越船的动向的变化而变化，如有第三船逼近，会使追越难度进一步增加，追越过程更加复杂化。

3. 追越中的避让关系

《规则》第十一条（三）款规定："在追越过程中，追越船应当避让被追越船，不得和被追越船过于逼近，禁止拦阻被追越船的船头。"

追越船应当避让被追越船。第一，追越船能在较早的时候发现被追越船，在心理上做好了避让的准备；第二，追越船无论是车让还是舵让，都占有优势和主动；第三，追越船比被追越船速度快，更具有避让能力，操纵性能也可能更好些，而且追越是主动行为，应该承担主动避让的责任。

在追越过程中，追越船始终负有让路船的责任和义务，无论随后两船的距离和方位发生什么变化，都不能免除其主动让路的责任和义务，也不免除被追越船协助让路的责任和义务。在追越过程中，两船的避让关系，在驶过让清之前，不因两船发生任何特殊情况及方位的变化而改变。即使追越中的一船或两船的航向、方位改变，可能构成航向交叉，也不改变追越局面的性质，绝不可将追越过程的航向交叉视为交叉相遇局面而改变两船的避让责任，如图 2-11

所示。

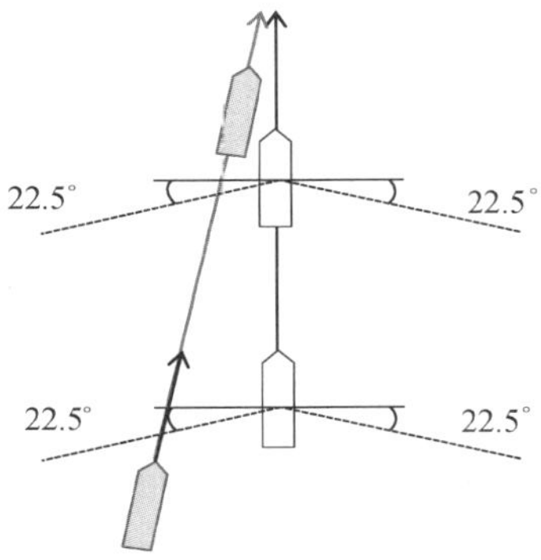

图 2-11　追越过程两船位置和方位的变化

4. 追越中的避让行动

(1)追越船的行动

①观察航道情况和周围环境

机动船能否追越,应了解所驶航段是否具备可追越的航道条件。《规则》第十一条(一)款规定:“在狭窄、弯曲、滩险航段、桥梁水域和船闸引航道禁止追越或者并列行驶。”在允许追越的航道内,也应充分考虑本船在赶上、超过前船的过程中,船位的变化、追越时间的长短、环境因素的变化以及是否会对他船的正常航行构成危险等,所以,企图追越的机动船应充分了解哪些情况下能追越,哪些情况下不能追越,对此要做出充分的估计。

②联系前船,获得被追越船同意

经过观察、分析、判断,追越船在确认周围环境等各种因素满足追越安全的前提下,还必须取得前船同意方可追越。联系前船主要靠鸣放声号和 VHF 电话协商。追越船如要求从前船右舷通过,应鸣放声号两长一短声;如要求从前船左舷通过,应鸣放声号两长两短声。在追越舷侧选择上,是采取左追越还是右追越,追越船应根据该航道的具体规定或者双方的航路、船位、周围环境确定。在实行定线制各自靠右行驶的航段,通常采用左追越方式;在其他航段,应当根据双方的航路、船位、周围环境等因素综合考虑从前船的哪一舷追越。一般来说,追越船应当主动承担风险和责任,把较好的航道条件留给被追越船。被追越船听到追越船要求追越的声号后,应当按规定回答声号,表示是否同意追越。如被追越船同意追越,应鸣放声号一长一短一长一短声;如不同意追越,应鸣放声号四短声。用 VHF 电话协商时,追越船清楚表明拟从被追越船的左舷或右舷追越的意图,并得到被追越船的允许。但要注意,在联系过程中 VHF 无线电话联系不可以代替声号,也就是说,电话联系以后仍然应当按规定鸣放要求追越的声号。

追越船只有在被追越船明确表示同意追越的条件下才可以追越。如被追越船通过声号或 VHF 无线电话明确表示不同意追越,或者前船未按规定回答表示是否同意,都应认为被追越船不同意追越,则追越船此时不得盲目追越。如果追越船未经前船同意而盲目追越或强行追越,一旦造成碰撞事故,从技术原因分析,追越船将可能被指控犯有重大过失,并因此承担事故主要责任或全部责任和其他法律责任。

追越船和被追越船的避让意图统一,是保证追越行动安全的前提。在通航条件较好的航段，追越船也不可以只顾自身的安全，不考虑追越行为可能对他船的影响，而认为没有必要主动鸣放声号或通过 VHF 电话协商表达追越避让意图，征得被追越船的同意。同时，被追越船也不能侥幸地认为，追越行为只是追越船的行动，与本船无关，认为没有必要进行配合和协助。

需要注意，在观察和联系阶段，追越的过程还没有开始。在可以追越的航道中，追越船鸣放了要求追越的声号，被追越船通过声号明确表示同意追越，追越的过程才刚刚开始，追越关系才得到确定。

③追越过程中，追越船履行主动避让的义务

首先，在追越速度上，如果两船速度相差不大，追越船应当适当加速，这有利于缩短追越时间，减少追越过程中可能发生的各种隐患。

其次，追越船与被追越船之间应当保持足够的横距，防止船间效应。《规则》规定不得和被追越船过于逼近，其目的是要求追越船的行动应确保与被追越船之间始终保持安全距离通过。因为追越船的船头与被追越船的船尾过于逼近，可能发生追尾事故；追越船的船身与被追越船的船身过于逼近，容易发生船间效应；加之被追越船可能发生突然转向、失控等意外情况，可能导致追越船来不及避让。为保证与被追越船始终保持安全距离，防止意外情况发生，追越船尽量保持平行追越，追越船的航向尽可能与被追越船的航向保持平行。如果被追越船的航向发生改变，与追越船的航向构成航向交叉，且距离逼近，追越船应及时改变航向，尽可能与被追越船的航向保持平行或者越走越开。

在追越的后期，禁止追越船拦阻被追越船的船头。在内河航道中，上行船的追越一般选择的追越舷都是流速较大的航路，流速使追越船追越时的速度损失更大，从而增加了追越的时间和追越的难度，追越船为了提高自己的航速，往往采取的错误行动就是想尽快驶进缓流区，从而拦阻被追越船的船头，导致两船发生碰撞，这种事故在内河的上行追越中非常多见，必须引起注意，如图 2-12 所示。

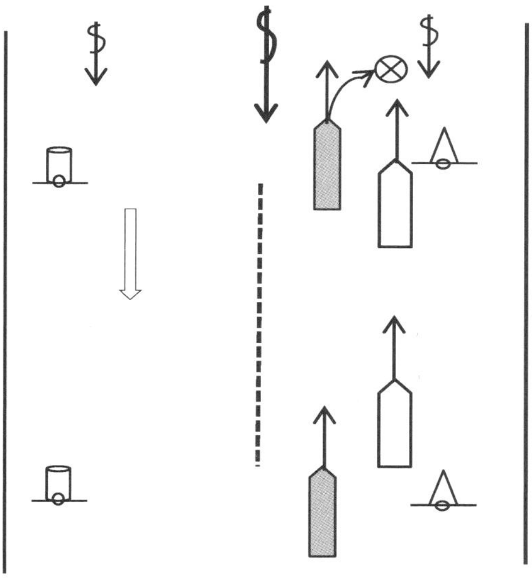

图 2-12　追越船不得阻拦被追越船船头

在追越的过程中，应充分考虑到被追越船的行动和其他因素对追越行动有效性的影响。如被追越船按规定采取了协助追越的行动，则有利于追越行动有效完成和驶过让清。如被追越船未按规定采取让出一部分航道和减速行动，或第三船逼近，有可能导致追越行动在相持并航中十分被动和困难，加之船间效应影响，此时追越船在无法保证安全的前提下，应当立即减速放弃追越。即便被追越船按规定采取了协助追越的行动，追越船也要注意被追越船在某些航段有可能向追越船一侧转向而导致追越被动。这种转向，可能是因为第三船的影响，也可能是被追越船受航道尺度限制、临近转向点而主动转向所致，还可能是被追越船受浅水效应、岸壁效应、失控等因素影响而被动转向。不论何种原因导致被追越船向追越船一侧转向，追越船都应当保持高度戒备，保持 VHF 无线电话联系，协调双方行动，及时改变航向，细心核查避让效果，确保追越行动的安全，必要时及时终止追越。

④驶过让清，追越完成

在整个追越的过程中，双方必须严格遵守避让原则，采取任何防止碰撞的措施，要做到明确、有效、及早，并运用良好的驾驶技术，一直到驶过让清为止。

（2）被追越船的行动

①对追越船的追越要求应表示是否同意追越

航道情况和周围环境允许时，被追越船应当同意追越，并鸣放表示同意追越的声号；反之，追越船应当鸣放表示不同意追越的声号。

被追越船听到追越船要求追越的声号后，应通过声号明确表态是否同意追越，以便追越船决定是否采取追越行动。对于是否同意追越，被追越船应以航道情况和周围环境是否允许为依据，综合考虑能见度、航道尺度、水流、危险障碍物、通航密度、第三船等因素，而不是凭主观意愿决定；置之不理或让追越船自己看着办等做法都是错误的。

②如同意追越，应采取协助避让的行动

在被追越的过程中，应当尽可能采取让出一部分航道和减速等协助避让的行动。尽可能，是要求被追越船在安全许可的条件下，最大限度采取协助避让的行动：尽可能采取让出一部分航道的行动，有利于两船保持安全通过距离宽让；尽可能采取减速的行动，有利于追越过程尽快完成，减少齐头并进的时间。如果在被追越的过程中有异常情况出现，如在前方发现第三船逼近，或者发生向追越船一侧转向、失控等情况，应尽可能及早告知追越船。

在实践中，很多驾引人员在追越船联系追越时，千方百计找理由不同意追越，而在本船被追越的过程中，也往往很少采取协助避让的措施，不愿意减速、让出一部分航道等，他们甚至认为能不能追越是追越船自己的事情，跟本船无关，而慢车协助好像是对追越船的一种恩惠和施舍，这种想法和做法是完全错误的。

在内河水域，特别是在流速较快的河段逆流追越时，流速随着船位的变化对船舶航速的影响非常显著，在高水位、洪水水位期影响更加明显，这就要求被追越船必须采取协助追越的措施，适当减速和让出一部分航道，确保追越的安全，减速往往是最好的协助避让的方式。

如果被追越船未履行这些协助追越的责任和行动，一旦发生碰撞事故，将因此被追究事故的相应责任。

③应密切注视追越船的行动，细心核查避让效果

在追越过程中，被追越船应当密切注视追越船的行动，细心核查避让效果，防止追越船过于逼近或强行追越，一旦发现这些危险情况，应当鸣放表示怀疑和警告的声号（五短声），也可通过 VHF 无线电话提出警告，提醒追越船注意。对可能发生的船间效应、浅水效应、岸壁效应、第三船逼近等情况保持高度戒备，并做好随时应急避让的准备。

三、《规则》第十二条　机动船横越和交叉相遇

(一)条款内容

机动船在横越前应当注意航道情况和周围环境,在确认无碍他船行驶时,按规定鸣放声号后,方可以横越。除本节另有规定外,机动船横越和交叉相遇时,应当按下列规定避让:

(一)横越船应当避让顺航道或河道行驶的船,并不得在顺航道行驶船舶的前方突然和强行横越。

(二)同流向的两横越船交叉相遇,有他船在本船右舷者,应当给他船让路。

(三)不同流向的两横越船相遇,上行船应当避让下行船,但在感潮河段逆流船应当避让顺流船。

(四)在平流区域两横越船相遇,上行船应当避让下行船;同为上行或者下行横越船时,有他船在本船右舷者,应当给他船让路。

(五)在湖泊、水库两船交叉相遇,有他船在本船右舷者,应当给他船让路。

(二)条款解释

1. 横越和交叉相遇的定义和判断

(1)横越

横越是指船舶由航道一侧横向或者接近横向驶向另一侧,或者横向驶过顺航道行驶船舶的船首方向。它包含两层含义:一是以航道为参照,机动船由航道一侧横向或接近横向驶向另一侧;二是机动船以顺航道行驶船的船首为参照,横向驶过顺航道行驶船舶的船首方向,如图2-13所示。

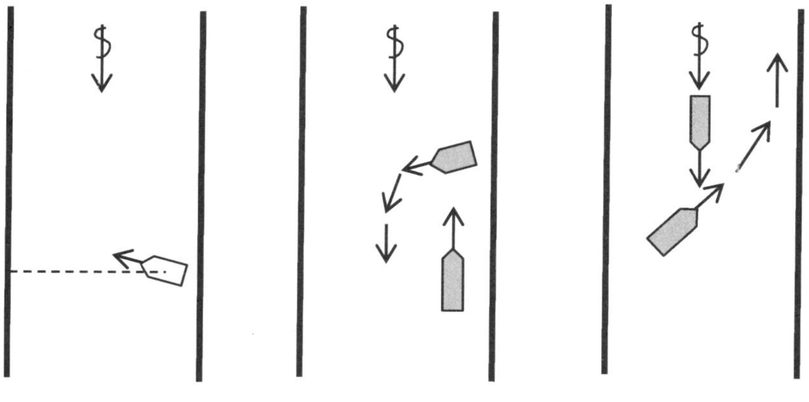

图2-13　机动船横越

(2)交叉相遇

关于交叉相遇,《规则》并没有给出明确的定义,但依据《规则》中对驶相遇、尾随、追越(包括横越)的定义,我们可以做出以下理解,交叉相遇是指两横越的机动船航向交叉致有构成碰撞危险的局面。两船交叉角度根据大小分为小角度交叉、垂直交叉和大角度交叉三种情况,如图2-14所示。应避免把小角度交叉相遇与弯曲航道对驶相遇(包括接近对遇)局面相混淆,避免把大角度交叉相遇与追越或者尾随局面相混淆。

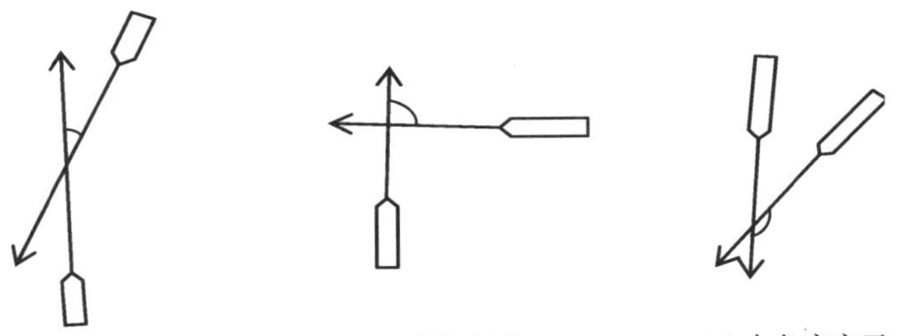

图 2-14　机动船交叉相遇的角度

本条款规定了两艘横越船交叉相遇，但是对于两艘横越船航向不交叉构成碰撞危险的规定并不明确，在实践中，我们可以根据和参照横越和交叉相遇的相关规定，或者主动把本船视为让路船，和来船及早联系，统一会让意图，确保航行安全。如图 2-15 所示，参照不同流向交叉相遇，A 船避让 B 船；而 C 船与 D 船相遇，两船都应该主动把本船视为让路船。

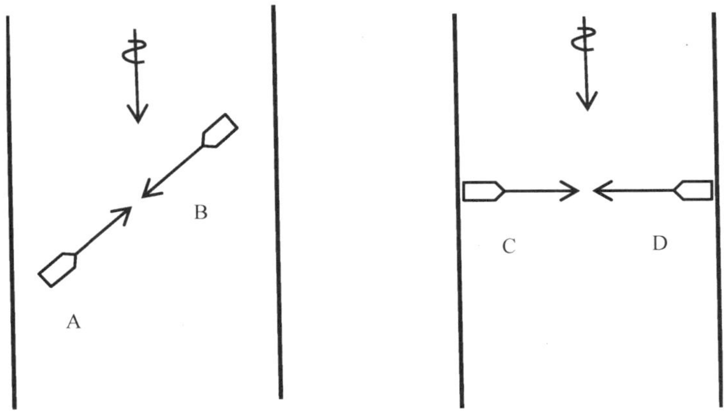

图 2-15　机动船横越相遇的特殊情况

2. 机动船横越和交叉相遇的条件

①两艘机动船

机动船横越前履行不妨碍的行动责任适用于任何机动船。

两艘机动船横越和交叉相遇有关让路关系的规定适用的两艘机动船的含义同《规则》第十条，参阅第十条对驶相遇的条件。

②航向交叉

交叉相遇形式是指同流向的两横越船交叉相遇和不同流向的两横越船相遇，但不包括一艘横越船与另一艘顺航道行驶船舶的航向交叉以及两顺航道行驶船舶以不同流向在弯曲航段相遇所构成的航向交叉（适用对驶相遇条款），如图 2-16、图 2-17 所示。

③两机动船构成碰撞危险，或者对是否构成碰撞危险表示任何怀疑。

3. 机动船横越和交叉相遇的避让关系

（1）横越船无碍他船行驶

《规则》规定会遇两船中一船负有不应妨碍责任的船舶为不应妨碍的船，另一船即为不应被妨碍的船。横越船的无碍就是尽可能不与来船构成碰撞危险，而一旦构成碰撞危险，也应该

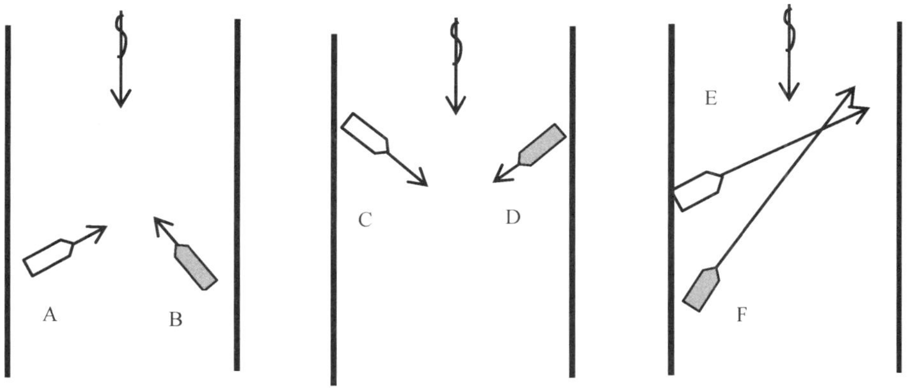

图 2-16　同流向的两横越船交叉相遇

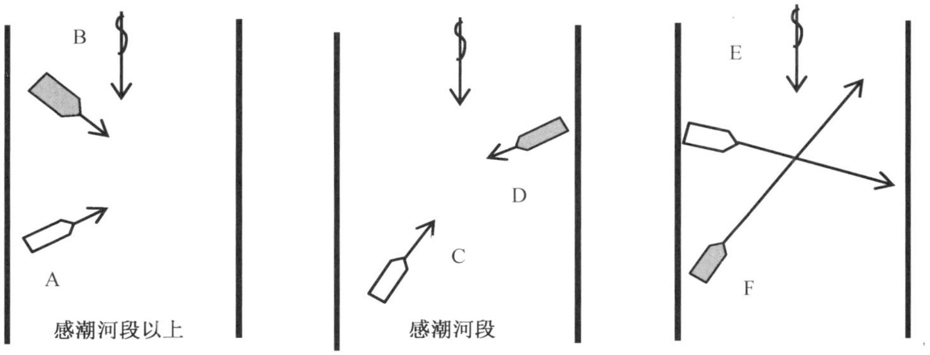

图 2-17　不同流向的两横越船交叉相遇

确保留出足够的水域供他船通过。

任何机动船均不可任意横越,因为机动船横越有可能妨碍他船行驶,不论机动船的种类、大小如何,只要其横越行为与他船构成航向交叉,就增加了船舶交叉碰撞的可能性。横越次数越多,这种碰撞概率越高。所以,机动船应尽可能减少横越行为,如果不得不横越,则应按《规则》第十二条相关规定进行横越,注意横越的方式和时机的选择,确保机动船横越的安全。

机动船横越避免妨碍他船行驶的措施如下:

第一,以无碍他船行驶为前提条件,正确把握横越时机。机动船在行驶过程中,能确认到达习惯或规定横越地点(过河点)无碍他船行驶时,则正常横越;如估计行驶至习惯或规定横越地点其横越行动可能有碍他船行驶,在不违反相关特别规定的情况下(注意横驶区的范围),则可选择提前横越或者延迟横越,"错过"他船行驶。提前横越,可确保留有足够的距离从他船的船首安全通过;延迟横越,先让他船通过后,然后从他船的船尾安全通过。

第二,正确选择横越方式。如当时航道条件许可,航道较宽,水流较平缓,则应尽可能选择与航道方向呈大角度或直角的方式横越,以缩短横越时间。第三,横越前,按规定鸣放声号一长声,及早引起他船注意,显示信号,按规定使用 VHF 无线电话及时发布本船横越的动态,遇有来船,及早联系统一会让意图,以便会遇双方采取协调一致的行动。

他船虽然是不应被妨碍的船,可是一旦发现横越的船舶与本船构成碰撞危险,也应该果断地采取减速等候、绕开行驶等协助避让的行动,避免发生碰撞,参阅《规则》第九条相关解释。

(2)横越船避让顺航道或河道行驶的船

横越船都必须避让顺航道或河道行驶的船(简称"横让顺"),并不得在顺航道行驶的船前方突然和强行横越。横越船是不应妨碍的船舶,在行动之前要主动履行不妨碍的责任和义务。同时《规则》也规定,横越船与顺航道行驶的船舶相遇,一旦构成碰撞危险,横越船是让路船,横越船要履行主动让路的责任和义务,横越船可以采取转向调顺船身或(和)减速的行动,从顺航道或河道行驶船的船尾通过。

横越船不得在顺航道行驶的船舶前方突然和强行横越。该款规定的主要目的是规范横越行为,强调顺航道行驶船舶的路权,强化横越船的让路责任,要求横越船主动约束和规范自己的横越行为,避免对顺航道行驶的船舶造成妨碍,提高通航的效率,确保航行安全。

(3)有他船在本船右舷者,应当给他船让路

有他船在本船右舷者,应当给他船让路(简称"左让右"或"居左让居右")。左、右船舶的区分方法为面向本船船首方向,有他船在本船左手一侧则他船为"居左船",本船为"居右船";反之,有他船在本船右手一侧则他船为"居右船",本船为"居左船"。通常夜间让路船应当看到来船的红色舷灯,白天让路船也是在红色舷灯弧度范围内。为便于记忆,海船船员在实践中通常总结为"见红就让"。

"左让右"的避让责任适用于在江河(感潮河段、在感潮河段界限以上)、运河(平流区域、非平流的运河)同流向的两横越船交叉相遇,也适用于在湖泊、水库两船交叉相遇。

同流向的两横越船交叉相遇,是指江河(感潮河段、在感潮河段界限以上)、运河(平流区域、非平流的运河)中两艘下行(顺流)横越船之间,或者两艘上行(逆流)横越船之间所构成的交叉相遇。

同流向的两横越船交叉相遇规定"左让右"的避让责任是因为同流向的两艘横越船,等让的难易程度、水流对船舶操纵性能的影响几乎一样。我们通常认为靠右行驶的船舶更加拥有路权,参照船员的习惯做法和通常做法,《规则》采用船舶几何制原则确定"左让右"的避让关系。如图 2-16 所示,A 船让 B 船,D 船让 C 船,E 船让 F 船。

湖泊、水库水域开阔,水流流速很小,甚至是静水,流向、流速很不明显,所以在湖泊、水库交叉相遇的船舶不区分同流向还是不同流向。不管是同向还是异向,在湖泊、水库交叉相遇的两艘船,其操纵和避让的能力受水流的影响几乎可以忽略,所以《规则》也规定了有他船在本船右舷者,应当给他船让路。

(4)上行船(逆流船)应当避让下行船(顺流船)

上行船(逆流船)应当避让下行船(顺流船)(简称"上让下"或"逆让顺"),而这里的"上让下"或"逆让顺"是指上行的横越船应当避让下行横越船,或者逆流的横越船应当避让顺流的横越船。

"上让下"适用于在感潮河段界限以上河段、平流区域不同流向的两横越船相遇;"逆让顺"仅适用于在感潮河段不同流向的两横越船相遇,如图 2-17 所示,A 船让 B 船,C 船让 D 船,F 船让 E 船。

由于两艘横越船不同流向行驶,显然上行横越船或者感潮河段的逆流横越船的操纵性能好于异向行驶的横越船,上行船、逆流船拥有更好的操纵性能,更有利于等让,原因类似于对驶相遇的让路关系,所以《规则》第十二条规定:"不同流向的两横越船相遇,上行船应当避让下行船,但在感潮河段逆流船应当避让顺流船。"

四、第十三条 机动船尾随行驶

（一）条款内容

机动船尾随行驶时，后船应当与前船保持适当距离，以便前船突然发生意外时，能有充分的余地采取避免碰撞的措施。

（二）条款解释

1. 尾随行驶的含义和判断

尾随行驶，通常是后船尾随于前船以基本相同的速度同向行驶，致有构成碰撞危险时的局面。由此可知，构成尾随行驶应同时满足 4 个条件：

（1）两艘机动船

本条涉及的两艘机动船的含义与《规则》第十条“两机动船”的含义一样，参阅《规则》第十条“机动船对驶相遇”的解释。

（2）方位

同向行驶的两艘机动船，后船尾随于前船之后，行驶在同一航路或者接近同一航路上。

（3）速度

后船与前船的速度相近。

（4）致有构成碰撞危险

两船相互构成碰撞危险，或者对是否构成碰撞危险表示任何怀疑。

2. 机动船尾随行驶的避让关系

后船应当避让前船，即后船为让路船，前船为被让路船。其主要原因是后船无论是车让变速还是舵让变向都占有优势和主动权，如图 2-18 所示，A 船让 B 船，C 船让 D 船。

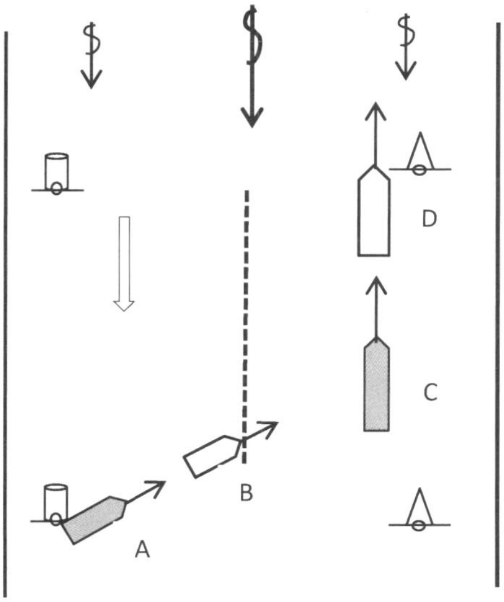

图 2-18 机动船尾随行驶

3. 机动船尾随行驶的避让行动

(1)后船的行动

后船与前船保持适当距离行驶。

适当距离包含两层含义:首先是安全的,其次是恰当的。保持安全距离的目的是以便前船突然发生意外时,后船能有充分的余地采取避免碰撞的措施;保持恰当的距离指的是为下一步的行动奠定基础。

尾随行驶时,后船要保持高度的警惕性,对前船可能突然发生的意外情况应保持高度戒备。尾随时不仅要注意前船的动态,更要注意周围环境或者其他船舶可能会对前船构成的影响,对前船可能发生的各种意外要有一定的预见性,及时调整自己的尾随距离和速度,确保在避让中占有优势和主动权。

(2)前船的行动

前船协助避让后船。前船的协助体现在要及时将意外情况告知后船,以便于后船可以在第一时间采取最有助于避碰的行动,否则贻误避让的时机,后船将措手不及,特别是两船速度较快时,更要求前船务必在第一时间告知后船自己的意外情况。

前船意外情况通常是指前船车速的变化、关键性设备的故障(失控)、事故、周围环境和情况的变化等。

告知的方式包括但不限于:VHF 无线电话报告动态、报告辖区 VTS、使用声响信号、显示相关的号灯号型等。

五、《规则》第十四条　渡船

(一)条款内容

在长江干线航行的客渡船与其他顺航道或河道行驶的机动船相遇,客渡船都必须避让顺航道或河道行驶的船舶,并不得与顺航道或河道行驶的船舶抢航、强行追越或者强行横越或掉头。两渡船相遇时,应按本节各条规定避让。

(二)条款解释

1. 渡船的定义和判断

渡船是指内河Ⅰ级航道内,单程航行时间不超过 2 h,或单程航行距离不超过 20 km,其他内河通航水域单程航行时间不超过 20 min 的用于客渡、车渡、车客渡的船舶。渡船包含三种,客渡船是其中的一种。由于长江干线的实际情况是客渡船大小等级不一,而小型客渡船设备差,驾引人员的素质差,靠离泊、掉头、横越频繁,不遵章守纪的现象时有发生,对航行秩序造成非常大的影响,也发生了很多人员伤亡惨重的重特大事故。为了规范客渡船的行为,特别是强化在长江干线航行的客渡船的避让责任,理顺客渡船与顺航道行驶船舶之间的避让关系,《规则》特别新增了第三条(三)款、第九条(三)款、第十四条、第十八条(一)款的内容,参阅《规则》第三条(三)款、第九条(三)款的解释。

根据《规则》第三条(三)款"不论由于何种原因,在长江干线航行的客渡船必须避让顺航道行驶的船舶";《规则》第九条(三)款"在任何情况下,在长江干线航行的客渡船必须避让顺航道或者河道行驶的船舶";而本条规定在长江干线航行的客渡船与其他顺航道或河道行驶的机动船相遇,客渡船都必须避让顺航道或河道行驶的船舶,并不得与顺航道或河道行驶的船舶抢航、强行追越或者强行横越或掉头。《规则》三次强调客渡船避让顺航道行驶的船舶,目的是降低客渡船的地位,强化客渡船的让路责任,保证客渡船的安全;要求客渡船在航行中,不得与顺航道或河道行驶的船舶抢航、强行追越、强行横越或掉头,这也确保了顺航道行驶船舶的安全和航道的畅通。

根据《客渡船专用信号标志管理规定》(交通部令 1990 年 9 月 24 日第 26 号)的规定,结合《规则》相关规定,客渡船的专用色度、标志图形、号灯、号型、声号如下:

客渡船(船舶长度为 12 m 以上)表面的专用色度为橘黄色与白色相间的色带;白天航行时应在桅杆横桁的一侧,悬挂首尾向橘黄色双箭头号型一个;夜间航行时,除应显示机动船在航规定号灯外,还应在桅杆横桁的两端显示绿色环照灯各一盏;在能见度不良的水域航行时,客渡船应每隔 1 min 鸣放声号两短一长声,其含义是"我是客渡船"。其中,船舶长度为 20 m 以上的客渡船须在烟囱或醒目处设置标志图形,标志图形采用国家标准 GB/T 5845. 8—1986 中的轮渡船标志,图形中"LDC"是"轮渡船"汉语拼音的缩写字母。船舶长度未满 20 m 的客渡船,白天航行时应在船首或易见处悬挂标志旗。标志旗的底色为橘黄色,中央为标志图形。

《规则》第二十九条规定,横江渡船夜间在桅杆的横桁两端显示绿光环照灯各一盏,白天在桅杆横桁的一侧悬挂双箭头号型一个。

2. 渡船相遇的避让关系

(1)在长江干线航行的客渡船都必须避让顺航道或河道行驶的船舶

根据《规则》第三条(三)款、第九条(三)款、第十四条的规定,在长江干线航行的客渡船与其他顺航道或河道行驶的机动船相遇,不论何种原因,在任何情况下,客渡船都必须避让顺航道或河道行驶的船舶。

渡船包含三种,《规则》只是规定在长江干线航行的客渡船都必须避让顺航道或河道行驶的船舶,并没有规定车渡船和车客渡船,所以在长江干线航行的车渡船、车客渡船与顺航道行驶的船舶相遇,车渡船、车客渡船就是普通的机动船,它们只有在横越时必须避让顺航道行驶的船舶;如果车渡船和车客渡船不是横越船,顺航道行驶时,与其他船舶相遇,就不一定是让路船。还需要注意,如果客渡船遇到的其他船舶不是顺航道或河道行驶的船舶,客渡船也不一定是让路船,以上两种情况一律按照本节的各条规定进行避让。

"不论由于何种原因""在任何情况下"表明,在长江干线航行的客渡船与其他顺航道或河道行驶的机动船相遇,不论在何种水域、以何种会遇形式,都是客渡船为让路船,而顺航道或河道行驶的机动船都是被让路船。该避让责任规定,优先适用于《规则》第十条、第十一条、第十三条、第十五条、第十六条避让责任规定。

本条还指出:客渡船不得与顺航道或河道行驶的船舶抢航、强行追越或者强行横越或掉头。可概括为三个"不得",即不得抢航、不得强行追越、不得强行横越或掉头。

不得抢航是指客渡船不得和顺航道行驶的机动船争抢航道、航路,尽可能为顺航道行驶船留足航行水域。尤其是在弯曲、狭窄航段,应按规定航路行驶,主动采取有效避让行动,不得侵占对方航路,确保顺航道行驶船舶安全通过。

不得强行追越是指在当时环境和航道情况不适合追越,或者顺航道或河道行驶的机动船未同意追越的情况下,客渡船不得强行追越。当客渡船追越顺航道或河道行驶的机动船时,应遵守《规则》第十一条"机动船追越"的规定,这并不改变客渡船应当避让顺航道或河道行驶的机动船的避让责任。

不得强行横越或掉头是指客渡船不得在顺航道或河道行驶的机动船的前方强行横越或掉头。客渡船应遵守第十二条“机动船横越和交叉相遇”、第二十条“机动船掉头”的规定。

以上三个不得的要求，不仅适用于客渡船，也适用于其他机动船。

(2)两渡船相遇时，应按《规则》第二章第二节各条规定避让

渡船包括三种，在渡船与渡船之间构成碰撞危险时，按照平等的两艘机动船之间的让路关系进行避让(参照“机动船对驶相遇”适用机动船的解释)。比如，在长江干线，一艘车渡船追越顺航道行驶的另外一艘客渡船，按照《规则》第十一条的规定，追越的车渡船应当避让被追越的客渡船，客渡船就不是让路船了。因此，在长江干线航行的客渡船避让顺航道行驶的船，根据本条款规定，也可以理解为“顺航道行驶的船”，不包括渡船。

六、《规则》第十五条　机动船在干、支流交汇水域相遇

(一)条款内容

机动船驶经支流河口，在不违背第八条规定的情况下，应当尽可能地绕开行驶。除在平流区域外，两机动船在干、支流交汇水域相遇时，应当按下列规定避让：

(一)从干流驶进支流的船，应当避让从支流驶出的船。

(二)干流船同从支流驶出的船同一流向行驶，干流船应当避让从支流驶出的船。

(三)干流船同从支流驶出的船不同流向行驶，上行船应当避让下行船，但在感潮河段逆流船应当避让顺流船。

两机动船在平流区域进出干、支流交汇水域相遇时，有他船在本船右舷者，应当给他船让路。

(二)条款解释

1. 适用范围

(1)适用船舶

机动船驶经支流河口行动的规定，适用于任何机动船。

两机动船在干、支流交汇水域相遇的避让责任规定适用的机动船，其含义与《规则》第十条适用的“机动船”的含义一样，参阅《规则》第十条“机动船对驶相遇”的解释。

(2)适用水域

适用水域为干、支流交汇水域。

根据定义，干、支流交汇水域是指不与本河同出一源的支流与本河的汇合处。关于这个汇合处的水域范围到底指的是什么样的范围，《规则》并没有明确规定。根据干、支流交汇水域的定义以及水文、环境特点，一般把干、支流交汇水域理解为干流与支流相互影响明显的水域。这里的影响包含两层含义：首先，是指水流交汇相互影响明显的水域，干流与支流的两股水汇合，必然产生很多非正常的水流；干流或者支流水位的急涨或者急落也必然产生更多的水文要素的变化，使干、支流交汇水域的流态变得紊乱复杂，船舶容易偏离航路甚至失去控制，增加了船舶航行操作难度。例如，当洪水期支流水位上涨时，流量大，流速大，横冲干流；当干流水位上涨时，对支流河水形成阻滞和倒灌之势。其次，干、支流交汇水域，也是两条航道汇合的地

方，该水域船舶密度大、会遇态势复杂，干、支流的船舶航向交叉机会多，很容易导致危险情况的发生。

干、支流交汇水域所指的干流、支流是不同源的，所以一般认为湖泊、水库水域范围内不存在干、支流交汇水域。只有江河和运河存在干、支流交汇水域。在这两类通航水域中，按照流速对船舶操纵性能影响的不同，又把干、支流交汇水域细分为平流区域的干、支流交汇水域和除平流区域以外（非平流）的干、支流交汇水域。平流区域的干、支流交汇水域流速平缓，水流对船舶操纵的影响几乎相同，船舶都易于控制，进、出干、支流的船舶操纵性能类似；在非平流区域的干、支流交汇水域，水流对船舶操纵的影响非常显著，上行（逆流）、下行（顺流）的船舶操纵性能完全不同。进行这样的划分，可以让我们更加准确地理解和区分不同类型干、支流交汇水域让路关系的规定。

2. 机动船在干、支流交汇水域相遇的避让关系

（1）两机动船在平流区域的干、支流交汇水域相遇

平流区域的干、支流交汇水域流速平缓，水流对船舶操纵的影响几乎相同，船舶都易于控制，进、出干、支流的船舶操纵性能类似。当两机动船在平流区域进、出干、支流交汇水域相遇时，只要干流船与支流船构成了航向交叉，其避让责任即简化成一种关系：有他船在本船右舷者，应当给他船让路。如图 2-19 所示，B 船（“居左船”）应当避让 C 船（“居右船”），C 船（“居左船”）应当避让 A 船（“居右船”）。该避让责任的确定，采用了船舶几何制原则；图中 A 船与 B 船的相遇适用于对驶相遇的“上行让下行”，所以 B 船让 A 船。

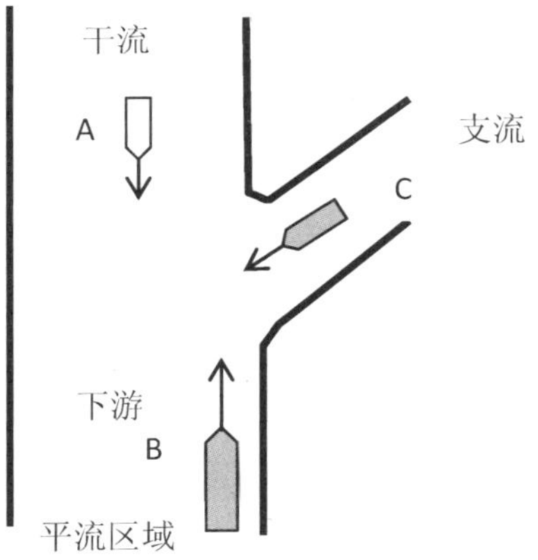

图 2-19 平流区域的干、支流交汇水域

（2）两机动船在非平流区域的干、支流交汇水域相遇

非平流区域的干、支流交汇水域主要是指感潮河段的干、支流交汇水域，感潮河段界限以上的干、支流交汇水域以及非平流区域的运河内干、支流交汇水域。这些水域流速大，水流对船舶操纵的影响非常显著，上行（逆流）、下行（顺流）的船舶操纵性能完全不同。

①当干流船与支流驶出的船舶同一流向行驶时，干流船应当避让从支流驶出的船舶（简称“干让支”）；干流船同从支流驶出的船舶不同流向行驶，上行船应当避让下行船，但在感潮河段逆流船应当避让顺流船（简称“上让下、逆让顺”）。

如图 2-20 所示，在感潮河段的干、支流交汇水域，A 船让 C 船适用“干让支”，B 船让 C 船适用“逆让顺”；在感潮河段界限以上的干、支流交汇水域，E 船让 F 船适用于“干让支”，F 船

让 D 船适用于"上让下"。图 2-20 中 A 船与 B 船、D 船与 E 船的让路关系适用于"机动船对驶相遇"。

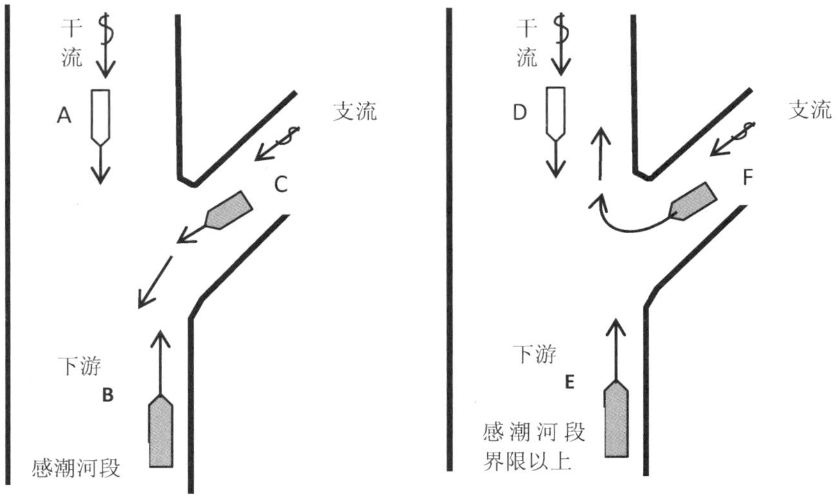

图 2-20　除平流区域以外的干、支流交汇水域让路关系

干流船与支流驶出的船同一流向行驶是指在干流上的上行船（逆流船）、下行船（顺流船）与从支流驶出后的上行船（逆流船）、下行船（顺流船）所构成的同流向的航向交叉。干流船同从支流驶出的船不同流向行驶是指在干流上的上行船（逆流船）、下行船（顺流船）与从支流驶出后的下行船（顺流船）、上行船（逆流船）所构成的不同流向的航向交叉。

在非平流区域的干、支流交汇水域，当干流船与支流驶出的船同向行驶时，其避让关系是"干让支"。其原因是干流船与支流驶出的船同向行驶，虽然水流对两船的操纵影响类似，但是干流水域宽阔，航行条件好于支流，回旋余地比支流大，干流船用车、用舵占有优势和主动。当干流船与支流驶出的船异向行驶时，其避让关系仍然遵循对驶相遇的让路关系，即"上行让下行"、在感潮河段"逆流让顺流"，参见第十条"机动船对驶相遇"相关解释。

②从干流驶进支流的船，应当避让从支流驶出的船（简称"干进让支出"）。

非平流区域的干、支流交汇水域，当干流船与支流驶出的船同向行驶时，其避让关系是"干让支"。

非平流区域的干、支流交汇水域，从干流驶进支流的船，应当避让从支流驶出的船，即"干进让支出"，其主要的原因是干流水域宽阔，航行条件好于支流，回旋余地大；船员的航行习惯一般是先出后进；下行船（顺流船）进支流的操作方法一般是先下尾再进支流。

如图 2-21 所示，A 船（从干流驶进支流的船）应当避让 B 船（从支流驶出的船），C 船（从干流驶进支流的船）应当避让 D 船（从支流驶出的船）。

3. 机动船驶经支流河口的行动

（1）机动船驶经支流河口，应加强瞭望，以安全航速行驶

机动船驶经支流河口应该按照《规则》规定鸣放声号一长声，夜间也可以用探照灯向上空照射以引起来船注意；用甚高频电话通报船舶动态，与进出河口的船舶加强联系，及早统一会让意图，采取协调一致的行动。

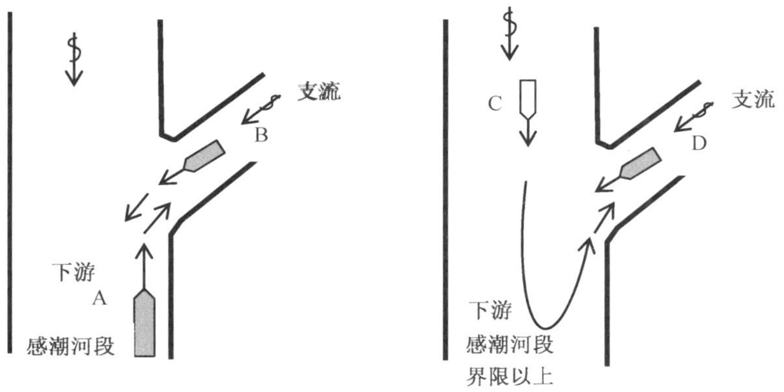

图 2-21 除平流区域以外的干、支流交汇水域，"进让出"

(2)在不违背《规则》第八条规定的情况下，应当尽可能绕开行驶

干流船应按干流规定航路行驶，支流船应按支流规定航路行驶。在该原则的大前提下，干流船驶经支流河口时，应当尽可能地绕开行驶，将航路做适当的调整，这有利于干流船和支流船及早地相互发现，便于双方及早采取避让行动；在不违背航行原则的前提下，尽可能地绕开行驶，是指船舶经过河口时，在本船航路允许时（在通航分道内）尽可能离河口远一些，不能为了经过河口的安全而随意地远离，而不受航行原则的限制。

七、《规则》第十六条　机动船在叉河口相遇

(一)条款内容

两机动船在叉河口相遇，同一流向行驶时，有他船在本船右舷者，应当给他船让船；不同流向行驶时，上行船应当避让下行船，但在感潮河段逆流船应当避让顺流船。

(二)条款解释

1. 适用范围

(1)适用船舶

本条"两机动船"一词的含义，与《规则》第十条"两机动船"的含义一样，参阅《规则》第十条"机动船对驶相遇"的解释。

(2)适用水域

本条适用水域为叉河口水域。叉河口的定义是指与本河同出一源的叉河道与本河的分合处，根据定义，我们认为在所有的通航水域都可能存在叉河口，叉河口的水域范围既包括叉河道与本河的分开处，也包括叉河道与本河的汇合处。具体的水域范围和干、支流交汇水域一样，《规则》并没有给出明确的范围划分，但根据叉河口水流及环境特点，一般认为叉河口水域首先包括不同叉河道水流的分合处，两股水流由于速度不同、流量不同，水流相互干扰、相互影响，对船舶航行构成不同的影响；其次还应包括不同叉河道航道的分合处，行驶在不同叉河道内的船舶在航道的交汇处相遇，进、出的船舶相互影响，航向交叉，船舶密度大，通航条件较复杂，容易导致碰撞事故的发生。

2. 机动船在叉河口相遇的避让关系

(1)同一流向行驶时,有他船在本船右舷者,应当给他船让路

两机动船在叉河口相遇,同一流向行驶时,两船的避让责任为有他船在本船右舷者,应当给他船让路(简称“左让右”)。在叉河口水域,同向行驶的两艘机动船受水流的影响几乎相当,而叉河口的特点又不同于干、支流交汇水域,在干、支流交汇水域,干流的回旋余地和航行条件显然好于支流,而江心洲形成的叉河口不一定具有明显的优劣之分,所以《规则》规定两机动船在叉河口相遇,同一流向行驶时,有他船在本船右舷者,应当给他船让船。可以参阅《规则》第十二条的相关解释,如图 2-22 所示,C 船(居左船)应当避让 A 船(居右船)。

(2)不同流向行驶时,上行船(逆流船)应当避让下行船(顺流船)

两机动船在叉河口相遇,不同流向行驶时,类似于对驶相遇的让路关系,则两船的避让关系为上行船应当避让下行船,但在感潮河段逆流船应当避让顺流船(简称“上让下”或“逆让顺”)。可以参阅《规则》第十条“机动船对驶相遇”的相关条款解释,如图 2-22 所示,B 船(上行船或逆流船)应当避让 A 船、C 船(下行船或顺流船)。

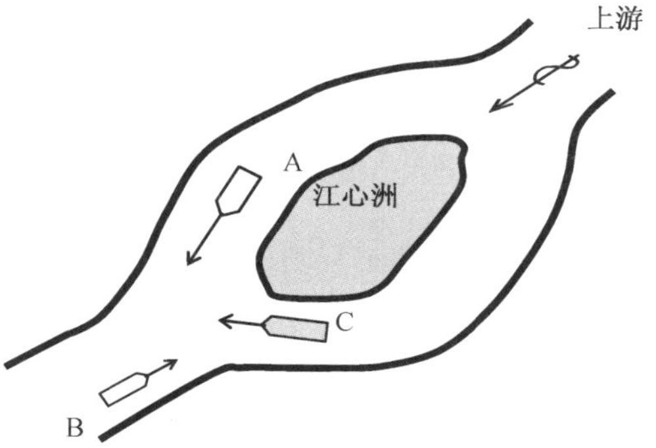

图 2-22 机动船叉河口相遇

八、《规则》第十七条 机动船与在航施工的工程船相遇

(一)条款内容

不论本节有何规定,机动船与在航施工的工程船相遇,机动船应当避让在航施工的工程船。

(二)条款解释

1. 在航施工的工程船的含义和判断

工程船是指正在从事水上、水下工程施工作业的船舶,包括正在进行疏浚、钻探、测量、打捞、爆破等作业的船舶。按其动态划分,工程船可分为在工地位置固定施工的工程船和在航施工的工程船两类。

在航施工的工程船是指一边在航一边施工作业的工程船。构成该工程船,应同时具备在航、正在施工作业两个条件,缺一不可。如在航而未施工作业(未进入工地或施工完毕),或者正在施工作业而未在航(固定施工),均不能称为在航施工的工程船。在航施工的工程船具有受施工作业约束、避让操纵性能严重受限甚至不能给他船让路的特点。

自航工程船在航施工时，除显示机动船在航号灯外，夜间显示红、白、红光环照灯各一盏，白天悬挂圆球、菱形、圆球号型各一个；被拖带的工程船在航施工时，除按《规则》第三十条“在航的船队”规定显示号灯外，还应显示与自航工程船在航施工时相同的号灯、号型。

在航施工的工程船的特点是由于正在施工作业，其操作和避让能力受到极大的限制，不方便为他船采取主动让路的行动。在航施工的工程船必须严格按照规定显示相应的号灯和号型，便于其他船舶及早识别和主动避让。

2. 机动船与在航施工的工程船的避让关系

机动船应当避让在航施工的工程船。

《规则》第十七条规定：“不论本节有何规定，机动船与在航施工的工程船相遇，机动船应当避让在航施工的工程船。”

本条指出“不论本节有何规定”，说明本条款优先于第二章第二节所有条款。也就是说，任何机动船（包含限于吃水的船舶）与在航施工的工程船相遇，不论任何水域、任何会遇局面，都是机动船避让在航施工的工程船。

本条款规定的原因在于，工程船在航施工期间其操纵和避让能力受到极大的限制，基本不具备主动避让的能力，按照操纵性好的应该避让操纵性差的原则，《规则》规定其他机动船应该无条件避让在航施工的工程船。

如图 2-23 所示，在感潮河段航段，图中 A、B 为在航施工的工程船，A 船横越，B 船下行，C、D、E 三船为一般的机动船。图中的机动船 C、D、E 应该无条件避让在航施工的工程船（船 A、B）。它们之间的避让责任，优先适用《规则》第十七条规定，而不适用《规则》第二章第二节其他条款规定。

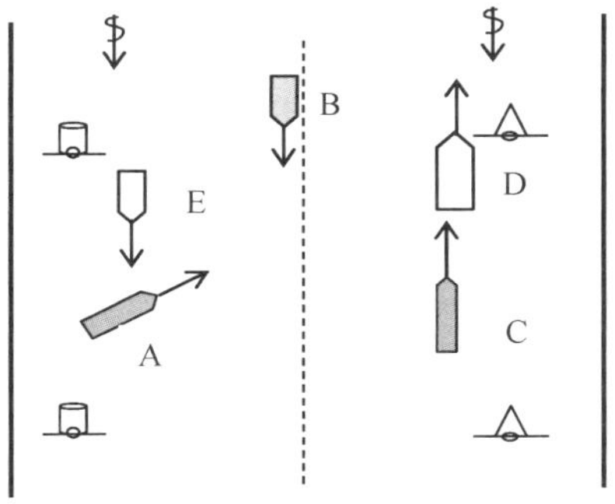

图 2-23　机动船与在航施工的工程船相遇

A，B—在航施工的工程船；C，D，E——一般机动船

3. 机动船与在航施工的工程船相遇的避让行动

机动船与在航施工的工程船相遇，由于工程船在航施工期间其操纵和避让能力受到极大的限制，基本不具备主动避让的能力，机动船应充分考虑在航施工的工程船的施工特点和周围环境因素，主动采取让路的行动。会遇双方的避让行动应符合《规则》第九条对避让行动“明确、有效、及早”的总要求；当然，工程船在航施工期间，也应该考虑其他船舶航行的困难及对其航行的影响，留出足够的水域供其他船舶航行，与他船一旦构成碰撞危险，工程船也应该采取力所能及的协助避让的措施。

另外，《规则》第四十四条（四）款对机动船与在航施工的工程船对驶相遇做出了明确的规定:“机动船与在航施工的工程船对驶相遇,机动船应当在相距 1 千米以上处鸣放声号一长声,待工程船发出会船声号后,机动船方可以回答相应的会船声号,并谨慎通过。”

九、《规则》第十八条 限于吃水的船舶相遇

(一)条款内容

在长江干线航行的客渡船都必须避让限于吃水的船舶。

限于吃水的船舶遇有来船时,应当及早发出会船声号。除第十七条外,不论本节有何规定,来船都必须避让限于吃水的船舶并为其让出深水航道。两艘限于吃水的船舶相遇时,应当按本节各条规定避让。

(二)条款解释

1. 限于吃水的船舶的判断

限于吃水的船舶是指由于船舶吃水与航道水深的关系,其操纵、避让能力受到限制的船舶。限于吃水的船舶的实际吃水在长江定为 7 m 以上,珠江定为 4 m 以上。

限于吃水的船舶在航时,夜间除显示机动船规定的号灯以外,还应该显示红光环照灯三盏,白天悬挂圆柱形号型一个。

限于吃水的船舶的特点是自身吃水大、排水量大、惯性大,操纵性能差,加上内河的航道水深不足,不能普遍满足限于吃水的船舶的航行要求,导致限于吃水的船舶必须在深水航道航行,这样其操纵和避让能力受到了很大的限制。

限于吃水的船舶除了需满足定义的要求,还必须按照《规则》的规定显示相应的号灯和号型,便于来船识别后主动避让,并为其让出深水航道。

随着内河航道条件的改善和经济发展的需要,内河船舶越来越向大型化发展,长江下游部分内河船舶的吃水甚至超过了限于吃水的船舶的定义“7 m”,但就现状来说,达到限于吃水的船舶吃水标准的内河船舶是否需要按照规定显示信号,或者是否能够享有限于吃水的船舶的被让路责任,还需要相关海事部门在制定“特别规定”时给予明确。

2. 机动船与限于吃水的船舶相遇的避让规定

(1)避让关系

①机动船应当避让限于吃水的船舶。

《规则》规定除在航施工的工程船外,来船必须避让限于吃水的船舶,并为其让出深水航道。“除第十七条外,不论本节有何规定”,表明《规则》第十八条优于除第十七条以外的第二章第二节其他所有条款。也就是说,除在航施工的工程船以外的任何机动船(包含所有渡船以及在长江干线航行的客渡船)与限于吃水的船舶相遇,不论任何水域、任何会遇局面,都是机动船避让限于吃水的船舶。这样规定的理由是除在航施工的工程船以外的机动船,其操纵性能一般要好于限于吃水的船舶。

例如,如图 2-24 所示,在感潮河段界限以上航段,图中 A 船、C 船为限于吃水的船舶,D 船为在航施工的工程船,B 船、F 船为一般机动船。根据本条款,B 船、F 船船应该无条件避让 A 船。

②限于吃水的船舶应当避让在航施工的工程船。

虽然限于吃水的船舶与在航施工的工程船避让操纵性能都受限,但两者受限特点和程度

各有不同。在航施工的工程船避让操纵性能受限程度更大些，导致两者的避让操纵性能具有差别。因此，限于吃水的船舶应当避让在航施工的工程船。

如图 2-24 所示，在感潮河段界限以上航段，图中 A 船、C 船为限于吃水的船舶，D 船为在航施工的工程船，B 船、F 船为一般机动船。C 船在追越在航施工的工程船 D 船，根据本条款，C 船应该避让 D 船，优先适用《规则》第十七条、第十八条条规定，而不适用《规则》第十一条（“追越”）的规定。

③两艘限于吃水的船舶相遇时，应当按《规则》第二章第二节各条规定避让，参阅第十条“对驶相遇”的条件。

两艘限于吃水的船舶相遇时，由于其操纵性能对等，不存在巨大差异，应该严格遵守《规则》各条款的规定，按照普通条款进行避让。比如，一艘限于吃水的船舶追越另外一艘限于吃水的船舶，应该遵守《规则》有关追越的规定；当两艘限于吃水的船舶对驶相遇时，应该严格遵守本规则有关对驶相遇的规定。

如图 2-24 所示，在感潮河段界限以上航段，图中 A 船、C 船为限于吃水的船舶，D 船为在航施工的工程船，B 船、F 船为一般机动船。根据本条款，B 船、F 船应该避让 A 船。A 船、C 船都为限于吃水的船舶，A 船横越航道，C 船正常顺航道上行，应当适用于《规则》第十二条关于横越的规定，A 船应当避让 C 船。

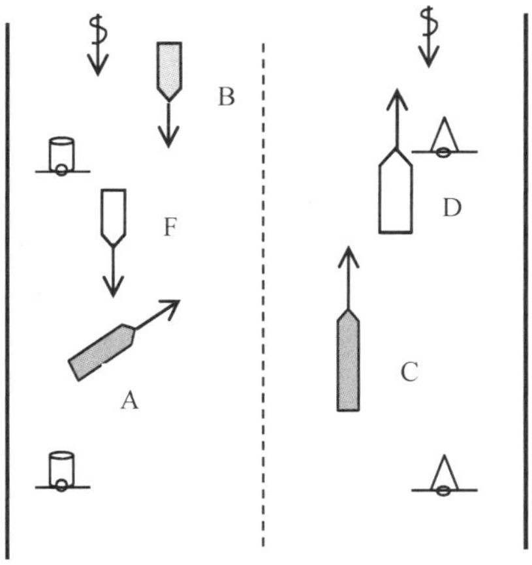

图 2-24　机动船与限于吃水的船舶、在航施工的工程船相遇

A，C—限于吃水的船舶；D—在航施工的工程船；B，F——一般机动船

（2）机动船与限于吃水的船舶相遇时的避让行动

《规则》要求限于吃水的船舶遇有来船时，应当及早发出会船声号。这是为了便于来船及早识别限于吃水的船舶，主动采取避让的措施，及早让出深水航道。机动船与限于吃水的船舶相遇，机动船应充分考虑到限于吃水的船舶避让操纵性能受到水深条件限制的特点，按照限于吃水的船舶的会船意图，根据当时环境和情况，及时采取避让行动，让出深水航道，确保限于吃水的船舶安全驶过。当然，限于吃水的船舶一旦与来船构成碰撞危险时，也应该尽可能采取协助避让的行动。

十、《规则》第十九条 快速船相遇

(一)条款内容

快速船在航时,应当宽裕地让清所有船舶。两快速船相遇时,应当按本节各条规定避让。

(二)条款解释

1. 快速船的判断

根据快速船的定义,目前,我国内河常见的快速船有水翼船、气垫船,以及其他静水时速在35 km以上的高速船。

快速船广泛用于短途客运、旅游、救助等,具有船舶尺度较小、速度快、机动性能好、避让操纵灵活的特点。快速船在航时的实际速度并不一定达到时速35 km,但仍然属于快速船的范畴。

快速船在航时,除显示机动船规定的号灯外,不论白天还是夜间,还需显示黄色闪光灯一盏。黄色闪光灯是快速船在航时的专用号灯。

2. 快速船相遇的避让规定

(1)快速船在航时,应当宽裕地让清所有船舶

在避让责任上,快速船是让路船,而其他所有船舶是被让路船。其原因是快速船速度快、吃水浅、操纵灵活,具有优越的操纵性能,同时由于快速船航速快,驾驶室基本上都是全封闭式的,相遇船舶发出的声号不易听到。

“所有船舶”是指除快速船以外的其他类型船舶,包括机动船、渡船、帆船、人力船、渔船、限于吃水的船舶、在航施工的工程船、失去控制的船舶等。这意味着,快速船在航时,如与他船相遇,无论在何种水域、以何种形式会遇,快速船都应当给他船让路。

“宽裕地让清”是因为快速船速度快,掀波明显,与他船相遇时迅速接近,为了在避让上拥有充分的时间和空间,同时为了防止浪损,所以要求快速船要宽裕地让清所有船舶。快速船在航时,如当时环境和情况许可,尽可能保持远离他船进行避让,尽可能避免或减少对他船运动状态的影响;快速船良好的机动性和优越的操纵性能,也使快速船拥有宽裕地让清他船的条件。但是快速船在航时,应当宽裕地让清所有船舶并不意味着快速船只有让路的义务,而不享有其他船舶协助避让的权利。其他船舶和快速船相遇,一旦构成碰撞危险,一样具有协助避让的责任和义务,特别是当快速船顺航道行驶时,他船不可在其前方任意横越、掉头、靠离泊,否则极易形成紧迫局面,给快速船的避让带来困难。

(2)两快速船相遇,应按《规则》第二章第二节各条规定避让

两艘快速船相遇时,由于其操纵性能对等,不存在巨大差异,应该严格遵守《规则》各条款的规定,并且要充分考虑到快速船速度快的特点,特别是快速船对驶相遇时,相对速度很快,供判断的时间短,要求快速船无论是甚高频联系、统一会让意图,还是采取让路行动都要有一定的提前量,留有更充分的余地。

3. 船舶等级制原则避让关系总结

根据《规则》第十七条、第十八条和第十九条的规定,我们把操纵性能完全不同的机动船

类型的让路关系按照船舶等级制原则做以下排列：

①在航施工的工程船；

②限于吃水的船舶；

③一般机动船（渡船、船队）；

④快速船。

以上四种类型的机动船相遇，不论何种水域、何种会遇局面，排名靠后的船舶必须避让排名靠前的船舶。同类型的两机动船相遇，按照《规则》第二章第二节的各条规定避让（普通条款）。同类型的两机动船是指两艘快速船相遇、两艘限于吃水的船舶相遇、两艘渡船相遇、两艘普通的机动船相遇。

如图 2-25 所示，感潮河段界限以上航段，A 为快速船，D 为限于吃水的船舶，E 为在航施工的工程船，B 船、C 船、F 船为一般机动船。根据船舶等级制原则，A 船避让（构成碰撞危险的）所有船舶，F 船避让 D 船、E 船，D 船让 E 船。在 B 船、C 船、F 船之间，F 船让 B 船、C 船，B 船让 C 船。

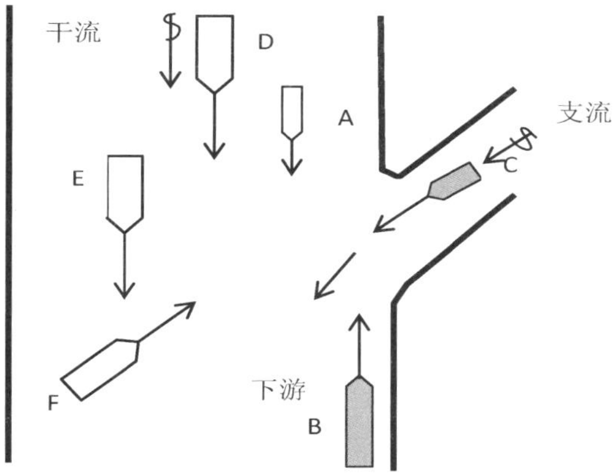

图 2-25　船舶等级制原则避让图

A—快速船；D—限于吃水的船舶；E—在航施工的工程船；B，C，F——一般机动船

十一、第二十条　机动船掉头

（一）条款内容

机动船或者船队在掉头前，应当注意航道情况和周围环境，在无碍他船行驶时，按规定鸣放声号后，方可以掉头。

过往船舶应当减速等候或者绕开正在掉头的船舶行驶。

（二）条款解释

1. 机动船掉头的含义和判断

掉头是指船舶做 180°改向的操作过程，通常是船舶为了停泊、离泊或者避让的需要所采取的一种作业方式。掉头的船舶，操作复杂，回旋困难，占据水域范围大，对过往的船舶容易形成阻碍，特别是内河水域的航道尺度有限，船舶掉头又容易受风、浪、流等外界环境的影响，所以机动船掉头既是对自身操作的严峻考验，更是对过往船舶安全航行的一种威胁。

为了确保机动船掉头的安全，不影响过往船舶的安全行驶，本条款对机动船掉头和过往船舶的行为做出了明确的要求，机动船或者船队在掉头前，应当注意航道情况和周围环境，在无碍他船行驶时，按规定鸣放声号后，方可以掉头；过往船舶应当减速等候或者绕开正在掉头的船舶行驶。

掉头的机动船应该按照《规则》的要求，及时显示相应的号灯和号型，便于过往船舶识别、避让。长度为 30 m 以上的机动船或者船队，在掉头前 5 min，夜间应当显示红、白光环照灯各一盏，白天悬挂上为圆球一个、下为回答旗一面的信号，掉头完毕后熄灭或者落下。

2. 机动船掉头与过往船舶相遇的避让关系

（1）机动船掉头不应妨碍过往船舶的行驶。

《规则》规定会遇两船中一船负有不应妨碍责任的船舶为不应妨碍的船，另一船即为不应被妨碍的船。这里的不应妨碍的船就是掉头船，掉头的船应尽可能采用避免发生碰撞危险的方法航行，如果在接近他船致有碰撞危险时，应该继续履行其不应妨碍的避让责任，该停车就停车，该等让就等让。也就是说，不应妨碍的避让责任，既适用于两船在构成碰撞危险之前，也适用于两船在构成碰撞危险之后，直到驶过让清为止。即使不应被妨碍的船发现不应妨碍的船妨碍了本船航行，也应该采取避让行动，参阅《规则》第九条相关解释。

掉头船无碍他船行驶的义务体现在行动之前要“注意航道情况和周围环境”，每一艘船舶在进行掉头操作之前，必须注意观察，确认对过往船舶不形成妨碍，确保有足够的安全水域供他船行驶。

为了便于他船识别和避让，无碍还体现在行动之前要按规定鸣放掉头的声号，按规定显示号灯和号型，按规定使用 VHF 无线电话并及时发布本船掉头的动态。

如图 2-26 所示，掉头的机动船不得妨碍 A、B 两船行驶。

（2）机动船掉头与过往船相遇存在碰撞危险时，如构成《规则》本节其他优先条款指定的让路船或被让路船，则应遵守《规则》其他条款相关规定，但不免除本条款规定的避让行动。

当不应妨碍的船与他船构成碰撞危险时，按照船舶等级制的原则，可能是一艘《规则》其他条款规定的让路船，也有可能是一艘构成《规则》其他条款规定的被让路船。比如一艘限于吃水的船舶掉头与一艘普通机动船相遇有碰撞危险时，在确定避让责任时优先适用《规则》第十八条的规定，即掉头的限于吃水的船舶是被让路船，过往的船舶是让路船，但如果限于吃水的船舶片面理解《规则》，在与过往的船舶距离很近时才采取突然掉头行动，则妨碍了过往船舶的通行。根据《规则》第三条责任条款的含义，事故发生前，谁的过失构成了紧迫局面或危险而致事故发生，谁就要承担相应的责任，所以，限于吃水的船舶虽然是被让路船，其不应妨碍的责任并未解除，不可片面强调被让路而继续妨碍他船，在采取不应妨碍的行动时也要注意让路船的避让行动，使两船的行动协调一致。同理，不应被他船妨碍的船舶可能是一艘被让路船，也有可能是一艘让路船，这取决于会遇两船的类型、性质、态势及相关条款规定。因此，不应妨碍他船的船舶和不应被他船妨碍的船舶应完全遵守《规则》其他条款相关规定，而不可将不应妨碍的避让责任当作一船应给另一船让路的避让责任，参阅《规则》第十二条“机动船横越和交叉相遇”。

如图 2-26 所示，掉头的机动船不得妨碍 A、B 两船行驶。但是如果图中的 A 船是快速船，

B 船是限于吃水的船舶,那么掉头船在行动过程中与 A 船构成碰撞危险以后,A 船是让路船;掉头船与 B 船构成碰撞危险以后,掉头船既是不应妨碍的船也是让路船。

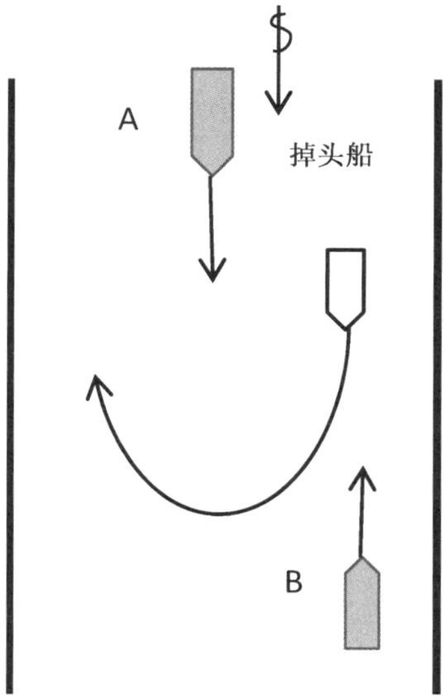

图 2-26　机动船掉头与过往船舶相遇

3. 机动船掉头与过往船舶相遇的避让行动

(1)机动船掉头前的行动

①掉头前应当注意航道情况和周围环境

机动船掉头前,应加强瞭望,注意航道情况和周围环境,特别注意航道、水流、风向/风力、能见度情况,以及船舶周围的他船动态,结合船舶尺度和操纵性能,充分估计航道情况是否适合掉头,如果掉头是否妨碍他船行驶。这是决定机动船掉头的必要条件。不可疏忽瞭望而盲目掉头。

②无碍他船(过往船舶)行驶

机动船掉头前,应根据他船类型、大小、位置、距离、航向、航速等因素,决定掉头的时机和方法。如过往船舶距离远、航速慢,无碰撞危险,则机动船可以掉头;如过往船舶距离近、航速快,碰撞危险大,则机动船不可掉头,必要时机动船该稳则稳,该停则停,该等则等,通过控制航速和航向,让过往船舶通过之后再实施掉头。应避免不顾他船行驶而在他船前方近距离强行掉头。机动船在掉头过程中,如与过往船舶业已构成了碰撞危险,并不解除机动船掉头不应妨碍的避让责任和义务,直至驶过让清。

③按规定显示掉头信号

机动船掉头前,在确认无碍过往船舶行驶时,应按《规则》第三十三条规定显示号灯和号型,还应按规定鸣放声号,表明机动船掉头性质和掉头方向。如向左掉头,应鸣放声号一长两短声;如向右掉头,应鸣放声号一长一短声。从而及早引起他船注意,以便会遇双方采取协调一致的行动,绝不能在没有显示任何掉头信号的情况下突然掉头。

(2)过往船舶的行动

《规则》规定过往船舶发现掉头船有碍本船航行时应当减速等候或者绕开正在掉头的船舶行驶。过往船舶在享有不应被妨碍的避让权利的同时,也应该充分考虑掉头作业船舶的难度，一旦发现掉头船舶与本船构成碰撞危险，应该果断地采取减速等候或者绕开正在掉头的船舶行驶，避免碰撞。

第三节 机动船、人力船、帆船、排筏相遇，存在碰撞危险时的避让行动

本节包括《规则》第二十一条、第二十二条，共两条内容。本节重点介绍了机动船、人力船、帆船、排筏相遇的避让责任和行动，简要介绍了帆船、人力船、排筏相遇时的避让责任，以及两帆船相遇时的避让责任。

一、《规则》第二十一条 机动船与人力船、帆船、排筏相遇

（一）条款内容

除快速船外，机动船与人力船、帆船、排筏相遇时，船舶、排筏均应当遵守下列规定：

（一）机动船发现人力船、帆船有碍本船航行时，应当鸣放引起注意和表示本船动向的声号。人力船、帆船听到声号或者见到机动船驶来时，应当迅速离开机动船航路或者尽量靠边行驶。机动船发现与人力船、帆船距离逼近，情况紧急时，也应当采取避让行动。

（二）人力船、帆船除按当地主管部门规定的航线航行外，不得占用机动船航道或航路。

（三）人力船、帆船不得抢越机动船船头或者在航道上停桨流放，不得驶进机动船刚刚驶过的余浪中去，不得在狭窄、弯曲、滩险航段、桥梁水域和船闸引航道妨碍机动船安全行驶。

（四）人工流放的排筏见到机动船驶来，应当及早调顺排身，以便于机动船避让。

（二）条款解释

1. 适用范围

本条款适用于除快速船外，机动船与人力船、帆船、排筏相遇时避让行动。

帆船是指用风力作为动力，任何正在驶帆的船，其行动受风力大小和风向的影响显著，顺风航行操纵性能得到较大改善。

人力船是指依靠人力行驶的船舶，其行动迟缓，驶离航路的能力很差。

排筏一般是指人工流放的竹、木排，避让能力极差。

帆船、人力船，不仅操纵及避让能力差，而且目标小，雷达回波很弱，不易被发现。如果不对其行动加以规范，将严重干扰正常的航行秩序，妨碍机动船的正常航行，降低通航的效率。另外，帆船、人力船自身的结构和强度很差，一旦与机动船发生碰擦，没有任何抵抗碰撞的能力，极易导致船毁人亡的交通事故。

人力船、帆船、排筏应该严格按照本条款的规定采取让路行动。同时，为了便于他船识别，应及时采取避让措施。《规则》要求人力船、帆船在航时，应当在船尾最易见处显示白光环照灯一盏。帆船遇见机动船驶来时，应当及早在船头显示另一盏白光环照灯或者白光手电筒，直到机动船驶过为止。

人力船、帆船由于操作上的困难，确实不能按照机动船要求的方向避让时，夜间应当用白光灯或白光手电筒，白天用白色信号旗左右横摇。排筏流放时，应当在前、后高出排面至少 1 m 处显示白光环照灯各一盏。

2. 机动船与人力船、帆船相遇的避让关系

（1）人力船、帆船不应妨碍机动船行驶。

为了保障内河航道的通畅，充分发挥机动船运输的优势，优先确保“大交通”的需要，根据人力船、帆船的特点，《规则》对人力船、帆船的行动做了很多约束。本条（一）款用了“有碍”，（二）、（三）用了“不得”“不得……妨碍”等用语，说明人力船、帆船与机动船相遇，人力船、帆船是不应妨碍的船。

确定人力船、帆船为不应妨碍的船，规定其不得影响机动船航行，是为了确保机动船的通行效率，是促进经济发展的需要，也是为了保护人力船、帆船自身安全的需要。“不应妨碍”的含义，参阅《规则》第九条相关解释。

（2）人力船、帆船与机动船相遇存在碰撞危险，情况紧急时，则机动船应当避让人力船、帆船。

《规则》虽强化了人力船、帆船“不妨碍”的避让责任和义务，但并不免除机动船的避让责任。机动船与人力船、帆船相遇存在碰撞危险时，人力船、帆船毕竟操纵性能差，驶离航路的能力较差，其操纵受风、流等因素的影响明显。当人力船、帆船没有能力按照机动船的要求让开航道或者航路，距离逼近，情况紧急时，由于机动船比人力船、帆船拥有更好的操纵性能和避让能力，机动船应当避让人力船、帆船，机动船可以采取慢车等让或者绕开行驶的避让行动，确保航行与避让的安全。

《规则》首先强调人力船、帆船听到声号或者见到机动船驶来，应当迅速离开机动船航道或者航路尽量靠边行驶，不得占用机动船航道或航路，而没有首先强调机动船是让路船，主要是因为《规则》希望通过强调人力船、帆船“无碍”机动船行驶的避让责任，避免人力船、帆船与机动船发生碰撞危险，确保机动船航道、航路的畅通；但《规则》也考虑到人力船、帆船的特点和实际操纵上存在的困难，当人力船、帆船没有能力按照机动船的要求让开航道或者航路时，规定机动船发现与人力船、帆船距离逼近，情况紧急时，也应当采取避让行动，确保人力船、帆船的安全。

3. 机动船与人工流放的排筏相遇的避让关系

人工流放的排筏体量大、阻力大，人工控制十分困难，避让操纵能力极差，《规则》规定人工流放的排筏见到机动船驶来，应当及早调顺排身，以便于机动船避让。机动船应当避让人工流放的排筏，是因为机动船的避让能力更好，但前提是强调人工流放的排筏应该“及早调顺排身”，留出一定的水域范围，便于机动船避让和安全通过；否则，单独强调机动船的主动避让是没有意义的。

4. 机动船与人力船、帆船相遇的避让行动

（1）人力船、帆船的行动

①不得占用机动船航道或航路。

人力船、帆船应按照当地主管部门规定的航线航行。在没有特别规定航路的水域航行时，尽量避免占用机动船航道或航路，如果不得不占用机动船航道或航路，听到声号或者见到机动船驶来时，应当迅速离开机动船航道或航路，尽量靠边行驶。如果由于操作上的困难，确实不能按照机动船要求的方向避让，夜间应当用白光灯或者白光手电筒，白天用白色号旗在空中左右挥动。

②不得抢越机动船的船头。

抢越是指在时间、空间都不具备安全通过条件的情况下强行抢越机动船船头的行为。抢越将直接导致紧迫局面的形成，给机动船的避让带来极大困难，如避让不及，将难以避免碰撞事故的发生。

③不得在航道中停桨流放。

停桨流放，人为导致船舶失控，可能导致航道的拥堵，增加了碰撞的可能性和危险性。

④不得驶进机动船刚刚驶过的余浪中。

人力船、帆船不得驶进机动船刚刚驶过的余浪中去，防止浪损事故的发生；遇有大浪，尽量用船头或船尾迎浪，避免船身横浪倾覆。

⑤不得在通航条件受限制航段妨碍机动船的安全行驶。

机动船在狭窄、弯曲、滩险航段、桥梁水域和船闸引航道行驶，由于受到航道水深、宽度、弯曲半径等条件的限制和水流因素的不利影响，航行操作比较困难，《规则》规定机动船之间禁止追越和并列行驶。

人力船、帆船是不应妨碍的船。在任何航道，人力船、帆船都应当尽可能不妨碍机动船航行。《规则》之所以强调狭窄、弯曲、滩险航段、桥梁水域和船闸的不妨碍，是因为这些航段的通航条件更加受限，如遇人力船、帆船的妨碍，极易形成紧迫局面，甚至发生机动船为避让人力船、帆船，而导致搁浅、撞桥、触损等更大等级事故的发生。

(2)机动船的行动

①按规定鸣放声号，确定会让方向。

机动船发现人力船或帆船有碍本船航行时，应当鸣放两组声号。首先，鸣放声号一长声，以引起人力船或帆船注意，根据航道情况和人力船或帆船的动向，鸣放表示本船动向的声号。然后，如采取向右转向的行动，将人力船或帆船置于本船左舷通过，应鸣放声号一短声；如采取向左转向的行动，将人力船或帆船置于本船右舷通过，应鸣放声号两短声。

②当距离逼近，情况紧急时，也应当采取避让行动。

当机动船发现与人力船、帆船距离逼近，情况紧急时，也应当采取避让行动。该避让行动在时机上应果断、毫不犹豫，抢抓避让时间和距离；在方式上，根据人力船或帆船动向、距离、会遇形式，结合航道情况和船舶操纵性能，尽可能控制船位，减速等候或者绕开行驶，包括在紧迫危险时而背离《规则》。

二、《规则》第二十二条 帆船、人力船、排筏相遇

(一)条款内容

帆船、人力船、排筏相遇，按下列规定避让：

(一)两帆船相遇，顺风船应当避让抢风船；两船都是顺风船或者抢风船，左舷受风船应当避让右舷受风船；两船同舷受风，上风船应当避让下风船。

(二)帆船应当避让人力船。

（三）帆船、人力船都应当避让人工流放的排筏。

（二）条款解释

1. 两帆船之间的避让责任

（1）相关定义的理解

顺风是指从船尾20°范围内吹来的风，顺风时帆面与风向垂直。除顺风外，还有左、右斜顺风。这里所说的顺风就包括顺风和左、右斜顺风。顺风行驶的帆船称为顺风船。

抢风是指张帆行驶时，风从正横前吹来。抢风行驶的帆船称为抢风船。

船舶的受风舷是指主帆被风吹向一舷的对面舷。

（2）避让关系

两帆船相遇，其避让责任为：

①顺风船应当避让抢风船，如图2-27所示，顺风船2避让抢风船1。

②两船都是顺风船或者抢风船，左舷受风船应当避让右舷受风船，如图2-28所示，左舷受风船2避让右舷受风船1。

③两船同舷受风，上风船应当避让下风船，如图2-29所示，上风船2避让下风船1。

由于顺风的帆船航速快，操纵灵活，所以规定顺风船应当避让抢风船。如果两艘相遇的帆船都是顺风船或抢风船，但是不同舷受风的时候，为了统一避让原则，《规则》规定左舷受风船应当避让右舷受风船。同舷受风时，一律是上风船应当避让下风船，因为上风船往往拥有更宽阔的行动水域。

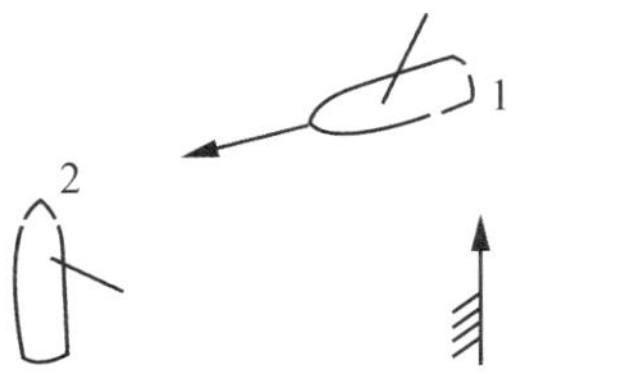

图2-27 顺风船2避让抢风船1

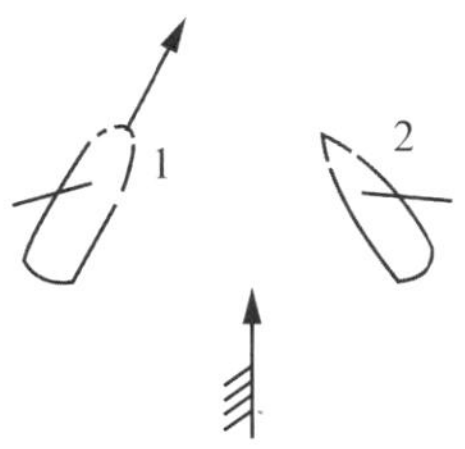

图2-28 左舷受风船2避让右舷受风船1

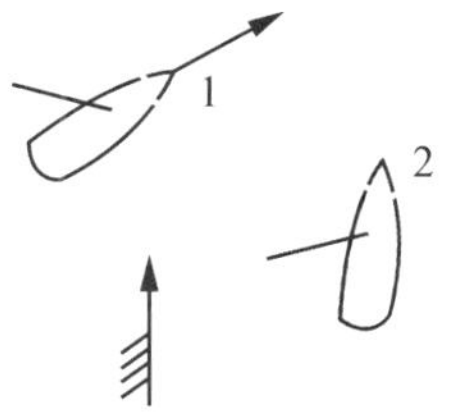

图2-29 上风船2避让下风船1

2. 帆船与人力船、排筏的避让责任

（1）帆船应当避让人力船。

（2）帆船、人力船都应当避让人工流放的排筏。

以上避让责任，是按照操纵灵活的避让操纵困难的原则确定的。由于帆船操纵性能好于人力船，人力船操纵性能好于人工流放的排筏，所以规定帆船应当避让人力船，帆船、人力船都应当避让人工流放的排筏。

第四节 船舶在能见度不良时的行动及其他

本节包括《规则》第二十三条至第二十七条，共五条内容。其中第二十三条“船舶在能见度不良时的行动”，对船舶在能见度不良的情况下如何采取行动以确保安全做了全面的规定，是非常重要的条款，是本节的重点内容。本节还介绍了机动船靠、离泊，停泊，渔船捕鱼，失去控制的船舶等相关规定。

一、《规则》第二十三条　船舶在能见度不良时的行动

(一)条款内容

船舶在能见度不良的情况下航行，应当以适合当时环境和情况的安全航速行驶，加强瞭望，并按规定发出声响信号。

装有雷达设备的船舶测到他船时，应当判定是否存在着碰撞危险。若是如此，应当及早地与对方联系并采取协调一致的避让行动。

除已判定不存在碰撞危险外，每一船舶当听到他船雾号不能避免紧迫局面时，应当将航速减到能维持其航向操纵的最低速度。

无论如何，每一船舶都应当极其谨慎地驾驶，直到碰撞危险过去为止，必要时应当及早选择安全地点锚泊。

(二)条款解释

1. 适用范围

《规则》第二十三条适用于在能见度不良的水域中或在其附近航行的船舶。

(1)适用的水域

本条不仅适用于船舶在能见度不良的水域航行，也适用于船舶在能见度不良的水域附近航行。因为船舶相遇时可能会出现一船在能见度不良的水域，另一船在能见度不良的水域附近，此时两船由于能见度受到限制，无法及时发现对方。所以本条适用于能见度不良的水域及其附近的水域。

(2)适用的船舶

适用的船舶包括在能见度不良的水域及其附近的水域航行的任何船舶。任何船舶包括机动船、人力船、帆船等。在能见度不良的情况下航行，每一船舶均无法用视觉直观地、迅速地对当时的局面和碰撞危险做出充分的估计与判断，即使是一艘装有雷达且具有良好操纵性能的船舶，其行动也因能见度的影响而受到很大程度的限制。所以航行中的任何船舶均应严格遵守本条款的规定。

(3)适用的能见度

本条款适用于能见度不良情况。《规则》对“能见度不良”一词虽有定义(参阅第一章定义“能见度不良”)，但未对“能见度不良”做定量规定，未明确能见度下降到何种程度时《规则》第二十三条才开始生效。因此，船舶航行时，船员应以实际导致当时能见度不良的具体情况进行判定，根据雾、霾、下雪、暴风雨、沙暴等天气原因或任何其他类似原因使能见度受到限制的情况来判定本船是否进入能见度不良的水域，随之按照《规则》第二十三条“船舶在能见度不良时的行动”的规定进行避让。通常情况下，以机动船号笛最小可听距离 1 km 为依据，当能见距离小于 1 km 时，则认为处于能见度不良状态，应当鸣放雾号。只有当能见距离小于可听距离 1 km 时，鸣放雾号才具有实际意义。

2. 能见度不良时的具体行动

每一个驾驶人员，特别是船长，要及时抄收气象预报，通过各种手段了解雾情，并充分了解本航区、航段有哪些主要雾区，掌握雾的特点、季节规律、持续时间等情况，做到心中有数。应该保持与港口 VTS 的联系，必要时得到 VTS 的及时支持。

在多雾季节，要加强对主机、辅机、舵、锚、助航仪器及通信设备等关键设备的检查，使之处于良好的工作状态；要检查各应急设备，包括救生设备、应急消防设备、应急发电机等是否处于随时可用状态，做到"安全第一，预防为主"，并严格执行以下行动规定。

(1)船舶在能见度不良的情况下航行，应当以适合当时环境和情况的安全航速行驶，加强瞭望，并按规定发出声响信号。

①加强瞭望。

瞭望是船舶航行与避让全过程的首要环节。《规则》第六条"瞭望"条款要求船舶随时注意周围环境和来船动态，全面了解分析船舶周围情况和来船信息，以保证船舶避让行动的协调性、准确性和可靠性。然而，船舶航行在能见度不良的水域中或其附近时，不易及早发现和正确识别来船，也不容易被来船发现和识别，即便使用助航仪器等各种手段，其信息也较间接、抽象，需要驾驶人员进一步分析、处理，可靠性也无法保证，远远达不到视觉瞭望时的直观、形象、准确，给船舶航行和避让带来极大的困难，所以，本款提出了加强瞭望的要求。

加强瞭望就是指保持正规瞭望，在能见度不良的情况下航行，必须采取一切有效的手段保持正规瞭望。首先，对瞭望人员的位置，使用的方法、手段及人员力量安排都必须考虑周全。能见度不良，只要天气条件许可，尽量派人瞭望；有可能的情况下尽可能打开驾驶台门窗，更好地实现听觉瞭望；在驾驶台值班的人员，注意变换瞭望位置，在情况需要的时候可以增加瞭望人员。其次，在雷达使用上，应变换量程使增益调整到最佳状态，以便发现微弱目标回波及正确区别真、假回波，雷达尽量安排有经验的专人保持连续有效的观察，对雷达上的目标进行准确的分析和判断；使用 AIS 时要充分考虑他船可能关闭设备或不在使用，要了解仪器的局限性、使用特点；要充分有效地发挥 VHF 无线电话的作用，在雾中使用 VHF 无线电话，对来船信息进行认真核对，防止误判，并周期性地通报船位和动态。

②以安全航速行驶。

安全航速是决定船舶采取有效避让行动的关键。航速的高低对船舶能否采取有效的避让行动有直接的影响。如果船舶速度过高，发现他船后则有可能在时间上来不及对当时的会遇局面和碰撞危险做出充分的估计。碰撞事故表明，在能见度不良的情况下，船舶以高速行驶十分危险。《规则》第七条"安全航速"将能见度情况列入船舶决定安全航速的首要因素考虑，意味着在能见度不良的情况下，通常都是要适当地慢车航行。适当降低船速的好处显而易见：可以留有更多时间和空间来获得必要的信息，以便对局面和碰撞危险做出更加充分的估计，并能在必要时迅速采取避碰行动或把船停住；但安全航速具体的量化涉及的因素很多，除考虑能见度情况外，还应考虑通航密度、船舶操纵性能、风、浪、流及航道情况和周围环境，以及雷达设备的特性、效率和局限性等因素，所以，安全航速也不可以理解为能见度不良时必须慢车航行。在能见度不良的情况下，船舶以安全航速行驶，所采用的航速必须适合当时环境和情况的要求，该快就快，该慢就慢，以确保安全航速的适应性、应变性，以及避让行动的有效性；否则，船舶航速控制不当，极易导致碰撞事故的发生。

有些船舶驾驶员受到保证船期的压力或过分依赖雷达或存侥幸心理，在能见度不良的情况下往往不控制航速，采用高速行驶，这是违反安全航速规定的。

尽管《规则》未明确规定机动船在能见度不良时航行是否应备车，但按照良好的驾驶技术要求，机动船在能见度不良时应备车航行，特别是对于一些使用燃料油航行的船舶，备车是能够随时操纵船舶的准备工作，也是随时减速、停车或倒车的基础。千万不可以因为备车、用车频度大，对机舱值班人员来说要增加工作量，怕轮机员有意见，就不备车、少用车。

③按规定鸣放声号。

船舶在能见度不良的情况下航行，应当按照声响信号的规定鸣放声号。《规则》第四十五条“能见度不良时的声响信号”规定机动船在能见度不良的情况下航行，应当每隔 1 min 鸣放声号一长声（客渡船每隔 1 min 鸣放两短一长声），其目的是随时引起他船注意，便于他船通过听觉察觉判断，及早采取有效避让行动。当然，这里的按规定鸣放声响信号也不光是指鸣放雾号，也应包括按规定鸣放其他操纵的声号。

雾航时，驾驶人员必须按照规定使用声号。不可以因为鸣放声号会影响船员休息而不鸣放，不能因为考虑到使用压缩空气的汽笛还需机舱供气等，而导致该用的声号没有用、不敢用，顾虑重重，势必给他船的判断带来困难，影响安全航行，埋下事故隐患。

（2）装有雷达设备的船舶测到他船时，应当判定是否存在碰撞危险。若是如此，应当及早地与对方联系并采取协调一致的避让行动。

①判断碰撞危险。

在能见度不良的情况下，雷达是保持正规瞭望的一种最有效的手段。对雷达探测到的物标进行系统观察，是正确判断碰撞危险的一种最有效的方法。为保持连续、系统的雷达观察，这一职责应由富有经验的瞭望人员担任。观察要素是两船距离和方位的变化，并以此推算或估测判断两船最近通过距离和到达最近通过距离处的时间。通常情况下，在雷达荧光屏上通过连续观察，若来船罗方位基本不变，且两船间的距离在不断减小，则应当认为存在碰撞危险。如对相遇船舶的方位、意图有任何怀疑，也应当认为存在碰撞危险。

②及早联系并采取协调一致的避让行动。

及早地与对方联系并采取协调一致的避让行动，这里的“及早”应包含两层含义：首先，当雷达测到他船经判断有碰撞危险时，应早联系、早统一会让意图；其次，雷达测到他船有碰撞危险时采取的避让行动要早。在能见度不良的情况下，由于视觉瞭望受到限制，相互之间不能直观、迅速地观察到彼此所处的状态，给船舶采取协调一致的避让行动带来困难，因此，在能见度不良的情况下要求比在能见度良好的情况下要更早联系，采取的避让行动也要提前，以便有充分的时间和空间，采取协调一致的避让行动，避免碰撞。

（3）除已判定不存在碰撞危险外，每一船舶当听到他船雾号不能避免紧迫局面时，应当将航速减到能维持其航向操纵的最低速度。

①判定不存在碰撞危险。

判定不存在碰撞危险通常是指通过雷达或其他判断方法，已经确认来船驶过让清或能够在安全距离内驶过，不会构成任何碰撞危险。例如，两船均各自行驶在规定的航路上且有足够的通过距离；当一船听到其他锚泊船的雾号，并且在雷达上业已确定本船可在安全距离内驶过该船；等等。若一船业已断定不存在任何碰撞危险时，则不要求采取本款规定的行动。

②听到他船雾号不能避免紧迫局面时，应当将航速减到能维持其航向操纵的最低速度。

雾号的可听距离可能在 1 km 以下，所以当听到来船的雾号时，除非已判定不存在碰撞危险，否则两船已经逼近，意味着不能避免紧迫局面。雷达瞭望与听觉瞭望都是能见度不良时最有效的瞭望手段，但是两者对碰撞危险的判断差异很大，雷达测到目标，通过雷达判断的科学方法完全可以确定该目标对本船是否构成碰撞危险；但是听到雾号，除非已判定不存在碰撞危险，否则大部分情况可能无法确定是否存在碰撞危险，甚至是无法确定鸣放雾号的船舶，我们把不能够排除碰撞危险的这些情况一律理解为不能避免紧迫局面。

不能避免紧迫局面就应当采取避让行动，但是声音的传播受风向、风力、地形、地貌等因素的影响，会发生反射、折射现象，所以不能简单地根据雾号来确定来船的位置。因此，当听到他船雾号不能避免紧迫局面时，不可以盲目采取转向避让的措施，只要声号不是来自后方，最谨慎的做法是将航速减到能维持其航向操纵的最低速度，如果停车也能够维持船舶航向操纵，最好及时停车，控制船位，包括在听到他船雾号对是否存在碰撞危险表示怀疑时。

实践证明，在与正横以前的来船不能避免紧迫局面时，盲目转向往往会使局面更加恶化。在此情况下，谨慎的做法是将航速减到能维持其航向的最低速度，包括及时停车等，以便留有更多时间判断局面并采取紧急避碰的行动。另外，若将航速降低到不能维持其航向操纵的速度，船舶将失去舵效，在需要采取转向行动时而无法及时转向，或者受外界环境因素的影响而失去控制，也是不利于避让安全的。

将航速减到能维持其航向操纵的最低速度，此最低速度也不能理解为就是安全航速。由于能见度不良时，不能根据听到的雾号盲目转向，那么只能是将航速减到能维持其航向操纵的最低速度，这样才能够最大限度地争取避让的时间和距离；反之，即使这个最低速度无法避免碰撞，最起码也可以最大限度地减少碰撞的损失。也正是由于雾中航行难以确定安全航速，所以，在雾中航行，及早选择安全地点锚泊是更谨慎的选择。

（4）无论如何，每一船舶都应当极其谨慎地驾驶，直到碰撞危险过去为止，必要时应当及早选择安全地点锚泊。

①谨慎驾驶。

谨慎驾驶的内容广泛，不仅包括加强瞭望、保持安全航速行驶、按规定航路行驶、按规定鸣放雾号、判断碰撞危险等，也包括听到他船雾号不能避免紧迫局面时，避免盲目转向，应将航速减到能维持其航向操纵的最低速度，还包括对当时可能发生的特殊情况应持有的戒备，如他船背离《规则》或违背《规则》采取行动的情况，以及《规则》所要求的良好驾驶技术、必要时选择安全地点锚泊等，这些都是谨慎驾驶的要求。

②必要时应当及早选择安全地点锚泊。

船舶在能见度不良的环境下航行，船长和驾驶员心理压力大，容易引起高度紧张，产生急躁、盲目、莽撞、犹豫不决、存有幻想或侥幸心理、认为双方保持这样的格局和态势能够过去，对突发情况没有戒备心理，关键时刻应变能力差、思维迟钝、判断失常、容易造成操纵失误，在这种情况下，选择安全地点锚泊是保障安全航行的可靠做法。

“必要时”，通常是指能见度不良时，能见距离限制到无法保证船舶安全航行的情况。该情况对不同的船舶在不同水域可能有不同的理解，同时，也难以在内河通航水域做出统一规定。无论如何，不论是否备有可使用雷达，驾驶人员应该明确，如遇能见距离小于 1 500 m 时，航行应十分谨慎；如遇能见距离小于 1 000 m 时，航行较危险；如遇能见距离小于 500 m 时，航行十分危险。海事管理机构（VTS）在雾情不能满足安全航行的情况下，为避免船舶冒险航行，会发布航行警告，禁止船舶在辖区水域雾航，辖区船舶必须遵守禁航规定，选择安全水域锚泊。

海事管理机构也会针对辖区具体情况，对船舶在能见度不良的情况下的航行做出限制性规定，航行在规定水域的船舶应该自觉遵守相关规定。例如，《长江干线水上交通安全管理特别规定》[交通运输部令 2017 年第 32 号]第十七条(三)款规定，除客船、客渡船、车渡船、车客渡船外的其他船舶：宜昌以上水域，能见度不足 500 m 时不得上行，能见度不足 1 000 m 时不得下行；宜昌以下水域，能见度不足 1 000 m 时不得上行，能见度不足 1 500 m 时不得下行。再如，《长江三峡库区船舶定线制规定》第十七条规定，能见距离不足 1 000 m 时，禁止船舶下行；能见距离不足 500 m 时，禁止船舶航行。

必要时应当及早选择安全地点锚泊，不仅要求船长和驾驶员明确在什么情况下应当选择锚泊，还要求正确把握锚泊的时机和安全地点。船长和驾驶员应当熟悉航区的锚地或停靠点。选择锚泊宜早不宜迟，绝不能存侥幸心理，切忌盲目冒雾航行。

二、《规则》第二十四条　靠泊、离泊

(一)条款内容

机动船靠、离泊位前，应当注意航道情况和周围环境，在无碍他船行驶时，按规定鸣放声号后，方可以行动。

正在上述水域附近行驶的船舶，听到声号后，应当绕开行驶或者减速等候，不得抢档。

(二)条款解释

1. 靠泊、离泊的含义和判断

靠泊、离泊是指机动船靠、离码头、坡岸、其他船舶或系离浮筒的作业。

机动船靠、离泊作业一般都是在港区内进行，而港区内的船舶通航密度大，航行环境复杂；船舶靠、离泊作业过程中，一般处于低速移动状态，舵效差，受风、流等因素影响大，有时还需要抛锚协助，过程历时长，操作复杂，避让困难；靠、离泊作业，占用水域范围较宽，对周围船舶影响较大，特别是掉头后的靠泊或者离泊后的掉头，使靠、离泊与掉头作业联系在一起，操作更复杂，对附近船舶影响更大。

为规范和约束机动船的靠、离泊行为，避免或减少机动船靠、离泊可能对他船航行的阻碍和干扰，本条规定机动船靠、离泊应负有不应妨碍的避让责任，靠、离泊的机动船应当尽可能避免与他船构成碰撞危险，做到无碍他船航行。

识别和判断机动船靠泊、离泊，可以根据机动船在甚高频电话中通报的船舶动态或者靠泊、离泊时所鸣放的靠泊、离泊声号进行识别。对于机动船掉头后的靠泊和离泊后的掉头，还应结合机动船掉头前应当显示的掉头号灯和号型进行判断。

2. 机动船靠、离泊与他船相遇的避让关系

机动船靠、离泊应无碍他船。为了规范和约束机动船的靠、离泊行为，避免或减少机动船靠、离泊对他船航行的阻碍和干扰，调节机动船靠、离泊与他船避让的矛盾和冲突，根据机动船靠、离泊的特点，按照《规则》第二十四条的规定，机动船靠、离泊不应妨碍他船的行驶，应负有不应妨碍的避让责任，尽可能避免与他船形成碰撞危险，这是避免机动船靠、离泊与他船发生碰撞事故的主要方面。另外，机动船靠、离泊与他船相遇存在碰撞危险时，如构成《规则》其他条款指定的让路船或被让路船，会遇双方则应遵守《规则》相关条款规定。

机动船靠、离泊应无碍他船行驶，这与机动船横越和机动船掉头所履行的不应妨碍的避让责任和义务一样，参阅《规则》第十二条、第二十条相关解释。

如图2-30所示，靠、离泊的A船、C船应当不妨碍B船、D船航行。同时，如果与他船构成其他条款指定的让路船或被让路船，会遇双方则应遵守《规则》相关条款规定，可以参阅《规则》第二十条示例。

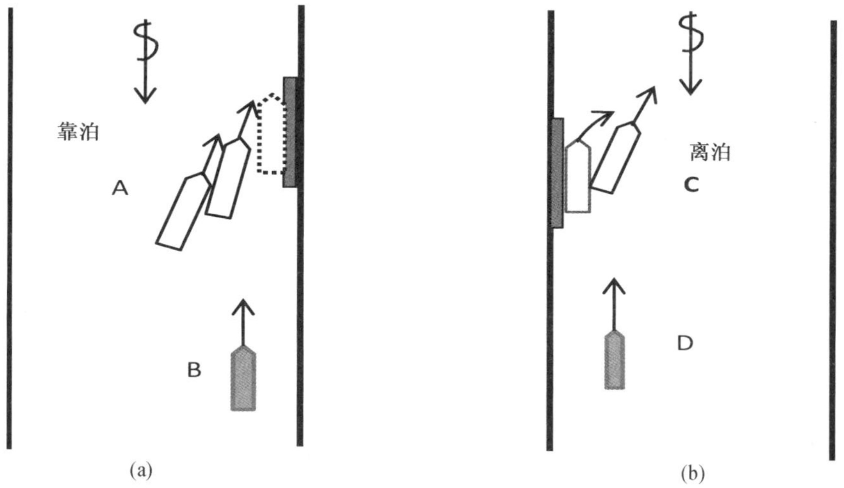

图2-30 机动船靠、离泊与附近行驶的船舶相遇

3. 机动船靠、离泊与他船相遇的避让行动

（1）机动船靠、离泊前的行动

①应注意航道情况和周围环境

航道情况和周围环境所包含的因素是非常广泛的，如风、浪、流、潮水、雾、雪、雨、航道宽度、弯曲度、净空高度、泊位的情况、障碍物的分布、航道标志的配布、周围船舶的动态以及本船的吃水和航道水深的关系等。只有充分掌握和考虑以上各种因素，才可以选择合适的靠、离泊的方法和时机，才能够做到靠、离泊操作的安全，才不会与周围船舶构成碰撞危险。

《规则》强调机动船靠、离泊前应注意航道情况和周围环境，其含义包括：

第一，根据机动船靠、离泊的特点，必须加强瞭望，必要时增派瞭望人员，只有这样，才能做到对航道情况和周围环境，特别是对他船动态等信息估计充分。绝不能盲目靠、离泊。

第二，根据航道情况和周围环境，应准确判断机动船靠、离泊的条件和时机是否具备。如果不具备条件，不可靠、离泊；如果具备条件，应充分考虑各种影响因素采取什么方法进行靠、离泊。

②无碍他船（附近行驶的船舶）行驶

机动船靠、离泊应以无碍他船行驶为前提条件，选择靠、离泊时机和方法，不可争抢泊位、强行离泊。关于机动船靠、离泊应如何避免无碍他船行驶，参阅《规则》第二十条“机动船掉头”相关解释。

③按规定鸣放声号

机动船靠、离泊前，在确认无碍附近船舶行驶的条件下，必须按规定鸣放声号，方可行动。如机动船将要靠泊，应当鸣放声号二长声；如机动船将要离泊，应鸣放声号一长声。机动船在靠、离泊过程中，如要进行掉头，还应按机动船掉头规定显示号灯、号型，鸣放相应声号。绝不能突然靠、离泊。

(2)附近行驶的船舶的行动

①应当绕开行驶或者减速等候

附近行驶的船舶，在享有不应被妨碍权利的同时，还应注意到与正在靠、离泊的机动船相遇构成碰撞危险时应承担的避让责任和义务。因此，附近行驶的船舶应根据机动船靠、离泊特点，操纵情况和水域条件，采取绕开行驶或者减速等候行动。一般地，在弯曲狭窄航段，附近过往船舶必须采取减速等候的行动，待机动船靠、离泊操纵完成后才能通过；在顺直宽阔航段，过往船舶应采取减速等候行动，或(和)转向行动，绕开行驶。

②不得抢档

不得抢档，是指附近行驶的船舶不得抢航于靠、离泊的机动船与泊位之间的狭窄水域。这是对附近行驶的船舶采取绕开行驶行动的具体要求。因为抢档行为往往造成紧迫局面的发生。

三、《规则》第二十五条　停泊

(一)条款内容

船舶、排筏在锚地锚泊不得超出锚地范围。系靠不得超出规定的尺度。停泊不得遮蔽助航标志、信号。

船舶、排筏禁止在狭窄、弯曲航道或者其他有碍他船航行的水域锚泊、系靠。

除因工作需要外，过往船舶不得在锚地穿行。

(二)条款解释

1. 停泊的含义和判断

停泊是指船舶、排筏处于锚泊、系靠的状态。

如果船舶、排筏停泊位置不当，或超出停泊范围，挤占航道，将对过往船舶造成阻碍，会增大过往船舶与停泊船舶的碰撞危险和碰撞概率。

船舶、排筏停泊时应当按照《规则》第三十四条的规定显示号灯和号型。机动船、非自航船停泊时，夜间显示白光环照灯一盏；船舶长度为 50 m 以上的，应当在前部和后部各显示白光环照灯一盏。白天锚泊时均悬挂圆球一个。人力船、帆船停泊时，夜间显示白光环照灯一盏。排筏停泊时，夜间在靠航道一侧、前部和后部各显示白光环照灯一盏。

2. 停泊规定

(1)船舶、排筏在锚地锚泊不得超出锚地范围。系靠不得超出规定的尺度。停泊不得遮蔽助航标志、信号。

①锚泊不得超出锚地范围。

锚泊地点选择的基本原则是既确保自己锚泊的安全，又不能影响其他船舶的安全航行，船舶锚泊应当尽可能选择海事部门划定的停泊区、锚地锚泊。海事部门划定的锚地都有一定的范围。一般都设置在水域宽阔、水流平缓、水深适中、底质良好的河段。锚泊的船舶超出了锚地的范围，占据航道，会影响过往船舶的安全航行；容易导致他船误判，也会对自身造成危险；

还容易发生走锚、钩挂河底电缆等。因此,《规则》规定在锚地锚泊时不得超出锚地的范围。在锚地范围内锚泊,也要考虑本船与其他锚泊船的位置、距离,还应充分考虑风、浪、流及潮汐等因素的影响。

如果由于船舶失控等异常情况,确需在锚地以外的地方临时锚泊,也应该尽可能采取措施,操纵船舶让开机动船的航道或者航路,靠近航道边缘锚泊,尽最大可能不妨碍其他船舶航行,同时发布船舶动态,向当地的 VTS 报告,显示《规则》规定的信号,加强值班,及时提醒过往船舶注意避让。

②系靠不得超出规定的尺度。

与锚泊相比,系靠泊位同样也不得超出规定尺度。这里的"尺度",应该是规定的长度和宽度。系靠超出规定的长度,会影响泊位及船舶自身的安全;超过规定的宽度,会给其他船舶的航行和停泊带来不利影响。船舶、排筏在没有规定具体尺度的水域系靠,应该尽量靠近岸边或让开航道、航路,充分考虑过往船舶航行、停泊、作业的安全。

③停泊不得遮蔽助航标志、信号。

助航标志、信号是专为船舶安全航行而设置的,它指示了航道的方向、标示了航道的侧面界限、反映了航道的尺度,是引导船舶安全航行的重要设施。它一般设置在过往船舶所能发现的最易见处。如果船舶、排筏停泊遮蔽了助航标志、信号,就会使过往船舶无法及早发现,使助航标志、信号失去了它应有的作用,容易导致过往船舶迷失方向,走错航道、航路,从而发生触礁、搁浅、碰撞等事故。

(2)船舶、排筏禁止在狭窄、弯曲航道或者其他有碍他船航行的水域锚泊、系靠。

狭窄、弯曲航道或者其他有碍他船航行的水域,是指这些水域的航道尺度受到了明显的限制,包括航道水深、宽度、净空高度等,有碍他船航行的水域应该至少包括但不限于下列水域:桥梁水域、渡运水域、船闸引航道、单向控制段等。船舶、排筏在这些受到限制的水域或者有碍他船航行的水域停泊,使本已非常困难的航行条件更加复杂,这样既不利于船舶停泊的安全,还可能妨碍其他船舶安全驶过。因此,《规则》规定,船舶、排筏禁止在狭窄、弯曲航道或者其他有碍他船航行的水域锚泊、系靠。

(3)除因工作需要外,过往船舶不得在锚地穿行。

工作需要是指船舶因港作、补给、作业、执行公务等必须在锚地内进行航行或作业的情况,主要是指港口作业船、交通船、供应船、避险船、施救船、编解队作业的拖船以及经海事部门批准的船舶等。正常航行的过往船舶不得在锚地穿行,其主要原因是锚地的船舶密度大、数量多,瞭望的视线受阻,各种船舶穿档航行,作业船行踪不规律,加上锚泊船伸出的锚、锚链等障碍物,所以船舶穿越锚地给锚地的船舶和自身的航行都带来极大的风险。

四、《规则》第二十六条 渔船捕鱼

(一)条款内容

渔船捕鱼时,不得阻碍其他船舶航行,在航道上不得设置固定渔具。

(二)条款解释

1. 渔船的含义和判断

渔船通常是指使用网具、绳钓、拖网或其他使其操纵性能受到限制的渔具捕鱼的任何船舶。

构成渔船应同时具备两个条件。一是正在从事捕捞作业。正在捕鱼是指渔船正在使用渔具从事捕鱼作业,该作业包括放网、捕鱼、收网全过程。如果渔船正驶往渔场或者正从渔场返回中,只要未使用渔具从事捕鱼作业,该渔船就不构成《规则》所指的“渔船”。二是所使用的渔具使其操纵性能受到限制,但这种限制并未严重到不能给他船让路的程度。渔船使用的渔具可能有流网、围网、绳钓、拖网及曳绳钓、手绳钓等。渔船捕鱼分为机动船捕鱼和人力船、帆船捕鱼,渔船既可能处于在航中捕鱼,也可能处于停泊中捕鱼。

渔船捕鱼时应按《规则》第三十八条规定显示号灯和号型。机动船捕鱼除显示机动船规定的信号外,夜间显示绿、白光环照灯各一盏,白天悬挂尖端相对的圆锥体;人力船、帆船夜间显示白光环照灯一盏,白天悬挂篮子一个。

网具信号:在渔具伸出的方向白天悬挂三角红旗一面,夜间显示白光环照灯一盏。

2. 渔船的特点

(1)密集性

渔船在鱼汛期多成群结队地进行作业,有时甚至布满江面,占据大部分航道,严重妨碍过往船舶的航行安全。

(2)渔具伸展长度不一

由于渔船的捕鱼方式不一,渔具的伸展长度各异,渔具位置标志不清;渔具在水下具有隐蔽性,其伸展方向和长度难以确定。因此,可能会发生网具缠绕船舶螺旋桨的事故。

(3)非机动渔船设备简陋,操纵性能差

在我国内河从事捕鱼的船舶有相当一部分是非机动渔船,其设备简陋,不能按照规定显示号灯和号型、鸣放雾号,有的人力船甚至夜间不点灯。渔船在从事捕鱼作业时,由于使用网具、绳钓、拖网或其他渔具,其避让操纵能力进一步受到限制。

(4)船舶一般尺度较小,不易被识别

渔船目标小,动态不规律,特别是夜间,通过雷达很难判断其动态;加上过往船舶无法使用VHF 电话与其联系和沟通从而统一会让意图,所以,渔船对过往船舶的航行造成很大的威胁。

(5)渔船捕鱼时位置不一定固定

在每年的 10 月下旬到年底,内河的渔船以捕蟹船为主,而捕蟹船的特点是在捕蟹过程中一直是顺水漂流,位置不固定,船舶在避让此类渔船时一定要留足余地。

3. 渔船捕鱼的避让责任

(1)渔船捕鱼时,不得阻碍其他船舶航行,在航道上不得设置固定渔具。

从维护水上交通秩序、保障内河航道的通畅、减少事故发生率的目的出发,《规则》规定,渔船捕鱼不得阻碍(同“不应妨碍”的含义)他船行驶,在航道上不得设置固定渔具,对过往船舶负有不应妨碍的避让责任。“不应妨碍”的含义,参阅《规则》第九条、第十二条、第二十条规定相关解释。

(2)渔船捕鱼(在航)与他船构成碰撞危险时,如构成《规则》其他条款指定的让路船或被让路船,则应遵守《规则》其他相关条款的规定。

渔船捕鱼具有无碍他船的责任,但是如渔船(在航)捕鱼与他船构成《规则》其他条款指定的让路船或被让路船,则会遇双方都应遵守《规则》其他相关条款的规定,履行相应的避让责任和义务，确保会遇双方安全。例如，快速船与渔船相遇存在碰撞危险时，快速船应当避让渔船；机动船与捕鱼的人力船、帆船相遇存在碰撞危险时，应当遵守《规则》第二十一条的相关规定。

4. 机动船驶近渔区时的注意事项

(1)加强瞭望，谨慎驾驶。充分了解渔区环境、航道情况和渔船捕鱼的特点。应特别注意沿岸夜间不点灯的渔船或者所显示的号灯不符合规定的渔船。在船舶密度大或能见度不良时，应加强雷达瞭望，注意雷达回波中小目标亮点的识别。

(2)仔细观察渔船动态动向、分布范围，规划合适的航行路线。不可以根据近处部分渔船的分布而盲目选择航路，导致驶入渔船包围范围内无法安全驶出。

(3)尽可能避免驶入渔船密集区，如果不得不进入渔船密集区，应当减速行驶，随时做好避让准备。

(4)注意渔区内渔船分布的范围，网具的伸出方向，不到万不得已，尽可能不从网具上通过。如果必须通过网具或者误入渔网，应该选择从网具的中间位置行驶，抵达网具前，立即停车淌航，以免渔网缠绕螺旋桨。

(5)如果与渔船构成碰撞危险，机动船应主动避让渔船，根据渔船动态和网具伸出方向，灵活控制航速和航向，确保避让行动的有效性。

五、《规则》第二十七条　失去控制的船舶

(一)条款内容

失去控制的机动船、非自航船应当及早选择安全地点锚泊。严禁非自航船舶自行流放。

(二)条款解释

1. 失去控制的船舶的含义和判断

失去控制的船舶是指由于某种异常情况，不能按照《规则》的要求进行避让，因而不能给他船让路的船舶，包括失去控制的机动船和失去控制的非自航船。

(1)异常情况的含义

异常情况是指船舶本身内部原因或航行环境发生的一切非正常情况或意料之外的突发情况。异常情况包括但不限于下列情况：

①机动船推进系统发生故障，如主机故障、主轴断裂或车叶损坏丢失等。

②舵系统发生故障，如舵机故障、舵叶损坏丢失等。

③风大流急导致船舶走锚时，其中也包括非自航船舶走锚时。

④船舶发生火灾，正按灭火要求操纵船舶时。

⑤船队断缆散队，驳船漂流时。

⑥风、浪、流情况或其他意外情况使船舶不能任意改变航向或者航速等。

⑦非自航船舶自行流放。

(2)失去控制的船舶的判断

不能按照《规则》的要求进行操纵和避让包括下列情况：

①失去避让能力，无法按照《规则》的要求进行操纵和避让，如操舵系统发生故障、主机发

生故障、全船失电等。

②只能根据自己的安全需要进行操纵的船舶，否则会发生危险，因而无法给他船让路。例如，船舶发生火灾，正按灭火要求进行操纵时，碰撞后船首撞入他船船体且破损严重危及本船和他船安全等情况。

综上所述，要判定一船是否属于失去控制的船舶，必须同时满足发生了异常情况和不能按照《规则》的要求进行操纵和避让，这两个条件缺一不可。如一船由于舵机损坏正在使用应急舵操纵，是能够做到按照《规则》的要求进行操纵和避让的，因为该船只满足了异常情况的要求，而不满足不能按照《规则》的要求进行操纵和避让。所以正在使用应急舵操纵的船不得视为失去控制的船。

根据在航的定义，失控既不属于锚泊、系靠，也不属于搁浅，所以失去控制的状态应该属于在航。若失去控制的船一旦被拖带、锚泊或者搁浅，则不再是《规则》定义的失去控制的船舶。此外，判断一船是否属于失去控制的船舶时，仅以该船是否存在失控的事实为依据，而不考虑导致失控的原因是人为的过失或疏忽，还是意料之外或不可抗力。

失去控制的船舶应当按《规则》第三十九条规定显示号灯和号型，便于他船及早发现和避让。

2. 失去控制的机动船、非自航船应当及早选择安全地点锚泊。 严禁非自航船舶自行流放

在内河水域航行船舶密度大，避让水域受航道条件的制约有一定的限制，船舶之间的避让需要双方采取配合行动才能安全驶过。然而失控船是不能按照《规则》的要求进行操纵和避让的船舶，不仅不能给他船让路，甚至按本船航路行驶都有很大的困难。因此，《规则》要求失控船及早选择安全地点锚泊。及早就是要求失控船应尽一切可能，尽早地将失控船从失控状态转变成安全的锚泊状态。

已经锚泊或者系靠的非自航船舶，如需移泊，均需拖船协助，严禁非自航船舶自行流放。如果非自航船舶自行流放，将人为导致非自航船舶的失控，给本船和他船带来巨大风险。

3. 其他船舶与失控的船舶之间的让路关系

既然失控的船舶不能给他船让路，那么其他船舶遇到失控的船舶都应尽可能及早采取避让行动，这是良好驾驶技术的要求。

船舶间并不因为失控而改变失控之前已经形成的避让责任关系。失控的船舶在失控前应当承担让路或者被让路的责任和义务不因为失控而免除，也就是说，失控的船舶仍然要承担其在失控前的避让责任和义务。例如，在追越的过程中，追越船是让路船，并不会因为追越船失控而改变让路与被让路的关系，在追越过程中即使追越船失控，追越船仍然是让路船，一旦发生事故，需承担让路船的主要责任。

关于机动船失控以后与其他船舶构成碰撞危险的让路关系，《规则》并没有明确规定。在内河实践中，我们首先强调失去控制的机动船应当及早选择安全地点锚泊，其次具备避让能力的船舶也应当根据当时环境和情况的要求，尽全力采取避免碰撞的行动。当然，该行动不能免除失控机动船的责任，失控机动船必须及早锚泊，便于他船避让。

第五节 事故案例分析

本节主要通过对《规则》的运用，从技术性的角度出发，找出事故的主要原因和区分事故的主次责任，是对各条款的综合运用。通过案例分析，我们对《规则》各条款的理解能更加深刻。

一、横越碰撞事故案例分析(一)

(一)事故概述

2013 年 11 月 9 日约 2310 时，A 船(空载，江苏靖江至湖南岳阳)上行至长江干线武穴水道#2 白浮上约 200 m、横距约 40 m 航道内水域(长江下游航道里程 831 km)，与下行的 B 船(载石粉 2 032.09 t，江西瑞昌至江苏常州)发生碰撞，造成 B 船沉没，船上 4 人全部落水，1 人获救，3 人死亡。碰撞事故经过示意图如图 2-31 所示。

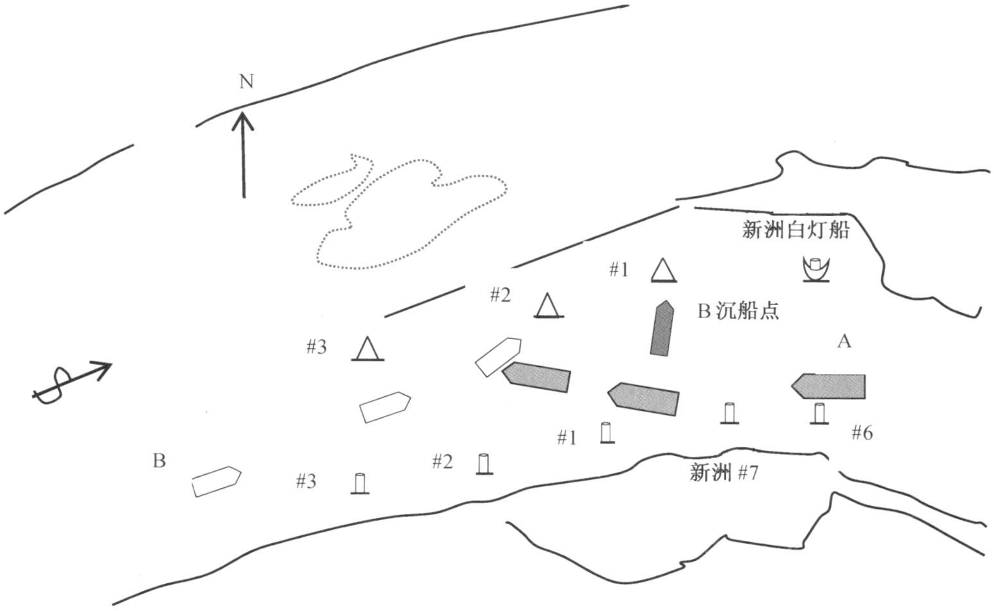

图 2-31 碰撞事故经过示意图

(二)船舶概况及配员

1. A 船

船籍港南京，船舶总长 119.00 m，船宽 19.0 m，型深 8.80 m，总吨位 5 836，净吨位 3 268，满载排水量 15 258.30 t，空载排水量 1 966.60 t，主机功率 1 470.00 kW。

“船舶最低安全配员证书”核定船舶最低配员 8 人：一类船长、一类大副、一类二副各 1 人，一类轮机长、一类二管轮各 1 人，水手 2 人，机工 1 人。

事发时实际在船 5 人。船舶缺少船长和大副、轮机长、二管轮各 1 名，船舶配员不满足该船“船舶最低安全配员证书”要求。

2. B 船

船籍港芜湖，船舶总长 64.90 m，船宽 11.20 m，型深 5.80 m，总吨位 1 183，净吨位 662，满载排水量 2 550.00 t，空载排水量 460.00 t，主机功率 516.00 kW。

“船舶最低安全配员证书”核定船舶最低配员 7 人：一类船长、一类二副、一类轮机长、一类三管轮各 1 人，水手 2 人，机工 1 人。

事发时实际在船 4 人。船舶配员不满足该船“船舶最低安全配员证书”要求。

（三）事故水域通航环境情况

九江当地水位 1.78 m、落，汉口水位 2.71 m，属于枯水位。事发水域航道维护水深 4.5 m。

江西九江市天气预报：2013 年 11 月 9 日天气实况为阴天间多云，温度为 3～9 ℃，偏北风 2～3 级，能见度良好。据预报，11 月 10 日—12 日有大风。据调查，事发水域事发时江面实际气况：偏北阵风 6～7 级，能见距离在 2 000 m 以上。

事故水域位于武穴水道。该水道上起上巢湖，下迄葫芦山，呈东西走向，全长 15.5 km，是长江下游重点浅窄航道之一。右岸有仙姑山、马头矶、狗头矶等数处矶头突出江中，马头矶外有小球石距右岸 100 m，狗头矶以下约 3 km 的江心偏右出现狭长心滩，称鸭儿洲，此滩与下游新滩滩头相连，分河床成左、右两槽：左槽经龙坪入新洲北水道；右槽是主航道，浅区在三尾山。在南岸泥湾段筑有#1～#4 四道丁坝；泥湾对开往下至新洲头心滩筑有顺坝一道，下段还有护滩带等整治建筑物。

该水道共布设航标 15 座，其中南岸设置武穴#1～#5 红浮和仙姑山、狗头矶 2 座罐形岸标，北岸设置武穴#1～#6 白浮和武穴#1～#2 白浮。武穴#3 白浮航道外有大片沉船遗留的石头，该浮标上、下航道弯曲狭窄。事发时航标正常。

根据《长江下游分道航行规则》，事发水域位于狗头矶以下，航标标示的航道宽度为 300 m，航道右侧 120 m 为上行通航分道，航道左侧 180 m 为下行通航分道。

（四）事故经过

1. A 船

2013 年 11 月 7 日约 0300 时，A 船从江阴锚地（长江下游航道里程约 160 km）开航上行，目的港是岳阳港，空载，货舱压载水约 1 000 t，在船人员 7 人。

11 月 9 日约 1900 时，A 船过九江长江二桥（长江下游航道里程约 800 km），吴某上驾驶台接班，机舱徐某值班。接班时，右雷达、卫导和 2 台甚高频无线电话处于开启状态，右雷达量程 0.75 n mile，一台甚高频无线电话在 06 频道，另一台甚高频无线电话在 128 频道，AIS 未开启。平均航速约 9 km/h。

约 2300 时，A 船过武穴 1#红浮（长江下游航道里程约 830 km）。此时，武穴水道偏北风 4～5 级、阵风 6～7 级。当班驾驶员吴某采取加左车、压右舵措施克服横风影响，船头斜向北岸行驶，船舶顺势横驶过江，平均航速约 9 km/h。

约 2309 时，A 船刚过武穴#2 白浮（长江下游航道里程约 831 km），船位偏北并占据了部分下水航路，吴某才发现本船前方有一下水船（B 船）正沿航道分心下驶，闪绿闪光灯，两船相距约 300 m。

吴某在甚高频 06 频道听到下水船（B 船）呼叫："上水船，你是什么动态？" 吴某回答："会红灯。"对方回答："红灯会不起来，只能会绿灯。"吴某又问道："你到底会红灯还是会绿灯？"对方回答道："会绿灯！会绿灯！"

此时，两船已逼近，并呈"丁"字形态势。吴某发现 B 船船首明显向北岸转向，于是采取双停车、双倒车、回舵等避让措施，但已无舵效。

约 2310 时，A 船与 B 船在武穴#2 白浮上约 200 m、横距约 40 m 下水航道内发生碰撞，A 船与 B 船呈 90°角接近垂直态势，其球鼻艏骑压在 B 船右舷主甲板中后部。

A 船采取倒车措施，欲将两船脱开但未成功。A 船继续采取倒车措施，两船保持撞击时态势整体向下游航道中间漂移。

约 2320 时，A 船与 B 船分开。

约 2322 时，A 船发现 B 船沉没，当班驾驶员吴某从驾驶台抛下 2 个救生圈。

约 2327 时，A 船用车、舵控制好本船船位后，当班驾驶员吴某用手机拨打"12395"向九江海事局指挥中心报案，并在事发水域下游北岸航道外抛锚。

2. B 船

2013 年 11 月 7 日约 1730 时，B 船从芜湖桂花桥开航上行，目的港江西瑞昌港，空载，船上 4 人。

11 月 9 日约 1430 时，B 船靠泊九江瑞昌市码头镇江铜码头，开始装载石粉。

约 2200 时，装货完毕，共装载石粉的 2 032 t，船舶吃水约 5.0 m，目的港是江苏常州港。

约 2225 时，开航下行，航速约 8 km/h，开启雷达（量程 0.75 n mile）、甚高频 06 频道，航行灯正常开启，未开启 AIS，驾船人员束某某，在船人员 4 人。

约 2300 时，B 船驶过武穴#3 白浮后，束某某交班，陶某某接班。

陶某某驾驶船舶分心下行，开启绿闪光灯，与武穴#2 红浮下沿南岸上行的重载船联系后，双方统一互会右舷。

之后，陶某某发现重载船右后方有另一艘船首斜向北岸上驶的空载船（A 船），即用甚高频 06 频道呼叫上水船动态，未听到回答后，陶某某随即用探照灯进行扫射。随后，陶某某又用甚高频 06 频道呼叫："上水船，你是什么动态？"未听到回答，陶某某再次用探照灯进行扫射。

约 2309 时，B 船约平武穴#2 红浮时，陶某某发现上水的 A 船在本船前方约 300 m 处，船位偏北，第三次用甚高频 06 频道呼叫："上水船，你是什么动态？"听到对方喊道："会红灯。"陶某某回答道："红灯会不起来，只能会绿灯。"听到对方又喊道："你到底会红灯还是会绿灯？"陶某某回答道："会绿灯！会绿灯！"

此时，两船已逼近，并呈"丁"字形态势。陶某某随即加车并操左舵使船朝北岸转向。

约 2310 时，B 船与 A 船在武穴#2 白浮上约 200 m、横距约 40 m 下水航道内发生碰撞，B 船右舷主甲板中后部被 A 船球鼻艏呈约 90°角骑压住。

B 船随着 A 船倒车，两船保持碰撞时态势整体向下游航道中间漂移，并逐渐右倾，船舱进水。

约 2315 时，陶某某要束某某用手机拨打"110"报警："武穴 2 号红浮这里有船要沉了！船上有 4 个人，赶紧救人！"

约 2320 时，B 船与 A 船分开。

约 2322 时，B 船沉没。

（五）事故原因分析

1. 直接原因

（1）A 船上行违章横驶，疏忽瞭望，临危时未及时采取有效避让措施。

①违章横驶

A 船空载上水通过武穴水道时，为克服 6~7 级偏北风风压影响，未按规定在狗头矶横驶区横驶，却选择过武穴#1 红浮后即由南向北提前横驶，从上水航路进入下水航路，妨碍了沿规定航路行驶的 B 船正常航行。

②疏忽瞭望

A 船在横驶过程中，未注意到下行的 B 船用甚高频 06 频道多次与其联系，并闪绿闪光灯、打探照灯等动态；在与 B 船相距约 300 m 时才发现对方，未能采取有效措施以致造成紧迫局面。

③临危时未及时采取有效避让措施

A 船在双方形成紧迫危险后，未及时采取减速、停车甚至倒车等主动避让措施，以致与 B 船在武穴#2 白浮上约 200 m、横距约 40 m 下水航路内发生碰撞。

（2）B 船下行中未保持正规瞭望，临危时未能采取有效协助避让行动。

B 船下水通过武穴水道，未保持正规瞭望，虽然采取了甚高频联系、闪绿闪光灯、打探照灯等引起上行船 A 船注意的措施，但在发现来船动态不明时，未能果断采取减速、停车甚至倒车等措施以避免紧迫局面的形成；临危时未能按照当时情况采取有效措施协助避让行动。

2. 间接原因

（1）船公司安全管理缺失

①A 船经营人：该公司只负责办理船舶年度检验，安全管理完全由船舶自己负责，未履行船公司的安全管理职责，属于“代而不管”。

②B 船光船租赁经营人：该公司主要负责船舶的货源，船舶也可自行揽货；安全管理主要由船舶自己负责，公司对船舶的安全管理仅是口头提醒，对船舶配员不足问题只开具了“整改通知书”，但没有跟踪整改是否到位；未能全面落实光船租赁经营人的安全管理职责，属于“租而不管”。

（2）船舶配员严重不足

①A 船：该船“船舶最低安全配员证书”规定最低配员 8 人，事发时实际在船 5 人，缺少船长、大副、轮机长和二管轮各 1 人。航行中遇大风等恶劣天气时，驾驶台只有驾驶员 1 人当班，驾驶员既要操舵又要瞭望，易导致疲劳驾驶，应急处置能力下降。

②B 船：该船“船舶最低安全配员证书”规定最低配员 7 人，事发时实际在船 4 人，但没有 1 人持有有效证书，船舶操纵和应急处置能力严重不足。

（3）AIS 均未开启

事发时，两船均未按规定开启 AIS，不便于船舶相互识别和联系。

3. 客观原因

事发时，A 船航经事故水域遇 6~7 级偏北风，因当时风向与航道走向约呈 90°角而形成横风作用，加上其空载状态下自身招风面积大，客观上给操纵船舶带来一定的不利影响。

4. 责任认定

A 船横越，应当不妨碍顺航道行驶的船舶，应当负事故的主要责任；B 船负事故的次要责任。

（六）安全建议

1. A 船（经营人）

所属公司应按照事故“四不放过”原则，汲取事故教训并举一反三，建立健全公司安全管理制度，开展安全隐患全面排查整改，配备合格足额适任船员，加强船员安全知识培训，加强恶劣天气安全预警，督促船舶严格遵守航行、避让和通信规则，纠正“代而不管”的行为，落实船公司安全生产主体责任。

2. B 船（光船租赁经营人）

所属公司应按照事故“四不放过”原则，汲取事故教训并举一反三，建立健全公司安全管理制度，开展安全隐患全面排查整改，配备合格足额适任船员，督促船舶遵守航行、避让和通信规则，督促船舶按规定办理船舶进出港签证手续，纠正“租而不管”的行为，落实船公司安全生产主体责任。

二、横越碰撞事故案例分析(二)

（一）事故概述

2012 年 1 月 6 日 2136 时许，南京市某汽渡管理处所属的 B 汽渡载运 7 辆车驶离北岸汽渡码头，在横越过程中，与在上行通航分道内行驶的安徽某某公司所属的 H 船(从辽宁锦州装载 4 662 t #0 柴油开往安徽芜湖)发生碰撞。碰撞事故示意图如图 2-32 所示。

（二）船舶概况

B 汽渡：汽车渡船，总长 76. 50 m，船宽 13. 800 m，满载吃水 2. 50 m。

H 船：油船，总长 99. 870 m，船宽 14. 200 m，总吨位 2 868，参考载重吨 4 700 t。

（三）气象及通航环境

多云到晴，东风 2~3 级并逐渐增加到 4 级左右，能见度在 2 000 m 以上。水流处于涨平潮时段。

事故发生水域位于板桥汽渡水域，该水域是南京水道、乌江水道与凡家矶水道汇合处，主流沿乌江水道下行过七坝进入南京水道后逐渐过渡到右岸。板桥汽渡以下是南京大胜关长江大桥和南京长江第三大桥桥区水域。2005 年开始，南京水道、乌江水道、凡家矶水道实行船舶定线制。

（四）事故经过

根据当事船员的询问笔录、现场勘查记录，以及调阅南京海事局 VTS 中心雷达录像等，经分析得出的事故经过如下：

1. B 汽渡

B 汽渡实行两班工作制，每日 0800 时至 2000 时、2000 时至 0800 时四班两运转。本航次

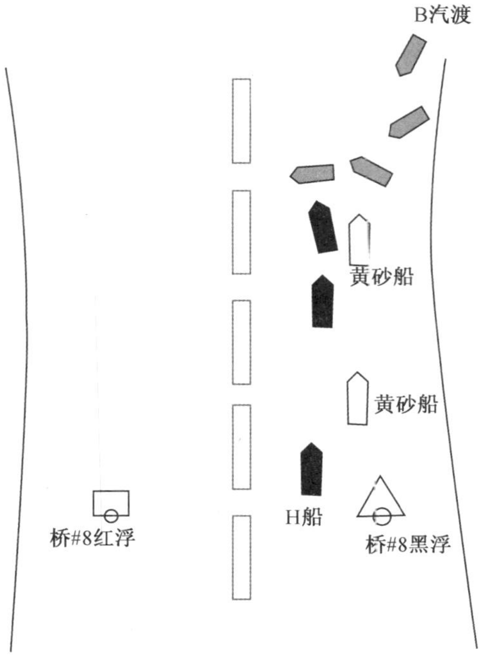

图 2-32　碰撞事故示意图

当班人员有船长与水手等 5 人。

2012 年 1 月 6 日 2125 时许，船长驾驶 B 汽渡由南向北空载驶至北岸板桥汽渡码头待渡。雷达开启(量程 0.5 n mile)，甚高频无线电话开启 1 台(06 频道)，AIS 未开启。

2130 时许，B 汽渡载运 7 辆汽车准备驶离码头，同时通过甚高频 06 频道发布动态："B 汽渡由码头开出，请有关船舶加强联系。"

约 2131 时，B 汽渡驶离码头，闪红灯，船长发现"B 汽渡 3"号正在渡口码头下游南京江浦经贸码头外档水域，准备驶进渡口。同时发现"B 汽渡 3"号右侧约 500 m 处有一艘上行一楼半空载机船，在一楼半空载机船后方约 3 000 m 处有一艘上行三楼空载黄砂船，在大胜关大桥 #8 白浮附近有一上行小海船(H 船)。通过甚高频 06 频道与上行一楼半船舶达成右舷会让意图。

约 2133 时，在"B 汽渡 3"号从右舷侧驶近码头、上行一楼半空载机船从船首方向通过后，B 汽渡调整航向，加速开始横越，当班船长通过甚高频 06 频道呼叫上行三楼黄砂船，要求在上行三楼黄砂船前方横越。三楼黄砂船表示双方距离临近，且本船航速 7 kn，无法会让。B 汽渡要求黄砂船向右转向，黄砂船表示其右前方有一艘由南向北的汽渡船及一艘一楼半空载船，再次拒绝并要求右舷会让。

其后，B 汽渡继续通过甚高频 06 频道要求三楼空载黄砂船减速，进而呼叫上行海船 H 船，要求互会左舷，未收到 H 船应答。

2134 时许，B 汽渡继续横越，同时在甚高频中不断呼叫，要求三楼空载黄砂船及上行海船 H 船倒车避让。

约 2135 时，在三楼空载黄砂船松车、倒车避让的情况下，B 汽渡左转向甩尾紧贴三楼空载黄砂船船头通过，B 汽渡继续通过甚高频 06 频道要求上行海船 H 船倒车避让，始终未收到 H

船应答。此时距 H 船约 1 000 m,B 汽渡紧急采取双倒车、右转向措施避让。

21 时 35 分 38 秒,B 汽渡左侧前悬臂与 H 船船首发生碰撞。

2. H 船

H 船,该船本航次自锦州装载 4 662 t 柴油开往芜湖,2012 年 1 月 2 日 1230 时开航,开航时,艏吃水 5.80 m,艉吃水 6.50 m。

5 日 0610 时,抵长江口,锚泊候潮。

1500 时,起锚自长江口南水道进江。

6 日 0016 时,过长江#1 浮,沿上行通航分道上驶。

约 1930 时,上行至长江#138 浮附近水域时,船长上驾驶台值班,船长负责指挥操纵,水手操舵,操作台左侧雷达一台(量程 1 n mile),电子导航设备一台,甚高频电话一台(06 频道),操作台右侧电子导航设备一台、甚高频电话两台(11 频道),正常开启。接班后直至事发,天气良好。

约 2017 时,通过南京长江大桥。

约 2125 时,通过南京大胜关铁路大桥,因前方有黄砂船,减速航行。

2128 时,驶过桥#6 浮,前方航路清爽,将车速逐渐恢复至前进四,航速增至 9.7 kn。船长继续站在操作台左侧,通过观察电子导航设备、雷达操纵船舶上行。

之后航行过程中,船长从电子导航设备上观察到(有 AIS 显示)“B 汽渡 3”号由南向北划江,并判断可以从本船前方安全通过。同时观察到本船右前方为一艘空载三楼黄砂船,估计船长 80 m 左右,航速比本船慢;据水手称,他在操舵过程中也看到“B 汽渡 3”号向北划江,准备靠北岸,同时也看到北面有一艘汽渡船出来,闪红灯,但未将此情况报告船长。据船长、水手陈述,两人均未关注到甚高频无线电话中他船之间的通话。

2135 时,航向 237°,航速 9.7 kn。船长突然发现右前方(右舷约 20°方向约 150 m 处,横距约 50 m)三楼黄砂船航行动态异常,左转有压向本船船首方向的趋势,随后发现 B 汽渡从黄砂船船头驶出,立即让舵工左舵转向,同时自己将车钟拉至停车、倒车位置避让。

21 时 35 分 38 秒,在上行通航分道内,本船船首与 B 汽渡左侧前悬臂发生碰撞,碰撞时,本船航向 217°,航速约 8.6 kn。

(五)事故损失

B 汽渡轮船首左舷悬臂变形,长约 50 m。悬臂外板破损,破损长度约 1.5 m。悬臂液压装置基座撕裂。

H 船艏柱重载水线以上约 20 m 处破损,左锚锚爪丢失。

事故未造成人员伤亡与水域污染。

(六)事故原因及责任

本起事故中,事故双方疏忽瞭望,B 汽渡未能根据周围环境选择合适横越时机,强行横越,未能主动避让顺航道行驶船舶,H 船航经渡运水域时未能使用安全航速航行并采取有效措施协助避让,是导致事故发生的直接原因。

1. B 汽渡

(1)疏忽瞭望

该船横越前,未通过雷达(量程 0.5 n mile)等有效手段进行系统观测,在未对当时局面和可能存在的碰撞危险做出充分估计的情况下,仅凭主观判断决定待上行一楼半空载机船驶过后横越,说明该船在瞭望上明显存在疏忽。

(2)横越时机不当

该船应该选择从顺航道行驶船舶的船尾横越,不妨碍他船航行。

约 2131 时,该船与上行一楼半空载机船约定右舷会让,此时一楼半空载机船与后方三楼空载黄砂船相距只有 3 000 m,由于一楼半空载机船速度较慢,三楼空载黄砂船速度较快,两船之间距离不断缩短,在这种情况下 B 汽渡于 2133 时仍坚持在一楼半空载机船与三楼空载黄砂船中间空当进行横越,可见该船没有选择有利时机进行横越,严重妨碍他船航行。

(3)强行横越,未主动避让顺航道行驶的船舶

该船作为横越船,在上行三楼空载黄砂船明确表示不同意左舷会让的情况下强行横越,先后与三楼空载黄砂船、H 船之间形成紧迫危险,紧迫危险形成后又单方面要求相关上行船舶倒车避让,最终与 H 船发生碰撞,该船显然没有尽到主动避让顺航道行驶船舶的义务。

2. H 船

(1)疏忽瞭望

船长主要观察电子导航设备指挥操纵船舶上行,在电子导航设备上没有显示 B 汽渡(AIS 设备处于关闭状态)动态信息的情况下,未能及时通过视觉、听觉、雷达等手段保持正规瞭望。

未使用 VHF 无线电话联系,也未注意收听 VHF 电话中他船的通话信息。

值班水手看到了一艘由南向北划江的汽渡船准备靠北岸,也看到北面一艘汽渡船出来,显示红灯,但未将此情况报告船长。

(2)未使用安全航速

该船事发前后,正处于桥区及渡运区水域,应该适当地控制航速,而该船通过大桥后车速增加至前进四,航速增至 9.7 kn,至碰撞事故发生时,虽然采取停车、倒车措施避让,但仍有 8 kn 左右的余速。其速度不能保证船舶有足够的时间和空间采取避让措施来防止碰撞。

(3)未采取有效的措施协助避让

发现横越船有碍本船航行,应该及时减速、停车,或者绕开行驶。该船协助避让的措施太晚,是导致事故的直接原因之一。

3. 责任认定

事故为小事故。B 汽渡是横越船,负事故主要责任;H 船负事故次要责任。

三、对驶相遇碰撞事故案例分析(一)

(一)事故概述

2003 年 10 月 2 日 2015 时,长江#92 黑浮下,A 船上行穿越航道,准备进入锚地的过程中,与下行的 S 船发生碰撞。碰撞事故示意图如图 2-33 所示。

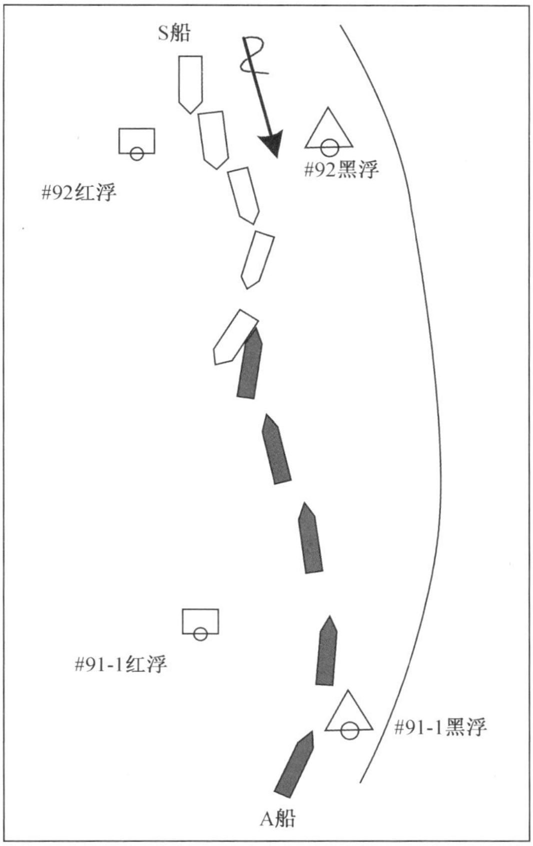

图 2-33 碰撞事故示意图

(二) 船舶概况

A 船:远洋航区杂货船,船长 199. 4 m,吃水 7. 8 m,总吨位/净吨位 27 470/13 642,盲区较大。

S 船:干散货船,总长 69. 5 m,型宽 12. 6 m,满载吃水 4. 750 m。

(三)气象及通航环境

天气较好,能见度良,落水流。

事故所在航道为口岸直水道,全程实施江苏定线制。左岸三江营有仙女庙河口,嘶马树以下左岸有多处丁坝;右岸一侧落成洲边滩形成凸岸,水流扫左岸而下。该航段船舶密度大,情况较复杂。

(四)事故经过

1. A 船

10 月 2 日 1620 时,A 船自江阴上行,驶往镇江大新圩锚地,航行至口岸直水道时,沿北岸边黑浮一侧上行,由于下行黄砂船较多,且落弯分中偏北,所以船位距北岸较近。

1950 时,A 船在嘶马树下 2 n mile 处发现下行黄砂船越来越密集,使用港内速度航行。

2000 时,A 船船首正对#91-1 黑浮,向左小舵角转向,调整航路,近距离驶过#91-1 黑浮。

2005 时，A 船平嘶马树，向镇江 VTS 报告船位，在 06 频道发布准备由北向南穿越航道的通告，船位逐渐向航道中间，船首缓慢左转，同时用手提莫氏灯闪一下，鸣放声号一短声，表示与下行船左舷会船。

2009 时，A 船发现前方约 1 000 m 一下行黄砂船（S 船）显示绿舷灯，且在向左转向，即慢车，再次鸣放声号一短声，手提莫氏灯闪一下，并照射 S 船船体，以引起 S 船注意。

A 船连续观察，发现 S 船突然向右转向，即右满舵，待有明显转势后，即停车。这时 S 船已进入 A 船盲区，终因相距太近，A 船避让不及，与 S 船船首左侧发生碰撞，S 船沿 A 船左舷顺流淌航。

2017 时，S 船在 A 船左舷船尾外侧沉没。

2. S 船

本航次由九江鄱阳湖载黄砂驶往南通。2003 时，船位平#92 红浮；2005 时，驾驶员通过雷达发现前方#91-1 黑浮上对开航道中央有一船舶（A 船），初步判断是一艘过江船舶，于是左舵驶往航道中间欲与来船右舷会船。

2010 时，突然发现来船闪灯一次要求会左舷，于是紧急慢车，右舵避让。

2012 时，来船船首与本船左舷发生碰撞。

（五）事故损失

S 船沉没，1 人失踪；A 船基本无损失。

（六）事故原因及责任

1. A 船

（1）瞭望疏忽，盲区大，穿越时没有派人协助瞭望、瞭头等。

（2）没有使用安全航速，穿越前没有提前慢车，在会让意图未统一后，才开始慢车，速度过快，造成 S 船突然转向后避让不及。

（3）横越的时机选择不当。对弯曲航道的复杂性和船舶高峰流认识不足，穿越航道和船舶交通流没有等让高峰流通过，应当等 S 船会过以后再横越。

（4）没有遵循航行原则。《长江江苏段船舶定线制规定》规定，横越应该就近呈直角进行，而 A 船把船位控制在航道中央，导致他船判断动态困难。

（5）违反避让原则，看到对方绿灯，即对来船动态不明表示怀疑时，没有立即减速、停车，也没有在必要时倒车、控制船位。

2. S 船

（1）瞭望疏忽，VHF 无线电话联系不到位，没有搞清楚来船动态和意图。

（2）没有使用安全航速，发现横越船有碍本船航行，应该减速等候；没有遵循避让原则，发现前方情况不明没有及时减速，会让意图表达不明确。

（3）没有遵循航行原则，《长江江苏段船舶定线制规定》规定船舶应该尽可能靠右行驶，该船先是大角度左转向，后又大角度右转向，航路呈“S 形”，容易导致他船误判。

（4）没有及时联系和发出会让信号来统一双方会让的意图。

3. 责任认定

大事故。A 船横越，没有履行不妨碍他船的义务，负主要责任；S 船负次要责任。

四、对驶相遇碰撞事故案例分析(二)

(一)事故概述

2012 年 1 月 18 日 0607 时许,浙江籍个体所有的 Z 船从安徽池州装载 373 t 石子开往浙江绍兴,在沿乌江水道下行过程中,与江苏顺海船务有限公司所属的 S 船(装载 2 850 t 柴油从上海驶往江西九江)在乌江#3 红浮上游附近水域发生碰撞。碰撞事故示意图如图 2-34 所示。

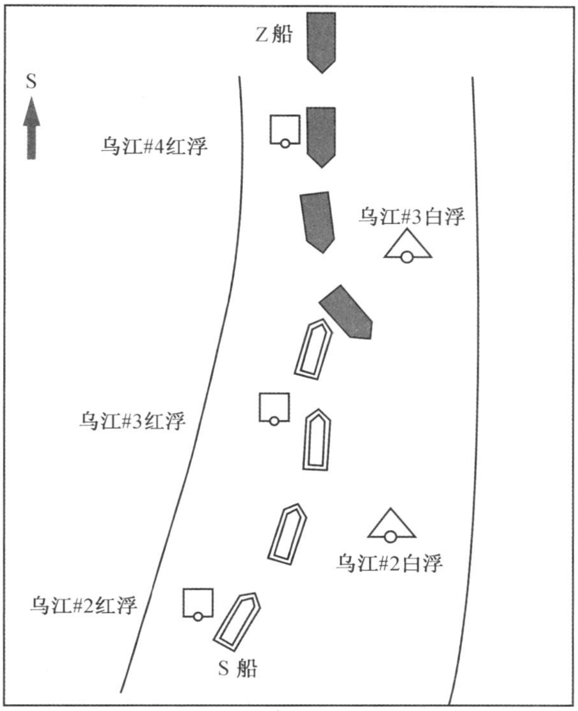

图 2-34 碰撞事故示意图

(二)船舶概况

Z 船,散货船,总长 44. 80 m,船宽 7. 60 m,总吨位 294,参考载重吨 373 t,满载吃水 2. 68 m。

S 船,散装化学品船/油船,总长 85. 00 m,船宽 14. 00 m,总吨位 1 842,参考载重吨 2 950 t,满载吃水 3. 90 m。

(三)气象及通航环境

阴有小雨,偏东风 3~4 级。能见度在 1 500 m 左右。水流处于涨平潮时段。

事故水域位于乌江水道,乌江水道上起小黄洲洲头,下迄大箭山,全长 28. 5 km,该水道水深较浅,河槽弯曲,左岸乌江河口对开有浅滩,石跋河口上下有较大边滩。该水道全程实行船舶定线制,供上行小型船舶和船队上行通过,禁止下行船舶下行通过该水道。水道下端为乌江水道与凡家矶水道交汇水域,上行船舶经乌江左、右通航浮分别从凡家矶水道与乌江水道上行。

(四)事故经过

事故一方Z船船上2人均在事故中失踪,无法获知事故前Z船相关具体操作。根据当事另一方S船船员询问笔录、旁证笔录、现场勘查记录,结合VTS、AIS录像资料等调查材料,经分析得出的可能事故经过如下。

1. Z船

2012年1月17日1100时许,Z船装载373 t石子,从安徽池州开航,目的港是浙江绍兴港。开航后,该船与同属浙江籍的X船、J船结伴下行,三船速度相当。

18日0300时许,三船依次驶入乌江水道,沿红浮下行,航速约10 km/h。Z船在前,J船居中,X船在最后,相互之间相距约300 m。

碰撞前约3 min,Z船驶过乌江#4红浮,距乌江水道右岸40~50 m,J船平乌江#4红浮,这时J船与X船驾驶员发现,在其船首偏左方向、#3红浮附近有一上行船舶(即S船)正在上驶并闪绿灯。随后,J船发现Z船左舵转向,准备与来船右舷会让,X船跟着也闪起绿灯。两行船均表示未听到Z船与S船之间进行过联系。

碰撞前约1 min,J船、X船驾驶员发现S船改闪红灯,但未发现两船采取其他会让行动。

0607时许,Z船与S船距离继续缩短,Z船左满舵避让,右舷船中部位与S船船首发生碰撞。碰撞后,Z船船中破损进水,很快沉没。

2. S船

2012年1月16日2240时许,装载2 850 t柴油从上海高桥#2甲码头开航,目的港是江西九江港,开航时,艏吃水3.9 m、艉吃水4.0 m。

18日0400时许,航行至长江#146黑浮下游附近水域,船长交班给大副,大副1人驾驶船舶上行。驾驶室内2台电子导航仪,2台VHF无线电话(分别置于11频道与06频道),1台雷达(大副接班后将量程从1 n mile调至3 n mile),1台AIS和1台GPS,均处于开启状态。

0442时许,通过南京大胜关高速铁路桥,航速约6.4 kn。

约0537时,抵达乌江左/右通航浮附近水域,停车等让进凡家矶水道的上行船舶,航速减至约2.5 kn。

0548时许,紧临乌江#1红浮上行,航速约6.7 kn,主机转速约900 r/min。驶过乌江#1红浮后左舵转向,驶向乌江#2红浮,其后数次用舵调整航向。

0558时许,左平乌江#2红浮,航速约6.4 kn,航向约215.7°,与乌江#2红浮横距约100 m。其后左舵调整航向,继续沿红浮上行。

0601时许,右平乌江#2白浮,距白浮约250 m,航速约6.3 kn,航向约209.9°。驶至#2白浮上游约200 m时,大副通过雷达发现本船船首偏左方约2 000 m处三个亮点(位于乌江#4红浮附近),怀疑为船舶或其他物标回波,遂通过甚高频06频道联系,未收到应答;接着,将雷达量程调至1.5 n mile,准备观察一段时间后再做判断。

0604时许,上行至乌江#3红浮下游约400 m附近水域,航速约6.4 kn,航向约202°。大副通过雷达判断第一个雷达回波(实为Z船)为下行船舶,其船位仍处于本船船首向方向,相距不足1 000 m处;大副考虑本船沿红浮上行,右舷水域较为宽裕,主观认为来船可以从本船右舷通过,即开启绿闪灯,并通过VHF 06频道呼叫,询问下行船舶动态,要求下行船舶不要对着本船船头方向。后曾用右微舵调整航向。

0605 时许，左平乌江#3 红浮，横距约 100 m，航向约 207°，航速约 6.4 kn。

0606 时许，大副通过雷达及望远镜发现 Z 船仍位于本船首向前方 300 m 左右，判断存在碰撞危险，改闪红灯示意左舷会让，并用探照灯照射船头方向，发现 Z 船船身横于本船船首前方，立即采取减速、停车措施避让。

0607 时许，在乌江#3 红浮上游约 200 m 附近水域，本船船首偏右方向与 Z 船右舷船中发生碰撞。碰撞时本船航向 207°，航速约 6.4 kn。

碰撞后，两船分离，Z 船在惯性作用下继续向前并开始沉没，S 船驾驶员操左舵、加车，让过 Z 船船尾后，随即正舵、停车。

事故发生后 2~3 min，船长上驾驶台，听到本船首尖舱破损进水的报告，立即右满舵将船驶向乌江#3 白浮方向，准备利用浅区冲滩自救。

约 0620 时，该船在乌江#3 白浮上游附近浅滩冲滩成功。

（五）事故损失

Z 船及所载货物沉没，直接经济损失约 80.994 5 万元，船上两人失踪。S 船重载水线处艏柱破损、右锚丢失，直接经济损失约 30.8 万元。

（六）事故原因及责任

本起事故中，Z 船作为下行船舶违反相关定线制规定错误进入上行单向航路逆向行驶，造成本船与上行的 S 船对驶相遇构成碰撞危险，以及两船在碰撞危险形成后未保持应有谨慎，采取避让措施不当，是造成事故发生的直接原因。

1. Z 船

（1）违反《规则》“航行原则”规定，航路选择错误

根据《长江江苏段船舶定线制规定》《长江安徽段船舶定线制规定》，乌江水道全航段为上行船舶单向航道，实现单向通航，供上行小型船舶和船队通过，禁止下行船舶通过该水道下行。Z 船作为下行船舶，未能严格遵守船舶定线制相关规定，错误选择乌江水道下行，是造成本船在上行船舶单向航道与上行船舶对驶相遇并形成碰撞的主要原因。

（2）疏忽瞭望

该船与 S 船相遇直至碰撞发生，始终没有使用 VHF 无线电话联系等有效手段与 S 船进行联系来统一协调双方会让意图。

（3）避让措施不当。

违反《规则》对在定线制水域两船对遇或接近对遇应当互以左舷会船的原则，在没有统一意图的紧急情况下，盲目会右舷。

（4）没有按照规定使用声号

双方都没有用声号、信号及早、明确地表明会让意图。其行动也不够明确、有效。

2. S 船

（1）疏忽瞭望

乌江水道航道弯曲，呈双 S 形，#3 浮正好处于其中的一个拐点，S 船在改闪红灯前没有用多种手段对 Z 船进行有效系统观测，存在判断上的失误；未安排人员，协助瞭望。

(2)未使用安全航速

在当时能见度不足 2 000 m 的情况下,未能减速航行,也未通知船长到驾驶室指挥,未尽谨慎驾驶之义务。

(3)未按定线制规定的航路行驶

该船进入乌江水道后,一直未能按定线制相关规定靠近航道右侧行驶,而是偏在红浮一侧航行,其不当行为也是本船与来船对驶相遇致有碰撞危险的重要原因。

(4)航行避让措施不当

碰撞危险形成后,该船不顾本船船位偏在红浮一侧以及本船右舷水域较为宽裕的事实,没有按照《规则》所要求的在定线制水域两船对遇或接近对遇应当互以左舷会船的规定及时向右调整船位,和来船会左舷;而在开启绿闪灯信号,提示对方与本船右舷会船的同时,又错误地使用右微舵调整航向,行动和意图不一致。

距对方 300 m 时,发现对方仍处于本船船首方向,单方面改变会让意图,改闪红灯,造成了双方会让意图的不统一。

3. 责任认定

本起事故为大事故。

Z 船擅自进入上行单向航路逆向行驶,负事故主要责任。

S 船疏忽瞭望,航路选择不当,未采取有效措施进行避让,负事故次要责任。

五、追越碰撞事故案例分析

(一)事故概述

2008 年 11 月 08 日 0045 时,在长江#22 黑浮附近,J 船在被追越过程中,与追越船 D 发生碰撞,碰撞事故示意图如图 2-35 所示。

(二)船舶概况

J 船:近海航区杂货船,船长 99.8 m,吃水 6.0 m,总吨位 2 993,宝山开往江阴。

D 船:近海航区油船,船长 171.82 m,吃水 9.5 m,秦皇岛开往南京。

(三)气象及通航环境

小雨渐止,能见度良好,东北风 5 级左右,涨水流。

事故航段为通州沙至狼山沙东水道,为主航道,该航道#22 浮标以下航道向左弯曲,该航段为江苏定线制航段,船舶密度大,通航条件差。

(四)事故经过

2008 年 11 月 07 日 2132 时,小雨,J 船航行到长江#1 浮,航向 325°、航速 10.7 kn,报南通 VTS。

2340 时,通过苏通大桥#1 浮,通知船长、船机长上岗,船首备锚、瞭头。

8 日 0000 时,过苏通大桥。

0020 时,J 船行驶到#20 浮与 21-1#黑浮连线上约 1 500 m 处,D 船在距 J 船后面 0.6 n mile 处要求左舷追越,J 船明确告诉 D 船,我沿浮筒连线,抱黑浮上行,右边已无避让余

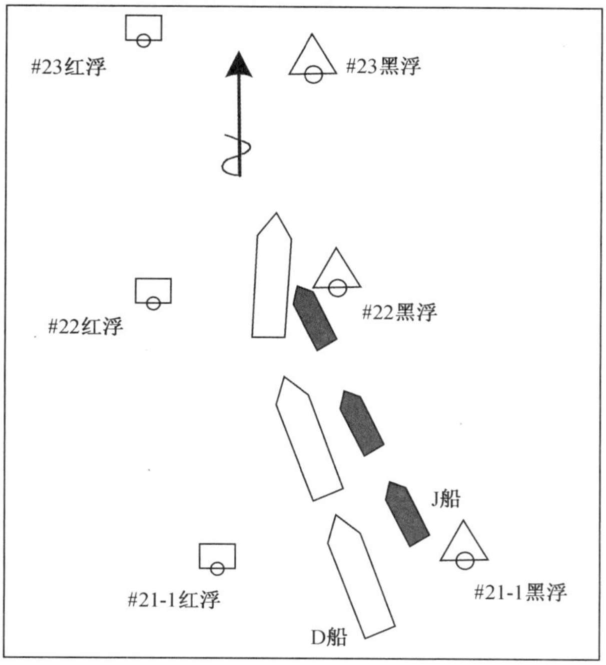

图 2-35　碰撞事故示意图

地,请保持一定横距。D 船回答同意。

0040 时,小雨停止,J 船行驶到#22 黑浮,横距约 20 m,航速 8. 8 kn,航向 355°,此时 D 船航速 10. 2 kn,船首追平 J 船船尾,两船横距约为 50 m。

0043 时,D 船中部位平 J 船船首,D 船突然大角度向右转向。J 船立即用 VHF 06 频道与 D 船联系,无任何回应。J 船立即右满舵、前进一,发现两船夹角还在变大。J 船立即全速倒车,当时横距仅有 20 m 左右。

0045 时,D 船右舷中部撞击 J 船船首左侧,造成 J 船船首左侧舷墙长约 15 m、宽约 1 m 的凹陷。

(五)事故损失

J 船船首左侧舷墙长约 15 m、宽约 1 m 的凹陷,总损失约 20 万元人民币。

(六)事故原因及责任

弯曲航段追越是事故的主要原因。

1. D 船

(1)追越航段选择错误。狭窄、弯曲航段是禁止追越的。

(2)没有按规定鸣放追越声号。联系不符合《规则》的要求,VHF 无线电话不可以替代声号。

(3)明显违反了追越条款,在驶过让清以前,禁止拦阻被追越船的船头。

2. J 船

(1)航道情况不容许追越,没有明确拒绝追越。应该及时提醒 D 船,前面航道弯曲,等转过#22 黑浮后再追越。

(2)同意追越后未及时慢车,协助避让。

(3)发现危险后,只使用 VHF 无线电话联系,没有使用声号、灯光信号。

(4)应急措施失误,没有及早地停车、倒车。

3. 责任认定。

事故为小事故。D 船是追越船,应该主动避让,负主要责任;J 船应该协助避让,负次要责任。

六、能见度不良时碰撞事故案例分析

(一)事故概述

F 船(客货船)下行在牛屎碛#3 红浮下约 10 m,横距牛屎碛#2~#3 红浮连线约 10 m 的搬针沱水域(长江上游航道里程 557.8 km)与上行 J 船发生碰撞,F 船翻沉,F 船在船人员全部落水,生还 12 人,死亡、失踪 53 人,如图 2-36 所示。

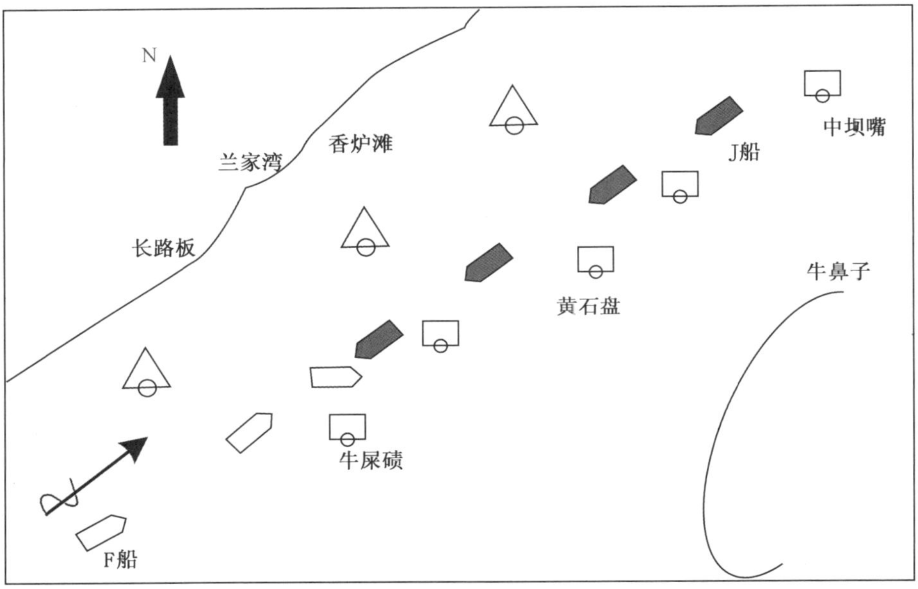

图 2-36　碰撞事故示意图

(二)船舶概况

F 船:客货船,总长 33.1 m,船宽 5.8 m,型深 1.8 m,满载吃水 1.2 m,总吨位 135,净吨位 81,乘客定额 350 人,核定航区(段)B、J_1,船籍港涪陵。

J 船:干/液货船,总长 85 m,船宽 13 m,型深 4 m,满载吃水 2.8 m,总吨位 1 512,净吨位 846,参考载重量 1 710 t(A、J_1 干货),1 500 t(A、J_1 液货),核定航区 A、J_1,船籍港涪陵。

(三)气象及通航环境

阴,无风,有雾,蔺市信号台工作台账记录,蔺市信号台上、下游水域均为二级雾(视距 500~1 000 m)。事故航段为上行船过河航段,航道狭窄、弯曲,情况复杂、有礁石,牛屎碛水域,中水期的流态特征是主流经虾子梁折向五布政偏北下流,至火风滩移河心而下,搬针沱上角有斜流,其下有回流。

(四)事故经过

1. F船

2003年6月19日0630时,在重庆市长寿区卫东码头(长江上游里程574.1 km处)载客发航下驶,目的港是涪陵港。沿途停靠大沙坝、军田坝、向家嘴、石家沱、镇安、大石梁、青岩子、大河口、蔺市进行了上、下客作业。

约0747时,F船载客60人,采用双中车(主机转速1 000 r/min),从蔺市继续下驶。开航时,蔺市码头附近有雾,能见距离约1 000 m,此时雷达已开启。

约0749时,驶至关刀碛#1与#2白浮之间时,听到上行船G船在呼叫下行船,并报船位在虾子梁过河标以下准备过河。F船即用VHF无线电话与G船联系,并在VHF无线电话中统一了从左舷避让(互会红灯)的意图。转过关刀碛#1白浮后,发现G船的船位在虾子梁过河标处。

约0752时,驶至鼓泡滩与G船互从左舷会船(互会红灯),此时能见距离不足500 m。此时F船位于主航道南侧。下驶到蛇脑壳,能见距离不足150 m,F船用VHF电话呼叫:"F船蛇脑壳下来了,火风滩一带有没得上水?"并鸣笛一长声,未听到有船应答。

接近0757时,驶至牛屎碛#3红浮上约50 m,看见上行船(J船)船首正对本船船首驶来,两船船首相距约100 m,船长立即用右舵转向,车速未减。

0757时许,在牛屎碛#3红浮下约10 m,横距牛屎碛#2和#3红浮连线约10 m的搬针沱水域(长江上游航道里程557.8 km),F船左舷驾驶室附近与J船船首左前部碰撞,碰撞时两船夹角为40°~50°,F船当即向右翻倾,船底朝天,从J船右舷漂过,至火风滩河心(长江上游里程555.0 km)沉入江中。

2. J船

2003年6月19日0520时,备车,开启雷达;0523时,J船从观音沱(长江上游里程532.6 km)发航空载上驶,目的港是长寿港。

船起航时,能见距离在1 000 m以上。至石人滩,能见距离约500 m,只能看见北岸岸形。沿北岸上驶至石板滩,能见距离约300 m,看不见两边岸形,用雷达助航过河到溪沟嘴,双常车(主机转速880 r/min)沿南岸上驶。驶过北拱,能见距离约500 m,看得见前方剪刀峡横流浮标,沿南岸驶至扁担梁尾红浮,过河至剪刀梁腰沿北岸上行,至火风滩过河到中坝嘴沿南岸继续上驶。

约0747时,行至黄石盘红浮稍下,能见距离不足150 m,用雷达助航上驶,此时J船从VHF无线电话中听见前方上行船G船正在呼叫由蔺市下行的F船。

约0749时,驶至黄石盘红浮以上约200 m,从VHF电话中听见G船与F船通话确定互会红灯。J船即在VHF无线电话中接着说"后面还有J船,会绿灯",未听见应答。

约0753时,驶过牛屎碛#2红浮,从雷达观察到F船船位在鼓泡滩附近沿虾子梁红浮下驶,即鸣放声号两短声,未听见应答,随后又用VHF无线电话喊"下行船往北边去一点",也未听见回答,继续采用常车上行。

接近0757时,上驶到牛屎碛#3红浮下约50 m,左舷距红浮连线约10 m处,看见F船在本船正前方偏右处向右转向,此时两船船首相距约50 m,即采取急倒车措施,致使双主机熄火。0757时许,J船船首左前部与F船左舷驾驶室附近碰撞。

(五)事故损失

特大事故,F船在船人员全部落水,生还12人,死亡、失踪53人。J船船首左前部受损。

(六)事故原因及责任

1. F 船

(1)冒险航行

在突遇浓雾后,未采取有效措施,仍冒险航行。

(2)未保持正规瞭望

在突遇浓雾后,没有保持正规瞭望,虽使用雷达助航,但未能仔细连续观察,未能正确监听和使用 VHF 无线电话,以致未能及早发现来船。当看见来船时已构成紧迫局面。

(3)未采用安全航速

在突遇浓雾后,未充分考虑到能见度、周围环境、航道情况、船舶操纵性能等因素,仍使用双中车以较快的航速行驶,以致在发生紧迫局面时,没有充分的余地采取有效的避让行动。

(4)未按规定鸣放声响信号

在突遇浓雾的情况下,没有按有关规定鸣放雾号,以致来船不能及早察觉本船动态。

(5)选择航路不当

在对周围环境和来船动态不明的情况下,盲目沿红浮下驶,占据上行船的航路,以致构成紧迫局面。

(6)临危措施不当

看见来船时,未及时减速且采用右舵转向,导致构成紧迫危险,此后也未采取有效的避让行动来减少损失。

2. J 船

(1)冒险航行

自石板滩遇浓雾后,在有条件情况下,未及早选择安全地点扎雾(避雾待航),仍冒险航行。

(2)未保持正规瞭望

在遇浓雾后,没有保持正规瞭望。未能正确使用 VHF 无线电话。通过雷达观察和 VHF 无线电话监听,在知道有下行船 F 船的情况下,没有引起高度重视,未及早采取有效的避让行动,以致当看见来船时已构成紧迫危险。

(3)未采用安全航速

遇雾后,没有充分考虑到能见度、周围环境、航道情况、船舶操纵性能等因素,未按规定减速。遇浓雾发现 F 船后,仍使用双快车快速行驶,以致构成紧迫危险。

(4)未按规定鸣放声响信号

自石板滩驶入浓雾河段后,没有按有关规定鸣放雾号,以致来船不能及早察觉本船动态。

(5)临危措施不当

看见来船构成紧迫危险时,未能采取有效的避让行动,以避重就轻,减少损失。

3. 责任认定

此次事故是一起在突遇浓雾后违章操作的责任事故。根据事故双方的过失程度及违规行为,F 船航路选择错误,占用上行船航路,应对事故负主要责任;J 船应对事故负次要责任。

第三章
号灯和号型

本章介绍《规则》第三章“号灯和号型”的具体规定，即《规则》第二十八条至第四十一条的具体内容，涉及号灯、号型显示的一般规定和各类船舶的号灯、号型，以及附件一中号灯和号型的技术要求。

第一节 一般规定

本节主要介绍《规则》第二十八条“一般规定”的具体内容，即号灯、号型显示要求。

《规则》第二十八条　一般规定

(一)条款内容

有关号灯的各条规定从日落到日出期间都应当遵守。在白天能见度不良的情况下也可以显示有关号灯。在显示号灯的时间内，凡是可能与规定号灯相混淆或者减弱其显示性能的灯光，均不得显示。

有关号型的各条规定，在白天都应当遵守。

号灯、号型均应当显示在最易见处，并符合本规则附件一的技术要求。除本规则另有规定外，几个号灯、号型组成一组时，均应当垂直显示。

（二）条款解释

1. 号灯的显示时间

《规则》第二十八条第一款规定："有关号灯的各条规定从日落到日出期间应当遵守。在白天能见度不良的情况下也可以显示有关号灯。在显示号灯的时间内，凡是可能与规定号灯相混淆或者减弱其显示性能的灯光，均不得显示。"

根据《规则》第二十八条第一款的规定，号灯的显示时间为：

（1）从日落到日出期间；

（2）在白天能见度不良的情况下也可以显示。

除上述情况外，水上能见度良好但阴云密布、光线较暗的白天也可以显示。因为号灯的显示有助于本船被及早发现。

根据《规则》第二十八条第一款的规定，禁止显示的灯光为：

（1）凡是可能与规定号灯相混淆的灯光；

（2）减弱规定号灯显示性能的灯光。

上述禁止的灯光主要包括：甲板照明灯、舱室照明灯的外泄、驾驶室的照明灯或过亮的仪表指示灯等来自船舶内部的灯光。除了上述禁止的灯光外，从安全的角度出发，还应当禁止显示影响本船或他船瞭望的灯光。

2. 号型的显示时间

《规则》第二十八条第二款规定："有关号型的各条规定，在白天都应当遵守。"

白天通常是指从日出到日落这一段时间，还应包括日出之前和日落之后晨昏蒙影期间。因为白天应是指有一定光亮，仍可能识别出非自发光物体的时间，在日出之前一段时间内天已经亮了，在日落之后一段时间内天仍然是亮的。

由此可知，在下列情况下可同时显示号灯和号型：

（1）能见度不良的白天；

（2）在日出之前和日落之后仍属天亮的两段时间内，包括晨昏蒙影期间；

（3）从日出到日落期间，任何认为有必要显示号灯的其他情况。

3. 号灯、号型的显示要求

号灯、号型均应当显示在最易见处。显示在易见处，便于他船识别。除本规则另有规定外，几个号灯、号型组成一组时，均应当垂直显示。本规则规定几个号灯、号型组成一组时，如果没有特别说明，都意味着垂直显示，即从上到下显示。

（三）号灯和号型的作用

号灯和号型是用来表示船舶种类、大小、动态和工作性质的灯光和型体，是船舶避碰的主要信息来源。号灯和号型除表明船舶的存在外，还能传递以下几个方面的信息：

（1）表明船舶的动态，如舷灯和艉灯表示在航；

（2）表明船舶的种类，如垂直显示绿光环照灯两盏表示该船为航标艇；

（3）表明船舶的工作性质，如拖船的号灯表示正在从事顶推或者吊拖的相关作业；

（4）表明船舶的大小，如在航时仅显示一盏桅灯的机动船长度小于 50 m。

号灯和号型是获取和判断他船动态的主要信息来源和依据，有关驾引人员应当熟记，以便能够正确显示和识别。

《规则》第三章规定了船舶、排筏应显示的号灯和号型,《规则》附件一规定了号灯和号型的技术要求。驾驶人员应了解号灯和号型的种类和相关技术要求,应按《规则》的要求熟记船舶号灯和号型,以便能够正确显示、识别号灯和号型,否则将对本船和他船正确判断船舶动态、会遇局面、采取避让行动等产生不利影响。

(四)显示和识别要点

1. 正确显示

每一船舶应遵守《规则》的规定,正确显示号灯和号型,使他船了解本船的种类、大小、动态和工作性质等,以便他船能够正确地判断会遇形势、碰撞危险和避让关系,及时采取避让行动以避免碰撞。在显示号灯和号型时应注意以下各点:

(1)开航前应检查号灯是否正常。

(2)在交接班时应检查号灯是否工作正常,若发现损坏或熄灭,应及时更换或修复。

(3)按规定显示号灯和号型,并把该工作纳入驾驶台例行工作程序中严格执行。

(4)注意检查本船有无其他会被误认或干扰号灯特性的灯光。若有的话,则要及时处理。

(5)夜间注意检查关闭(或者遮挡)本船(船队)上影响瞭望的灯光。

(6)不得显示不符合本船情况的号灯和号型。如因主机故障而处于失控状态的船舶,应立即显示失控船的号灯与号型,而在故障排除后要立即关闭失控船的号灯和号型。

(7)严格执行号灯和号型的显示要求,不应以附近没有船或他船可能看不到本船的号灯和号型借口而不予显示。

2. 正确识别

识别号灯和号型是互见中本船了解来船种类、大小、动态、工作性质等信息的重要手段。要正确、充分利用这一手段,并注意以下各点:

(1)保持正规的瞭望,及早发现并正确识别来船的号灯和号型。

(2)在处理所获得他船号灯和号型的原始信息(如号灯的数量、位置、颜色等特性)时,要特别注意这些信息可能具有两种不同的特征:

①确定性。例如,看到号灯就说明有他船存在;看到白桅灯和红、绿舷灯,说明来船是在航机动船;看到显示红、白、红垂直三盏环照灯,说明来船是操纵能力受到限制的在航施工的工程船。

②模糊性。例如,仅看到一盏白灯就有多种可能性:机动船的桅灯,机动船的艉灯,小型船舶的锚灯,人力船、帆船显示的号灯,渔网网头的信号等。在识别号灯和号型时,要注意各种号灯的法定能见距离大小不一,实际发现号灯时的距离和号灯的法定能见距离也不完全相同,要利用最先获得的信息及时做出初步判断,并积极收集更多的信息以防止做出错误的判断。

(3)注意实践中存在他船的号灯和号型不符合规范或显示号灯和号型不正确的可能性,并尽力防止由此导致的错误判断。

(4)注意到他船可能是按地方当局制定的关于号灯、号型的特殊规定显示号灯和号型,不能仅以《规则》规定的号灯和号型作为标准进行识别。

第二节 号灯

本节介绍《规则》附件一“号灯和号型的技术要求”中号灯的相关内容，即号灯和操纵号灯的定义、灯色、水平光弧、能见距离、位置。

《规则》附件一　号灯和号型的技术要求

(一)条款内容

(一)号灯：

1.“桅灯”是指安置在船舶的桅杆上方或者首尾中心线上方的号灯，在225度的水平弧内显示不间断的灯光，其装置要使灯光从船舶的正前方到第一舷正横后22.5度内显示。

在后桅装设另一盏桅灯时，后灯高于前灯的垂向距离至少为3米，水平距离不小于船舶长度的一半。

2.“舷灯”是指安置在船舶最高甲板左右两侧的左舷的红光灯和右舷的绿光灯，各自在112.5度的水平弧内显示不间断的灯光，其装置要使灯光从船舶的正前方到各自一舷的正横后22.5度内分别显示。

舷灯遮板向灯面，应当涂以无光黑漆。遮板的高度至少等于灯高。

船舶长度为80米以上的驳船，应当在船首、尾部分别设置红、绿光舷灯。

3.“艉灯”是指安置在船尾正中的白光灯，在135度的水平弧内显示不间断的灯光，其装置要使灯光从船舶的正后方到第一舷67.5度内显示。艉灯的高度应当尽可能与舷灯保持水平，但不得高出舷灯。

4.“船首灯”是指安置在被顶推驳船首的一盏白光灯，在180度的水平弧内显示不间断的灯光，其装置要使灯光从船舶的正前方到每一舷90度内显示，但不得高于舷灯。

5.“环照灯”是指在360度的水平弧内显示不间断灯光的号灯。

6.“红闪光灯”“绿闪光灯”是指安置在舷灯上方左红、右绿的闪光环照灯，其频率为每分钟50至70闪次。

船舶长度小于12米的机动船也可以用红、绿光手电筒代替红、绿闪光灯，但应当保持灯光明亮，颜色清晰分明。

7.“黄闪光灯”是指安置在快速船桅杆上的黄闪光环照灯，其频率为每分钟50至70闪次。

8.“红、绿光并合灯”是指安装在桅灯的位置，分别从船舶的正前方到左舷正横后22.5度内显示红光，到右舷正横后22.5度内显示绿光的一盏并合灯。

9.“红、白、绿光三色灯”是指安装在桅灯的位置，从船舶的正前方到左舷正横后22.5度内显示红光，到右舷正横后22.5度内显示绿光，从船舶的正后方到每舷67.5度内显示白光的并合灯。

10.“能见距离”是指在大气透射率为0.8的黑夜，用正常目力能见到的规定的号灯距离。

11. 号灯的能见距离、桅灯垂直间距和舷灯遮板长度的技术要求见表一。

（二）操纵号灯

1. 有条件的船舶可以装置操纵号灯，以补充本规则第四十三条（一）项所规定的声号，操纵号灯的每闪历时应当尽可能与声号鸣放的历时时间同步，其表示的意义与相应的声号意义相同。

2. 操纵号灯应当安置在一盏或者多盏桅灯的同一首尾垂直面上，并不低于前桅灯的位置。

3. 操纵号灯是一盏白光环照灯，其能见距离至少为4千米。

（三）船舶长度小于12米的机动船夜间航行必须备有能够使用的发电设备和蓄电池，以保证号灯的能见距离。

（二）条款解释

号灯是指《规则》所规定的桅灯、舷灯、艉灯、船首灯、环照灯、闪光灯、并合灯、三色灯等的总称。号灯要素有五个，分别为灯质、灯色、水平光弧（照射角度）、能见距离、安装位置（装置要求）。根据船舶长度的不同，《规则》对能见距离和个别号灯的数量做了规定。从避让的意义来讲，可以根据所看见的来船号灯，确定两船会遇的态势；判断两船间距离以及是否存在碰撞危险；了解他船所采取的避让行动及避让意图；查核双方避让行动有效性。

1. 号灯的定义和能见距离

（1）号灯的定义

①桅灯是指安置在船舶的桅杆上方或者艏艉线上方的号灯，在225°的水平弧内显示不间断的灯光，其装置要使灯光从船舶的正前方到每舷的正横后22.5°内显示。

②舷灯是指安置在船舶最高甲板左、右两侧的左舷的红光灯和右舷的绿光灯，各自在112.5°的水平弧内显示不间断的灯光，其装置要使灯光从船舶的正前方到各自一舷的正横后22.5°内分别显示。

③艉灯是指安置在船尾正中的白光灯，在135°的水平弧内显示不间断的灯光，其装置要使灯光从船舶的正后方到每一舷67.5°内显示，如图3-1所示。

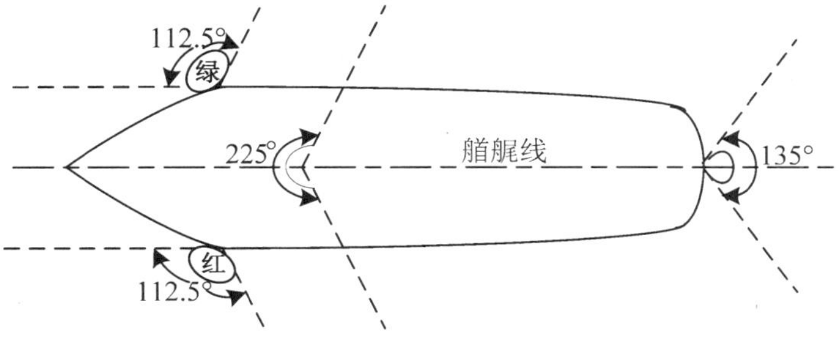

图3-1 桅灯、舷灯、艉灯的水平光弧

④船首灯是指安置在被顶推驳船首的一盏白灯，在180°的水平弧内显示不间断的灯光，其装置要使灯光从船舶的正前方到每一舷90°内显示，但不得高于舷灯。

⑤环照灯是指在360°的水平弧内显示不间断灯光的号灯。

⑥红闪光灯、绿闪光灯分别是指安置在舷灯上方左红、右绿闪光灯，其频率为每分钟50~70闪次。

船舶长度小于 12 m 的机动船也可以用红、绿光手电筒代替红、绿闪光灯，但应当保持灯光明亮，颜色清晰分明。

⑦黄闪光灯是指安置在快速船桅杆上的黄闪光环照灯，其频率为每分钟 50~70 闪次。

⑧红、绿光并合灯是指安装在桅灯的位置，分别从船舶的正前方到左舷正横后 22.5°内显示红光，到右舷正横后 22.5°内显示绿光的一盏并合灯。

⑨红、白、绿光三色灯是指安装在桅灯的位置，分别从船舶的正前方到左舷正横后 22.5°内显示红光，到右舷正横后 22.5°内显示绿光，从船舶的正后方到每舷 67.5°内显示白光的并合灯。

⑩操纵号灯是指有条件的船舶安置在一盏或者多盏桅灯的同一艏艉垂直面上，并不低于前桅灯的位置的一盏白光环照灯，以补充《规则》第四十四条(一)项所规定的声号，其灯光的每闪历时应当尽可能与声号鸣放的历时时间同步，其表示的意义与相应的声号意义相同。操纵号灯的能见距离至少为 4 km。

(2)号灯的能见距离

能见距离是指在大气透射率为 0.8 的黑夜，用正常目力能见到的规定的号灯距离。各类号灯的灯色、水平光弧和能见距离如表 3-1 所示。

表 3-1　各类号灯的灯色、水平光弧和能见距离

号灯类别	灯色	水平光弧	能见距离/km		
			$L\geqslant 50$ m	30 m$\leqslant L<50$ m	$L<30$ m
桅灯	白	225°	6	5	3
舷灯	左红 右绿	112.5°	4	3	2
艉灯	白	135°	4	3	2
环照灯	红、绿、白	360°	4	3	2
闪光灯	红、绿、黄	360°	4	3	2
船首灯	白	180°	2	2	2
操纵号灯	白	360°	≥4		
人力船、帆船、排筏和 $L<20$ m 的机动船的白光环照灯			2		
红、绿光并合灯和红、白、绿光三色灯			1		

2. 号灯的位置和间距

(1)号灯的垂向位置和间距

在号灯的垂向位置和间距的技术要求上，《规则》对桅灯、舷灯、艉灯、红闪光灯与绿闪光灯、船首灯、操纵号灯有明确规定；对黄闪光灯，环照灯，红、绿光并合灯，红、白、绿光三色灯未做明确规定，如表 3-2 所示。

表 3-2 号灯的垂向位置和间距

<table>
<tr><th>种类
船舶长度 L</th><th>桅灯</th><th>舷灯</th><th>艉灯</th><th>红闪光灯、绿闪光灯</th><th>黄闪光灯</th><th>船首灯</th><th>环照灯</th><th>操纵号灯</th><th>红、绿光并合灯</th><th>红、白、绿光三色灯</th></tr>
<tr><td>L≥50 m</td><td>一组号灯间距离1.5 m(最低一盏不小于最高甲板以上4.5 m)</td><td rowspan="2">安置在最高甲板左、右两侧,遮板长度为0.91 m</td><td rowspan="3">应当尽可能与舷灯保持水平,但不得高出舷灯</td><td rowspan="3">高于舷灯</td><td rowspan="3">未明确规定</td><td rowspan="3">不得高于舷灯</td><td rowspan="3">未明确规定</td><td rowspan="3">不低于前桅灯的位置</td><td rowspan="3">未明确规定</td><td rowspan="3">未明确规定</td></tr>
<tr><td>30 m≤L<50 m</td><td>一组号灯间距离1 m(最低一盏不小于最高甲板以上3 m)</td></tr>
<tr><td>L<30 m</td><td>一组号灯间距离0.6 m(最低一盏不小于最高甲板以上1 m)</td><td>安置在最高甲板左、右两侧,遮板长度为0.6 m</td></tr>
</table>

备注:在后桅装设另一盏桅灯时,后灯高于前灯的垂向距离至少为3 m。
舷灯遮板向灯面,应当涂以无光黑漆。遮板的高度至少等于灯高。

(2)号灯的水平间距

①在后桅装设另一盏桅灯时,水平距离不小于船舶长度的一半。

②船舶长度为80 m以上的驳船,应当在船首、尾部分别设置红、绿光舷灯。但关于船首都和船尾部的红、绿光舷灯的水平距离,《规则》未做规定。

3. 操纵号灯

①有条件的船舶可以装置操纵号灯,以补充本规则第四十三条(一)项所规定的声号,操纵号灯的每闪历时应当尽可能与声号鸣放的历时时间同步,其表示的意义与相应的声号意义相同。

②操纵号灯应当安置在一盏或者多盏桅灯的同一艏艉垂直面上,并不低于前桅灯的位置。

③操纵号灯是一盏白光环照灯,其能见距离至少为4 km。

4. 船舶长度小于12 m的机动船的另行规定

夜间航行必须备有能够使用的发电设备和蓄电池,以保证号灯的能见距离。

第三节 号型

本节介绍《规则》附件一"号灯和号型的技术要求"中号型的相关内容,即号型的定义和种类。

《规则》附件一　号灯和号型的技术要求

(一)条款内容

(四)号型、号旗:

1. 除另有规定外,号型均为黑色。

2. 号型间的垂直距离不得小于1.5米,但船舶长度未满30米的船舶,其号型间距可相应减小。

3. 横江渡船号型的箭头为等边三角形。

4. 红色、白色旗的规格是宽0.6米,高0.4米。

5. 本规则所用信号旗和回答旗,均应当符合《1969年国际信号规则》的规定。

6. 号型的技术要求见表二。

(二)条款解释

1. 号型的定义

号型是指《规则》所规定悬挂在船舶桅杆上作为信号用的球形、十字形、圆柱形、圆锥形、菱形、双箭头和篮子型体的总称。号型的形状和规格如表3-3所示。

表3-3　号型的形状和规格

船舶长度 L	球形直径/m	十字形		圆柱形		圆锥形		菱形	横江轮渡号型
		长/m	高/m	直径/m	高度/m	底圆直径/m	高度/m		
$L\geqslant30$ m	0.6	0.6	0.6	0.6	1.2	0.6	0.6	两个圆锥体以底相合组成	双箭头,箭身长1 m,宽0.2 m;箭头为等边三角形,边长0.3 m
$L<30$ m	0.3	0.3	0.3			0.6	0.6		

2. 号型的颜色

除双箭头号型为橘黄色外,其他号型均为黑色。

3. 号型的垂向间距

号型的垂向间距不得小于1.5 m,但船舶长度小于30 m的船舶,其号型垂向间距可相应减小。

4. 号型的使用汇总(以下为白天使用)

(1)球形号型

船舶锚泊悬挂一个球,船舶失控时悬挂两个球,船舶搁浅时悬挂三个球。

机动船掉头时提前5 min悬挂上为圆球下为回答旗的号型,工程船在航施工时显示球形、菱形、球形号型各一个;工程船固定施工时通航的一侧显示球形号型,不通航的一侧显示十字形号型。

(2)菱形号型

工程船在航施工时显示球形、菱形、球形号型各一个。

(3)圆柱形号型

限于吃水的船舶在航时,显示圆柱形号型一个。

(4)尖端相对的两个圆锥形

机动船捕鱼时,悬挂尖端相对的两个圆锥形号型。

(5)十字形号型

工程船固定位置施工,在通航的一侧悬挂球形号型,不通航的一侧悬挂十字形号型。

(6)篮子号型

人力船、帆船捕鱼时,悬挂篮子号型一个。

(7)双箭头号型

横江渡船显示双箭头号型一个。

第四节 各类船舶的号灯和号型及其图解

本节介绍《规则》第三章“号灯和号型”有关各类船舶号灯号型的具体规定,即《规则》第二十九条至第四十一条。

根据《规则》第三章各条的规定,各类船舶号灯、号型的相关规定如表 3-4 所示。

表 3-4　各类船舶号灯号型表

<table>
<tr><td colspan="2">船舶动态</td><td colspan="2">在航</td><td colspan="2">停泊</td></tr>
<tr><td colspan="2">应显示信号
信号
船舶种类</td><td>号灯</td><td>号型</td><td>号灯</td><td>号型</td></tr>
<tr><td rowspan="6">机动船(单船)</td><td>$L \geqslant 50$ m</td><td>前桅灯、后桅灯、舷灯、艉灯</td><td rowspan="4"></td><td>首部、尾部各显示白光环照灯一盏</td><td rowspan="6">圆球一个
</td></tr>
<tr><td>$L<50$ m</td><td>桅灯、舷灯、艉灯</td><td rowspan="5">白光环照灯一盏</td></tr>
<tr><td>$L<12$ m</td><td>同上，条件不具备时，可显示白光环照灯一盏和红、绿灯光并合灯一盏或者红、白、绿光三色灯一盏代替</td></tr>
<tr><td>快速船</td><td>桅灯、舷灯、艉灯，另加黄闪光灯一盏，该灯白天和夜间均显示</td></tr>
<tr><td>限于吃水的船舶</td><td>桅灯、舷灯、艉灯，另加红光环照灯三盏</td><td></td></tr>
<tr><td>横江渡船</td><td>桅灯、舷灯、艉灯，在横桁两端各显示绿光环照灯一盏</td><td></td></tr>
<tr><td rowspan="6">从事吊拖或顶推的拖船</td><td>吊拖或者吊拖又顶推船舶时</td><td>白光桅灯两盏、舷灯、艉灯</td><td></td><td colspan="2" rowspan="6">按《规则》第三十四条“停泊”规定显示</td></tr>
<tr><td>顶推船舶、排筏时</td><td>白光桅灯三盏、舷灯、艉灯。如显示上述号灯困难，可在船队中最适宜的船舶上显示</td><td></td></tr>
<tr><td>吊拖排筏时</td><td>白、绿、白光桅灯各一盏，舷灯、艉灯</td><td></td></tr>
<tr><td colspan="2">吊拖船舶、排筏的拖船，为便于被吊拖船舶或排筏操舵，也可以在烟囱或桅的后面高于艉灯的位置另外显示一盏白光灯，但灯光不得在正横以前显露</td><td></td></tr>
<tr><td>两艘以上拖船共同顶推船舶、排筏时</td><td>应当在一艘拖船上显示顶推船队的号灯，其余拖船只显示被顶推船号灯</td><td></td></tr>
<tr><td>两艘以上拖船前/后吊拖船舶、排筏或采用又吊拖又顶推的混合队形时</td><td>最前面一艘显示吊拖号灯，后面的拖船只显示被拖船的号灯</td><td></td></tr>
</table>

续表

<table>
<tr><td colspan="2" rowspan="2">船舶动态
应显示信号
信号
船舶种类</td><td colspan="2">在航</td><td colspan="2">停泊</td></tr>
<tr><td>号灯</td><td>号型</td><td>号灯</td><td>号型</td></tr>
<tr><td rowspan="9">被吊拖或顶推的船舶或排筏</td><td>被吊拖、顶推的船舶</td><td>红、绿光舷灯</td><td rowspan="9"></td><td colspan="2" rowspan="9">按《规则》第三十四条“停泊”规定显示</td></tr>
<tr><td>编组时为多排数列式队形时</td><td>最左边的一列船只只显示红光舷灯，最右边的一列船只显示绿光舷灯</td></tr>
<tr><td>顶推船队</td><td>最前面一艘船的船首应显示白光船首灯一盏，其灯光不得在正横后显露，被顶推船的船尾超过拖船船尾时，还应显示艉灯</td></tr>
<tr><td>吊拖船队</td><td>最后一排船应当显示艉灯</td></tr>
<tr><td>$L<30$ m船舶被吊拖为单排一列时</td><td>每艘被拖船可以显示白光环照灯一盏，以代替红、绿光舷灯</td></tr>
<tr><td>人力船、帆船、物体</td><td>应显示白光环照灯一盏。被顶推时，灯光不得在正横后显露；当编组为多排数列式时，则在左、右最外一列显示</td></tr>
<tr><td rowspan="2">排筏</td><td>被吊拖时，应当在排筏四角高出排面至少1 m处显示白光环照灯各一盏</td></tr>
<tr><td>被顶推时，在排首两角高出排面至少1 m处显示白光环照灯各一盏，其灯光不得在正横后显露</td></tr>
<tr><td colspan="2"></td></tr>
<tr><td rowspan="3">人力船、帆船、排筏</td><td rowspan="2">人力船、帆船</td><td>在船尾最易见处显示白光环照灯一盏，帆船如见机动船驶来时，及早在船头显示另一盏白光环照灯或手电筒直到机动船驶过为止</td><td></td><td rowspan="2">白光环照灯一盏</td><td rowspan="2"></td></tr>
<tr><td>人力船、帆船由于操作上的困难，确实不能按照机动船要求方向避让时，夜间应当用白光灯或者白光手电筒左右横摇</td><td>白天用白色号旗左右横摇</td></tr>
<tr><td>排筏流放</td><td>在前、后高出排面至少1 m处显示白光环照灯各一盏</td><td></td><td>靠航道一侧，前部和后部各显示白光环照一盏</td><td></td></tr>
</table>

续表

船舶动态		在航		停泊	
应显示信号 / 信号 / 船舶种类		号灯	号型	号灯	号型
工程船	工程船未进入工地或者已撤出工地时	应当显示一般船舶规定的信号			
工程船	工程船在工地其位置固定时			显示环照灯三盏，其连线构成尖端向上的等边三角形，顶端为红光，通航一侧为白光环照灯，不通航一侧为红光环照灯	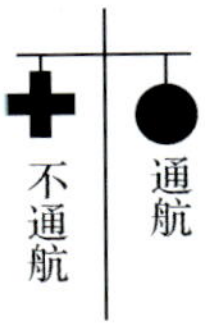
工程船	自航工程船在航施工时	除显示机动船在航号灯外，另外显示红、白、红光环照灯各一盏	悬挂“球形、菱形、球形” ● ◆ ●		
工程船	被拖带的工程船在航施工时	除按《规则》第三十条规定显示号灯外，还应当显示与自航工程船在航施工时相同的号灯、号型			
工程船	伸出的排泥管	在管头和管尾并每隔 50 m 距离显示白光环照灯一盏			
工程船	潜水员水下作业	显示红光环照灯一盏	 A		
掉头	$L \geqslant 30$ m 机动船或船队	除显示在航机动船的号灯外，还应显示红、白光环照灯各一盏	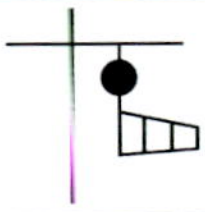		
搁浅的机动船、非自航船				除显示停泊号灯外，还应显示红光环照灯两盏	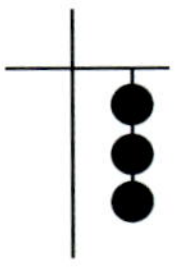
装运危险货物的船舶		除显示一般船舶规定的信号外，还应在横桁上显示红光环照灯一盏	 B	除按规定显示相应停泊灯外，还应在横桁上显示红光环照灯一盏	

续表

船舶动态		在航		停泊	
应显示信号 信号 船舶种类		号灯	号型	号灯	号型
要求减速	船舶、排筏	桅杆横桁处显示绿、红光环照灯各一盏			
	地段	上、下两端，显示绿、红光环照灯各一盏			
	重载人力船、帆船要求机动船减速	白光灯或白光手电筒在空中上下挥动	白色号旗在空中上下挥动		
渔船	渔船不捕鱼时	显示一般船舶规定的信号			
	机动船捕鱼时	除显示机动船在航号灯外，还应显示绿、白光环照灯各一盏		按同长度机动船显示锚泊灯，还应显示绿、白光环照灯各一盏	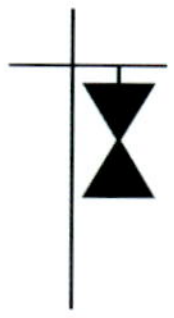
	人力船、帆船捕鱼时	显示白光环照灯一盏	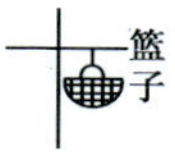	显示白光环照灯一盏	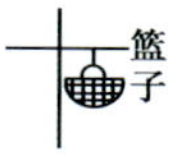
	外伸渔具	在外伸方向上，显示白光环照灯一盏			
失去控制的机动船、非自航船		除显示舷灯、艉灯外，还应显示红光环照灯两盏	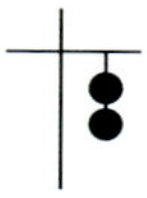		
船舶眠桅（不能按规定显示桅灯时）		在两舷灯光源连线中点上方，不受遮挡处显示白光环照灯一盏，代替桅灯			
监督艇（执行公务）		应显示舷灯、艉灯和红闪光旋转灯一盏			
航标艇		应显示舷灯、艉灯和绿光环照灯两盏		显示绿光环照灯两盏	

一、《规则》第二十九条　在航的机动船

(一)条款内容

除本章另有规定外，机动船单船在航时，应当显示白光桅灯一盏，红、绿光舷灯各一盏，白光艉灯一盏。船舶长度为50米以上的机动船，还应当在后桅显示另一盏白光桅灯；除快速船外，船舶长度小于12米的机动船，条件不具备时，可以显示白光环照灯一盏和红、绿光并合灯一盏，也可以显示红、白、绿光三色灯一盏，以代替上述规定的号灯。

下列船舶在航时,除显示前款规定的号灯外,还应当:

(一)快速船白天和夜间均显示黄闪光灯一盏。

(二)限于吃水的船舶夜间显示红光环照灯三盏,白天悬挂圆柱形号型一个。

(三)横江渡船夜间在桅杆的横桁两端显示绿光环照灯各一盏,白天在桅杆横桁的一侧悬挂双箭头号型一个。

(二)条款解释

1. 船舶长度 $L<50$ m

船舶长度 $L<50$ m 的机动船应显示桅灯、舷灯、艉灯,如图 3-2 所示。

图 3-2 船舶长度在 50 m 以下的机动船

2. 船舶长度 $L\geqslant 50$ m

船舶长度 $L\geqslant 50$ m 的机动船应显示前桅灯、后桅灯、舷灯、艉灯,如图 3-3 所示。

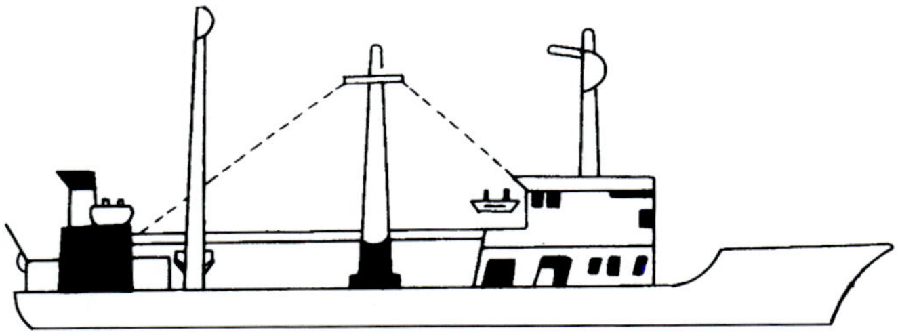

图 3-3 船舶长度在 50 m 及以上的机动船

3. 船舶长度 $L<12$ m

船舶长度 $L<12$ m 的机动船应显示桅灯、舷灯、艉灯。

但是,如条件不具备,可显示红、绿并合灯一盏,白光环照灯一盏(见图 3-4);或者红、白、绿三色灯一盏,以代替上述规定号灯。

图 3-4 船舶长度在 12 m 以下的机动船

4. 快速船

快速船应显示机动船规定的号灯及黄闪光灯一盏(快速船在航时不论夜间或白天均应显示黄闪光灯),如图 3-5 所示。

图 3-5 快速船

5. 限于吃水的船舶

限于吃水的船舶在夜间:应显示机动船规定的号灯及红光环照灯三盏;在白天:应悬挂圆柱形号型一个,如图 3-6 所示。

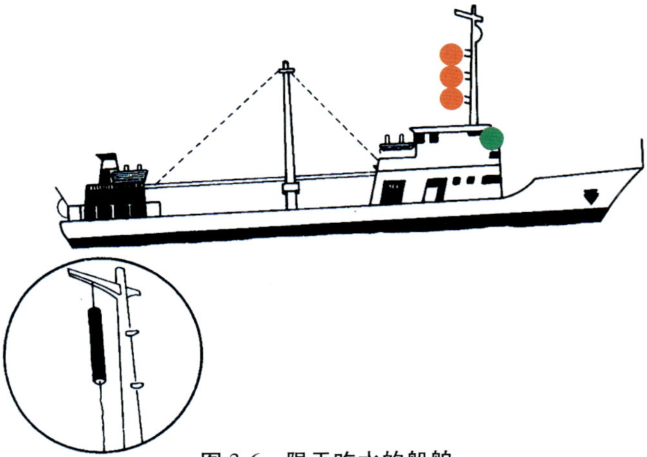

图 3-6 限于吃水的船舶

6. **横江渡船**

横江渡船在夜间:应显示机动船规定的号灯及水平绿光环照灯两盏;在白天:应悬挂双箭头号型一个,如图 3-7 所示。

图 3-7 横江渡船

二、《规则》第三十条 在航的船队

(一)条款内容

在航的船队分别按下列规定显示号灯:

(一)拖船除显示舷灯、艉灯外,还应当按拖带形式显示:

1. 吊拖或者吊拖又顶推船舶时,显示白光桅灯两盏。

2. 顶推船舶、排筏时,显示白光桅灯三盏。拖船显示上述号灯有困难时,可以改在船队中最适宜的船舶上显示。

3. 吊拖排筏时,显示白、绿、白光桅灯各一盏。

4. 吊拖船舶、排筏的拖船,为便于被吊拖船舶或者排筏操舵,也可以在烟囱或者桅的后面,高于艉灯的位置显示另一盏白光灯,但灯光不得在正横以前显露。

(二)两艘以上拖船共同拖顶组成一个船队时,应当按拖带形式显示:

1. 共同顶推船舶、排筏时,应当在一艘拖船上显示顶推船队的号灯,其余拖船只显示被顶推船号灯。

2. 前后吊拖船舶、排筏或者采用又吊拖又顶推的混合队形时,最前面一艘拖船显示吊拖号灯,后面的拖船只显示被拖船的号灯。

(三)被吊拖、顶推的船舶或者排筏在航时,应当显示下列号灯:

1. 被吊拖、顶推的船舶应当显示红、绿光舷灯。被编组为多排数列式队形时,应当在最左边的一列船舶只显示红光舷灯,在最右边的一列船舶只显示绿光舷灯。顶推船队中最前一艘船的船首,应当显示白光船首灯一盏,其灯光不得在正横后显露。被顶推船的船尾超过拖船船尾时,还应当显示白光艉灯。吊拖船队中最后一排船应当显示白光艉灯。

2. 船舶长度未满 30 米的船舶被吊拖为单排一列式时,每艘船可以显示白光环照灯一盏以代替红、绿光舷灯。

3. 人力船、帆船、物体在被吊拖、顶推时，应当显示白光环照灯一盏，被顶推时灯光不得在正横后显露。当编组为多排数列式时，则在左、右最外一列显示。

4. 排筏被吊拖时，应当在排筏四角高出排面至少 1 米处显示白光环照灯各一盏；被顶推时，在排首两角高出排面至少 1 米处显示白光环照灯各一盏，其灯光不得在正横后显露。

(二)条款解释

1. 拖船

拖船应按拖带形式显示号灯。

(1)吊拖、吊拖又顶推船舶时

拖船吊拖、吊拖又顶推船舶时应显示白光桅灯两盏、舷灯、艉灯，为便于被吊拖船舶操舵，也可以在烟囱或者桅的后面，高于艉灯的位置显示另一盏白光灯，但灯光不得在正横以前显露(见图 3-8)。

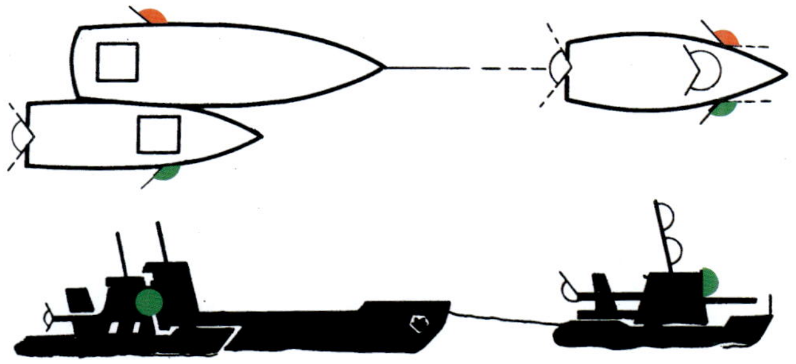

图 3-8　拖船吊拖、吊拖又顶推船舶

(2)吊拖排筏时

拖船吊拖排筏时应显示白、绿、白光桅灯各一盏，舷灯，艉灯。为便于被吊拖排筏操舵，也可以在烟囱或者桅的后面，高于艉灯的位置显示另一盏白光灯，但灯光不得在正横以前显露(见图 3-9)。

图 3-9　拖船吊拖排筏

(3)顶推船舶、排筏时

拖船顶推船舶、排筏时应显示白光桅灯三盏，舷灯，艉灯。如显示有困难，可以改在船队中最适宜的船舶上显示(见图 3-10)。

图 3-10　拖船顶推船舶、排筏

2. 被吊拖、顶推的船舶

(1)被吊拖船舶

被吊拖船舶应显示舷灯、艉灯(多排时仅限于尾排显示)。

(2)被顶推船舶

被顶推船舶应显示舷灯、船首灯(仅限于最前面一艘被顶推船的船首显示)、艉灯(仅限于被顶推船超过拖船尾部时显示)。

(3)有关说明

①被吊拖船舶长度未满 30 m,且为单排一列式时,每艘船可以显示白光环照灯一盏以代替红、绿光舷灯。

②被吊拖、顶推船舶被编组为多排数列式队形时,应当在最左边的一列船只只显示红光舷灯,在最右边的一列船只只显示绿光舷灯。

③人力船、帆船、物体在被吊拖、顶推时,应当显示白光环照灯一盏;当被顶推时,灯光不得在正横后显露。当编组为多排数列式时,则在最左边、最右边的一列显示。

3. 被吊拖、顶推的排筏

(1)被吊拖的排筏,应当在排筏四角高出排面至少 1 m 处显示白光环照灯一盏。

(2)被顶推的排筏,在排首两角高出排面至少 1 m 处显示白光灯各一盏,其灯光不得在正横后显露。

4. 两艘以上的拖船共同拖顶组成一个船队时

(1)共同顶推船舶、排筏时,应当在一艘拖船上显示顶推队形的拖船号灯,其余拖船只显示被顶推船号灯。

(2)前后吊拖船舶、排筏或者采用又吊拖又顶推的混合队形时,最前面一艘拖船显示吊拖队形的拖船号灯,后面的拖船只显示被拖船的号灯。

三、《规则》第三十一条　在航的人力船、帆船、排筏

(一)条款内容

人力船、帆船在航时,应当在船尾最易见处显示白光环照灯一盏。帆船遇见机动船驶来

时，应当及早在船头显示另一盏白光环照灯或者白光手电筒，直到机动船驶过为止。

人力船、帆船由于操作上的困难，确实不能按照机动船要求方向避让时，夜间应当用白光灯或者白光手电筒，白天用白色信号旗左右横摇。

排筏流放时，应当在前、后高出排面至少 1 米处显示白光环照灯各一盏。

（二）条款解释

1. 在航的人力船、帆船

在航的人力船、帆船应当在船尾最易见处显示白光环照灯一盏（见图 3-11）。

帆船与机动船相遇时，由于船尾的白光环照灯可能被帆遮挡，导致来船无法及时发现，所以《规则》规定，帆船遇见机动船驶来时，应当及早在船头显示另一盏白光环照灯或者白光手电筒，直到机动船驶过为止。

人力船、帆船由于操作上的困难，确实不能按照机动船要求方向避让时，夜间应当用白光灯或者白光手电筒，白天用白色信号旗左右横摇。

图 3-11 帆船

2. 人工流放的排筏

人工流放的排筏应当在排筏前、后高出排面至少 1 m 处显示白光环照灯各一盏。

四、《规则》第三十二条 工程船

（一）条款内容

工程船未进入工地或者已撤出工地时，应当显示一般船舶规定的信号，进入工地时，应当显示下列号灯、号型：

（一）工程船在工地其位置固定时，夜间显示环照灯三盏，其连线构成尖端向上的等边三角形，三角形顶端为红光环照灯，底边两端，通航的一侧为白光环照灯，不通航的一侧为红光环照灯。白天在桅杆横桁两端各悬挂号型一个，通航的一侧为圆球，不通航的一侧为十字号型。

（二）自航工程船在航施工时，除显示机动船在航号灯外，夜间显示红、白、红光环照灯各一盏，白天悬挂圆球、菱形、圆球号型各一个。被拖船拖带的工程船在航施工时，除按第三十条规定显示号灯外，还应当显示与自航工程船在航施工时相同的号灯、号型。

（三）工程船所伸出的排泥管，应当在管头和管尾并每隔 50 米距离，显示白光环照灯一盏。

船舶有潜水员在水下作业时，夜间应当显示红光环照灯一盏，白天悬挂“A”字信号旗一面。

(二)条款解释

1. 工程船未进入工地或者已撤出工地时

工程船在驶往工地的途中或者施工结束返回的途中，其操纵性能和一般的机动船类似，虽然在航但并没有施工，其应当显示一般船舶规定的信号。

2. 工程船在工地位置固定时

夜间：应显示环照灯三盏，其连线构成尖端向上的等边三角形，三角形顶端为红光环照灯，底边两端，通航一侧为白光环照灯，不通航一侧为红光环照灯[见图 3-12 中(1)]。

白天：在桅杆横桁两端各悬挂号型一个，通航一侧为圆球一个，不通航一侧为十字号型一个[见图 3-12 中(2)]。

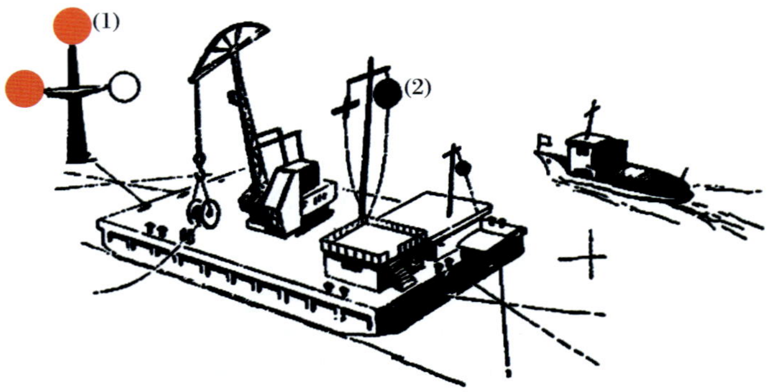

图 3-12　工程船在工地位置固定

3. 自航工程船在航施工时

夜间：除应显示机动船在航号灯外，还显示红、白、红光环照灯各一盏[见图 3-13 中(1)]。

白天：应悬挂圆球、菱形、圆球号型各一个[见图 3-13 中(2)]。

如被拖带的工程船在航施工时，除按《规则》第三十条规定显示号灯外，还应当显示与自航工程船在航施工时相同的号灯、号型。

图 3-13　自航工程船在航施工

4. 工程船有伸出排泥管时

应当在管头和管尾并每隔 50 m 距离，显示白光环照灯一盏(见图 3-14)。

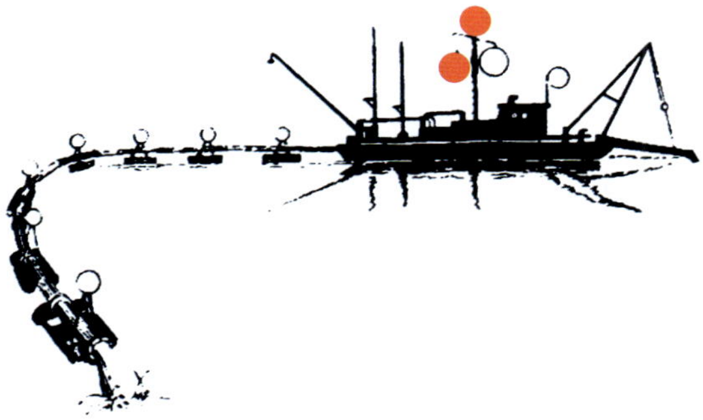

图 3-14 工程船伸出的排泥管

5. 船舶有潜水员作业时

夜间:应当显示红光环照灯一盏[见图 3-15 中(a)]。

白天:悬挂“A”字旗一面[见图 3-15 中(b)]。

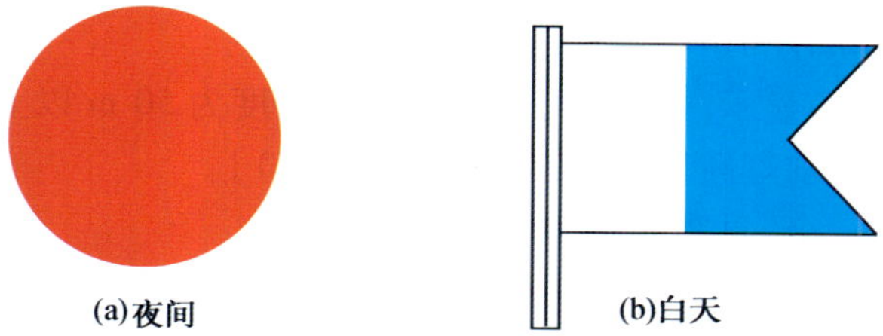

图 3-15 船舶有潜水员作业

五、《规则》第三十三条 掉头

(一)条款内容

长度为 30 米以上的机动船或者船队,在掉头前五分钟,夜间应当显示红、白光环照灯各一盏,白天悬挂上为圆球一个,下为回答旗一面的信号,掉头完毕后熄灭或者落下。

(二)条款解释

本条款理解为对船舶长度为 30 m 以上的机动船(船队)是强制性要求显示掉头信号,对 30 m 以下的机动船未做要求;机动船掉头的信号应当提前 5 min 显示,便于周围船舶识别,及早采取避让行动。

夜间:应当显示红、白环照灯各一盏[见图 3-16 中(a)]。

白天:应悬挂上为圆球一个,下为回答旗一面的信号[见图 3-16 中(b)]。

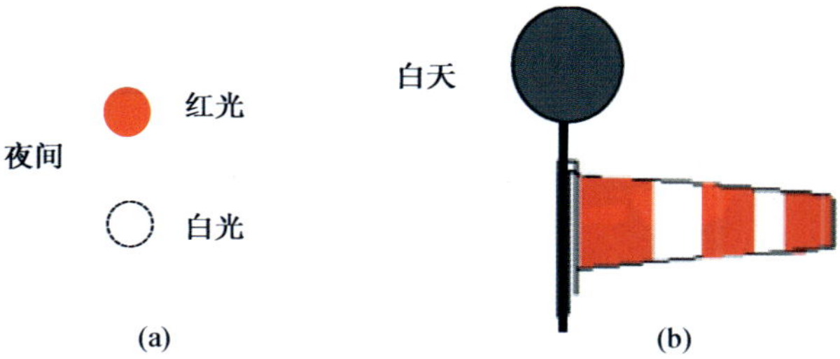

图 3-16 机动船掉头

六、《规则》第三十四条　停泊

（一）条款内容

船舶、排筏停泊时，分别按下列规定显示信号：

（一）机动船、非自航船停泊时，夜间显示白光环照灯一盏；船舶长度为50米以上的，应当在前部和尾部各显示白光环照灯一盏，前灯高于后灯。白天锚泊时均悬挂圆球一个。

（二）人力船、帆船停泊时，夜间显示白光环照灯一盏。排筏停泊时，夜间在靠航道一侧，前部和后部各显示白光环照灯一盏。

（三）停泊的船舶、排筏向外伸出有碍其他船舶行驶的缆索、锚、锚链或者其他类似的物体时，应当在伸出的方向，夜间显示红光环照灯一盏，白天悬挂红色号旗一面。

（二）条款解释

1. 机动船、非自航船停泊时

夜间：除航标艇外，应显示白光环照灯一盏；船舶长度为50 m以上的，应当在前部和后部各显示白光环照灯一盏，前灯高于后灯［见图3-17中（1）］。

白天：应悬挂圆球一个［见图3-17中（2）］。

图3-17　机动船、非自航船停泊

2. 人力船、帆船停泊时

应显示白光环照灯一盏（见图3-18）。

图3-18　人力船、帆船停泊

3. 排筏停泊时

应在靠航道一侧,前部和后部各显示白光环照灯一盏。

4. 停泊的船舶、排筏向外伸出有碍其他船舶行驶的缆索、锚、锚链或者其他类似的物体时(在伸出的方向上)

夜间:应显示红光环照灯一盏[见图 3-19 中(2)];白天:应悬挂红色号旗一面[见图 3-19 中(1)]。

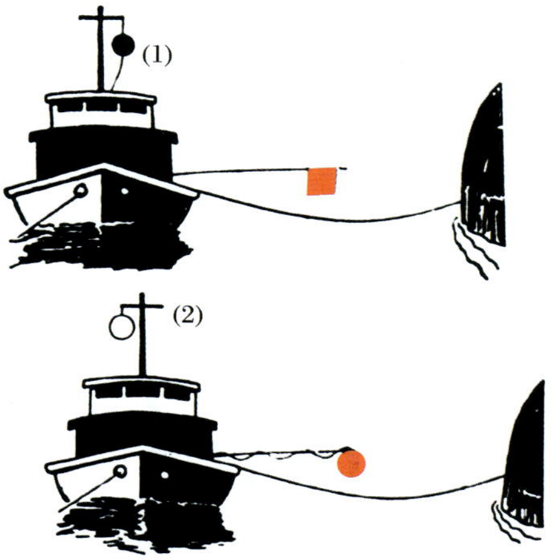

图 3-19 停泊的船舶向外伸出有碍其他船舶行驶的物体

七、《规则》第三十五条 搁浅

(一)条款内容

搁浅的机动船、非自航船夜间除显示停泊号灯外,还应当显示红光环照灯两盏,白天悬挂圆球三个。

(二)条款解释

夜间:除显示停泊号灯外,还应当显示红光环照灯两盏[见图 3-20 中(2)]。

白天:应悬挂圆球三个[见图 3-20 中(1)]。

图 3-20 机动船搁浅

八、《规则》第三十六条　装运危险品货物

(一)条款内容

装运易爆、易燃、剧毒、放射性危险货物的船舶在停泊、装卸及航行中,除显示为一般船舶规定的信号外,夜间还应当在桅杆的横桁上显示红光环照灯一盏,白天悬挂“B”字信号旗一面。

(二)条款解释

装运易燃、易爆、剧毒、放射性危险货物的船舶在停泊、装卸及航行中,除显示为一般船舶规定的信号外,还应当显示下列号灯和旗号:

夜间:在桅杆的横桁上应显示红光环照灯一盏[见图 3-21 中(1)]。

白天:应悬挂“B”字旗一面[见图 3-21 中(2)]。

图 3-21　船舶装运危险品货物

九、《规则》第三十七条　要求减速

(一)条款内容

要求减速的船舶、排筏或者地段,应当在桅杆横桁处或者地段上、下两端,夜间显示绿、红光环照灯各一盏,白天悬挂“RY”信号旗一组。

重载人力船、帆船要求机动船减速,夜间用白光灯或者白光手电筒,白天用白色号旗,在空中上下挥动。

(二)条款解释

1. 船舶、排筏或者地段要求减速时

夜间:应显示绿、红光环照灯各一盏[见图 3-22 中(a)]。

白天:应悬挂“RY”信号旗一组[见图 3-22 中(b)]。

2. 重载人力船、帆船要求机动船减速时

夜间:用白光灯或者白光手电筒,在空中上下挥动。

图 3-22 要求减速的信号

白天:用白色信号旗,在空中上下挥动。

3. **要求他船减速的信号汇总**

《规则》中规定多种信号要求他船减速以避免浪损,减速信号总结如表 3-5 所示。

表 3-5 减速信号汇总表

减速信号	白天	夜间
船舶、排筏(除人力船、帆船)	悬挂"RY"信号旗一组	显示绿、红光环照灯各一盏
地段	上、下两端,悬挂"RY"信号旗一组	上、下两端,显示绿、红光环照灯各一盏
人力船、帆船	白天用白色号旗在空中上下挥动	白光灯或者白光手电筒,在空中上下挥动
机动船声号	一短一长一短	一短一长一短

十、《规则》第三十八条 渔船

(一)条款内容

渔船不捕鱼时,显示为一般船舶规定的信号。捕鱼时应当显示下列号灯、号型:

(一)机动船在捕鱼时,夜间除显示机动船在航或者锚泊的号灯外,还应当显示绿、白光环照灯各一盏。白天悬挂尖端相对的两个圆锥体所组成的号型。

(二)人力船、帆船捕鱼时,不论在航或者停泊,夜间均应当显示白光环照灯一盏,白天悬挂篮子一个。

(三)渔船有外伸渔具时,应当在渔具伸出方向,夜间显示白光环照灯一盏,白天悬挂三角红旗一面。

(二)条款解释

1. **渔船不捕鱼时**

渔船不捕鱼时,显示一般船舶规定的信号。

2. **机动船捕鱼时**

夜间:机动船在航捕鱼时,除显示机动船在航号灯外,还应当显示绿、白光环照灯各一盏;

机动船锚泊捕鱼时，除显示机动船停泊号灯外，还应当显示绿、白光环照灯各一盏［见图 3-23 中（1）］。

白天：不论机动船在航捕鱼还是锚泊捕鱼时，均应悬挂尖端相对的两个圆锥体所组成的号型［见图 3-23 中（2）］。

图 3-23　机动船捕鱼

3. 人力船、帆船捕鱼时

夜间：不论在航捕鱼还是停泊捕鱼时，均应当显示白光环照灯一盏［见图 3-24 中（1）］。

白天：不论在航捕鱼还是停泊捕鱼时，均应悬挂篮子一个［见图 3-24 中（2）］。

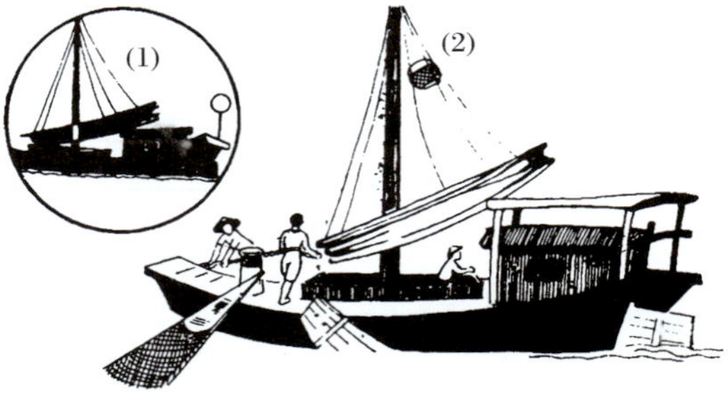

图 3-24　人力船、帆船捕鱼

4. 渔船有外伸渔具时（在渔具伸出方向）

夜间：应显示白光环照灯一盏。

白天：应悬挂三角红旗一面。

5. 障碍信号汇总（见表 3-6）

表 3-6　障碍信号汇总表

障碍信号	白天	夜间
停泊的船舶、排筏向外伸出有碍其他船舶行驶的缆索、锚、锚链时（警示信号）	悬挂红色号旗一面（伸出方向）	红光环照灯一盏（伸出方向）
渔船有外伸渔具时（网头信号）	悬挂三角红旗一面（伸出方向）	白光环照灯一盏（伸出方向）
工程船所伸出的排泥管，应当在管头和管尾并每隔 50 m 距离	无	白光环照灯各一盏

十一、《规则》第三十九条　失去控制的船舶

（一）条款内容

失去控制的机动船、非自航船锚泊前，夜间除显示舷灯和艉灯外，还应当显示红光环照灯两盏，白天悬挂圆球两个。

（二）条款解释

1. 失去控制的船舶信号

夜间：除应显示舷灯和艉灯外，还应当显示红光环照灯两盏[见图 3-25 中(1)]。

白天：应悬挂圆球两个[见图 3-25 中(2)]。

图 3-25　失去控制的船舶

2. 失控信号和搁浅信号的比较(见表 3-7)

表 3-7　失控信号与搁浅信号对照表

应显示信号 / 船舶状态	白天	夜间
搁浅的机动船、非自航船	圆球三个	红光环照灯两盏，停泊号灯
失去控制的机动船、非自航船	圆球两个	红光环照灯两盏，左、右舷灯，艉灯

3. 红光环照灯使用汇总（见表 3-8）

表 3-8　红光环照灯使用汇总表

船舶种类 / 号灯	夜间	白天
一盏红光环照灯	潜水员在水下作业时	悬挂“A”字信号旗一面
	装运易爆、易燃、剧毒、放射性危险货物的船舶在停泊、装卸及航行	悬挂“B”字信号旗一面
	停泊的船舶、排筏向外伸出有碍其他船舶行驶的缆索、锚、锚链或者其他类似的物体时(警示信号)	悬挂“红色”号旗一面

续表

船舶种类 号灯	夜间	白天
两盏红光环照灯	失去控制的机动船、非自航船	圆球两个
	搁浅的机动船、非自航船	圆球三个
三盏红光环照灯	限于吃水的船舶	圆柱形号型一个

十二、《规则》第四十条　船舶眠桅

(一)条款内容

船舶通过桥梁,架空设施需要眠桅不能按规定显示桅灯时,应当在两舷灯光源连线中点上方不受遮挡处显示白光环照灯一盏,代替桅灯。通过后立即恢复原状。

(二)条款解释

眠桅是指由于桥梁、架空设施的净空高度的限制,船舶通过时所必需的倒桅。船舶眠桅时,无法正常显示桅灯,因此必须设置替代桅灯的号灯。因此,规定在两舷灯光源连线中点上方不受遮挡处显示白光环照灯一盏,代替桅灯,通过后立即恢复原状。

十三、《规则》第四十一条　监督艇和航标艇

(一)条款内容

监督艇执行公务时,夜间应当显示舷灯、艉灯和红闪光旋转灯一盏。

航标艇在航时,夜间应当显示舷灯、艉灯和绿光环照灯两盏;

停泊时显示绿光环照灯两盏。

(二)条款解释

1. 监督艇

监督艇执行公务时,应显示舷灯、艉灯、红闪光旋转灯一盏(见图3-26)。

图3-26　监督艇执行公务

2. **航标艇**

在航时：应显示舷灯、艉灯、垂直绿光环照灯两盏（见图 3-27）。

停泊时：应显示垂直绿光环照灯两盏。

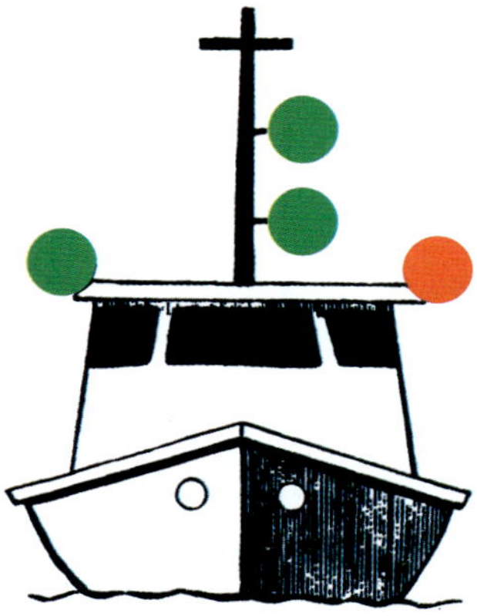

图 3-27　航标艇在航时

第四章 声响信号

本章主要介绍声响信号的使用，驾驶人员应了解声响信号设备的技术要求，掌握声响信号的含义和运用方法。在船舶会遇过程中，通过声响信号充分表达避让意图、行动，确保避让意图统一和避让行动协调；在能见度不良的情况下，应充分发挥声响信号的作用，引起他船注意。另外，本章还介绍了甚高频电话的使用规定和船舶遇险信号。

第一节 声响信号及其使用

本节介绍《规则》第四章“声响信号”和附件二“声响信号设备的技术要求”，主要就《规则》第四十二条“声响信号设备”、第四十三条“声号的含义”、第四十四条“船舶相遇时声号的应用”以及第四十五条“能见度不良时的声响信号”展开。

一、《规则》第四十二条 声响信号设备

（一）条款内容

机动船应当配备号笛一个、号钟一只。非自航船、人力船、帆船和排筏应当配备号钟或者其他有效响器一只。

号笛、号钟应当符合本规则附件二的技术要求。

(二)条款解释

1. 声响信号设备的配备

根据《规则》第四十二条“声响信号设备”的规定,机动船应当配备号笛一个,号钟一只。非自航船、人力船、帆船、排筏应当配备号钟或者其他有效响器一只,如图 4-1 所示。

(a)号笛　(b)号钟　(c)有效响器

图 4-1　声响信号设备

2. 声响信号设备的技术要求

《规则》附件二规定了号笛和号钟的技术要求,具体如下:

(1)号笛

①定义

号笛是指能够发出规定笛声并符合本规则附件二所载规格的声响器具。

②号笛的可听距离

船舶长度为 30 m 以上的,号笛的可听距离不小于 2 km;船舶长度未满 30 m 的,号笛的可听距离不小于 1 km。

号笛的可听距离规定数值仅是正常情况。应注意号笛的可听距离极易变化,天气情况对其影响很大,在有强风、雾和噪声的情况下,可听距离会大大减小。

③号笛的安置

号笛应当安置在船上尽可能高的地方,使声音尽可能少受障碍物阻挡,特别在前方上或者特定方向上。

④号笛的鸣放方式

短声是指历时约 1 s 的笛声。

长声是指历时 4~6 s 的笛声。

一组声号内各笛声的间隔时间约为 1 s,组与组声号的间隔时间约为 6 s。

笛声的长短及间隔要准确、清晰,应严格按规定要求鸣放,如笛声历时过长或过短,均可能造成他船的误听误解,导致判断失误,造成严重后果。

(2)号钟

①声号的强度

号钟或者其他具有类似音响特性的器具所发出的声压级,在距其 1 m 处,应当不小于 110 dB。

②构造

号钟应当用抗蚀材料制成，并能发出清晰音响。船舶长度 30 m 以上的，号钟口的直径应不小于 300 mm；船舶长度未满 30 m 的，号钟口的直径应不小于 200 mm。钟锤的重量应当不小于钟重量的 3%。

二、《规则》第四十三条 声号的含义

(一)条款内容

机动船为表示本船的意图、行动或者需要其他船舶、排筏注意时，应当根据本规则各条规定使用号笛发出下列声号：

(一)一短声——我正在向右转向；当和其他船舶对驶相遇时，表示"要求从我左舷会船"。

(二)两短声——我正在向左转向；当和其他船舶对驶相遇时，表示"要求从我右舷会船"。

(三)三短声——我正在倒车或者有后退倾向。

(四)四短声——不同意你的要求。

(五)五短声——怀疑对方是否已经采取充分避让行动，并警告对方注意。

(六)一长声——表示"我将要离泊""我将要横越"，以及要求来船或者附近船舶注意。

(七)两长声——我要靠泊或者我要求通过船闸。

(八)三长声——有人落水。

(九)一长一短声——掉头时，表示"我向右掉头"；进出干、支流或者叉河口时，表示"我将要或者正在向右转弯"。

(十)一长两短声——掉头时，表示"我向左掉头"；进出干、支流或者叉河口时，表示"我将要或者正在向左转弯"。

(十一)一长三短声——拖船通知被拖船舶、排筏注意。

(十二)两长一短声——追越船要求从前船右舷通过。

(十三)两长两短声——追越船要求从前船左舷通过。

(十四)一长一短一长声——我希望和你联系。

(十五)一长一短一长一短声——同意你的要求。

(十六)一长两短一长声——要求来船同意我通过。

(十七)一短一长一短声——要求他船减速或者停车。

(十八)一短一长声——我已减速或者停车。

(十九)两短一长声——能见度不良时，表示"我是客渡船"。

前款中"短声"是指历时约 1 秒钟的笛声，"长声"是指历时 4 到 6 秒钟的笛声。一组声号内各笛声的间隔时间约为 1 秒钟，组与组声号的间隔时间约为 6 秒钟。

(二)条款解释

1. 适用范围

根据《规则》第四十三条"声号的含义"的规定，机动船为表示本船的意图、行动或者需要其他船舶、排筏注意时，应当根据本规则各条规定使用号笛发出规定声号。

本条适用的"机动船"是指任何机动船，包括在航施工的工程船、限于吃水的船舶、渡船、

快速船、船队等。

本条“应当根据本规则各条规定使用号笛发出下列声号”，说明使用号笛发出规定声号，应服从本规则各条规定的准许和要求。《规则》许多条款中做出了明确规定，通常有“按规定鸣放声号”用语的表述。例如，《规则》第十一条“机动船追越”(二)款要求，追越船必须按规定鸣放声号；《规则》第十二条“机动船横越和交叉相遇”要求，机动船横越前应按规定鸣放声号；《规则》第二十条“机动船掉头”、第二十四条“机动船靠、离泊”都要求，“按规定鸣放声响信号后”，方可以采取行动等。特别是本条和《规则》第四十四条对声号的使用，均做出了十分明确的规定。对《规则》各条未规定的，一般不要求鸣放本条规定的声号。例如，当一船按规定航路行驶的要求在转向点改变航向时，或在弯曲航道中随弯转向时等，除非此时与他船相遇构成碰撞危险需要表明避让意图或行动，否则，不需要鸣放声号。

2. 声号的含义

在本条规定的声号中，有的声号只有一种含义，而有的声号具有多种含义。这些声号不仅覆盖了机动船各种避让操纵，如机动船转向和减速、掉头、靠/离泊、横越、追越等，还涉及机动船引起他船注意、与他船联系等(见表4-1)。

3. 相关解释

(1)本条声号的含义，多处使用了“正在”“将要”“要求”的表述。“正在”表示本船正在进行的操纵行动；“将要”“要求”则表示本船操纵意图，故相应声号需要提前鸣放。例如，当机动船正在倒车或者有后退倾向时，应鸣放声号三短声；追越船要求从前船左舷通过时，应提前鸣放声号两长一短声。

(2)本条规定声号具有多而杂的特点，有的常用，而有的不常用，难以准确归类，造成船员的记忆困难。为能在实践应用中准确表示本船避让意图和行动，一定要深入理解这些声号的含义。

①一短声、两短声

该声号具有两层含义：一是适用于机动船对驶相遇的会让意图，要求来船互以左舷或右舷会船；二是适用于机动船在其他会遇形式中需要右转或者左转的转向行动，可称为会船声号或转向声号。例如，当两机动船交叉相遇，让路船采取右转向行动时，应当鸣放声号一短声。

②三短声

该声号具有两层含义：一是只要机动船正在使用倒车，不论该船是前进还是后退，都需要鸣放；二是只要机动船正在后退或有后退倾向，不论该船正在使用倒车、停车或进车，都需要鸣放。使用该声号的目的是表明本船正在使用倒车或有后退倾向，以引起船尾附近船舶的注意。

③一长一短声、一长两短声

该声号具有两层含义：一是适用于机动船向右或向左掉头行动；二是适用于机动船进出干、支流交汇水域或者叉河口需要向右或向左的转弯意图和行动，可称为掉头声号或转弯声号。

④两长一短声、两长两短声

该声号适用于追越船从前船右舷或者左舷追越的企图，可称为企图追越声号。机动船在追越前，都应当鸣放该声号以取得前船同意。

表 4-1 声号的含义

船舶	声号	含义	声响设备
在航的机动船	一短声	我正在向右转向	号笛
		当和其他船舶对驶相遇时，要求从我左舷会船	
	两短声	我正在向左转向	
		当和其他船舶对驶相遇时，要求从我右舷会船	
	三短声	表示正在倒车或者有后退倾向	
	四短声	不同意你的要求	
	五短声	怀疑对方是否已经采取充分避让行动，并警告对方注意	
	一长声	我将要离泊	
		我将要横越	
		要求来船或者附近船舶注意	
	两长声	我要靠泊	
		我要求通过船闸	
	一长一短声	掉头时，表示“我向右掉头”	
		进出干、支流交汇水域或者叉河口时，表示“我将要或者正向右转弯”	
	一长两短声	掉头时，表示“我向左掉头”	
		进出干、支流交汇水域或者叉河口时，表示“我将要或者正向左转弯”	
	两长一短声	追越船要求从前船右舷通过	
	两长两短声	追越船要求从前船左舷通过	
	一短一长一短声	要求他船减速或者停车	
	一短一长声	我已减速或者停车	
	一长一短一长声	我希望和你联系	
	一长一短一长一短声	同意你的要求	
	一长两短一长声	要求来船同意我通过	
	三长声	有人落水	
	一长三短声	拖船通知被拖船舶、排筏注意	

⑤一长声

该声号具有多层意义，用途广泛，可称为引起注意声号，适用于下列情况：

- 机动船将要离泊时；
- 机动船将要横越时；
- 机动船驶近弯曲航段、不能会船的狭窄航段时；
- 机动船驶经支流河口或者叉河口前；
- 机动船与在航施工的工程船对驶相遇时；
- 机动船发现人力船、帆船有碍航行时；

- 机动船在能见度不良水域或其附近航行时；
- 机动船要求来船或者附近船舶注意时。

⑥两长声

该声号具有两层含义：一是适用于机动船要求靠泊；二是适用于机动船要求通过船闸。

⑦一短一长一短声、一短一长声

一短一长一短声表示“要求他船减速或者停车”，一短一长声表示“我已减速或者停车”，两者形成对应关系，可统称为减速声号。对于一短一长一短声，并不限于重载机动船为避免浪损使用，如一机动船为了协调他船需采取减速行动也可使用。例如，一机动船发现他船逐渐接近，而本船避让确因某种原因受到限制时，要求他船采取减速或者停车的行动，协助避让，可鸣放该声号。使用一短一长声的机动船，其减速行动应做到真实、客观、足够、有效，避免“走形式”。

⑧五短声

该声号适用于机动船对他船的避让意图和行动表示怀疑时，并警告他船注意，可称为怀疑或警告声号。使用该声号的机动船，怀疑对方是否已经采取充分避让行动，提醒对方避让意图和行动的正确性，也意味着如果不采取进一步操纵行动将有不良后果。例如，当两机动船交叉相遇时，被让路船发现让路船未采取足够的避让行动而距离逼近时；或者在追越过程中，被追越船发现追越船过于逼近时，均可鸣放该声号。

在实践中，有很多驾引人员把一长声与五短声相混淆，要注意一长声没有警告的含义。

⑨一长两短一长声

该声号适用于机动船要求“来船同意我通过”的企图。例如，当机动船驶近弯曲、狭窄航段遇有来船时，或者机动船遇有企图横越、掉头、靠/离泊的船舶时，可鸣放该声号。但鸣放时应注意到该声号缺乏针对性，当一船遇有附近多艘船时，有无法针对某一船舶表达意图。

⑩一长一短一长声

该声号适用于机动船希望和另一船联系的企图。鸣放时应注意到该声号所表示的联系对象和内容不明确，缺乏针对性。需要联系使用时，除非 VHF 电话损坏或者通过 VHF 电话联系不上。

⑪四短声、一长一短一长一短声

该声号适用于机动船对他船避让意图或要求表示同意或者不同意的回答。例如，对他船要求追越、要求来船同意我通过、要求减速或者停车、希望联系的企图的回答。

⑫一长三短声

该声号适用于拖船通知被拖船舶、排筏注意的行动。当船队通过急弯航道或者遇到某种异常情况时，拖船可通过该声号提醒被拖船舶、排筏注意。

⑬三长声

该声号适用于机动船发现本船或他船有人落水时的行动，以提醒周围船舶注意，并采取有效的施救措施。

三、第四十四条　船舶相遇时声号的应用

（一）条款内容

船舶相遇时，应当按下列规定使用声号：

（一）两机动船对驶相遇，下行船（感潮河段的顺流船）应当在相距1千米以上处谨慎考虑航道情况和周围环境，及早鸣放会船声号；上行船（感潮河段的逆流船）听到声号后，如无特殊情况，应当立即回答相应的会船声号。在鸣放会船声号的同时，夜间还应当配合使用红、绿闪光灯，白天也可以配合使用白色号旗。鸣放声号一短声时，夜间连续显示红闪光灯，白天在左舷挥动白色号旗，表示要求来船从我左舷会过；鸣放声号两短声时，夜间连续显示绿闪光灯，白天在右舷挥动白色号旗，表示要求来船从我右舷会过。

（二）机动船发现人力船、帆船有碍本船航行，要求其让路时，应当鸣放声号一长声以引起注意，并鸣放一短声或者两短声表示本船动向。

（三）机动船驶经支流河口或者叉河口前，应当鸣放声号一长声以引起注意；进出干、支流或者叉河口前，向右转弯应当鸣放声号一长一短声，向左转弯应当鸣放声号一长两短声。

（四）机动船与在航施工的工程船对驶相遇，机动船应当在相距1千米以上处鸣放声号一长声，待工程船发出会船声号后，机动船方可以回答相应的会船声号，并谨慎通过。

（二）条款解释

1. 机动船对驶相遇

（1）下行船（顺流船）优先鸣放会船声号

根据《规则》第四十四条（一）款的规定，两机动船对驶相遇，下行船（顺流船）应当在相距1 km以上处谨慎考虑航道情况和周围环境，及早鸣放会船声号。可见，下行船（顺流船）具有鸣放会船声号的优先权。会船声号，在这里是指要求来船从我左舷或者右舷会船的声号，即一短声或者两短声。之所以下行船（顺流船）具有鸣放会船声号的优先权，是因为下行船（顺流船）是被让路船，而上行船（逆流船）是让路船。下行船（顺流船）在鸣放会船声号确定会船意图时，必须谨慎考虑航道情况和周围环境，对两船的航路和来船动态做出准确判断，确保会遇双方避让意图的统一。

本款还对下行船（顺流船）鸣放会船声号的距离或时机提出了要求，要求距离不小于1 km。一是机动船对驶相遇具有相对速度大、接近快、可供双方采取避让行动的时间短的特点，需要足够的距离和时间统一意图、采取行动。如没有鸣放声号的最小距离规定，一旦双方距离逼近，会让意图不统一，极易导致因避让行动的不协调而发生碰撞事故。二是船舶长度在30 m以上的机动船所配备号笛的可听距离不小于1 km。只有鸣放会船声号的最小距离规定与号笛最小可听距离统一，才能保证船舶长度小于30 m的机动船所鸣放的会船声号被来船听到。鸣放声号的距离不小于1 km的规定只是最低标准，对于船舶长度在30 m以上的机动船，应根据本船的速度、距离提前鸣放，有利于提早统一会遇双方的避让意图。

（2）上行船（逆流船）听到声号后，如无特殊情况，应当立即回答相应的会船声号

本款要求上行船（逆流船）听到下行船（顺流船）鸣放的会船声号后，如无特殊情况，应当立即回答相应的会船声号。

特殊情况是指上行船(逆流船)不能按照下行船(顺流船)的避让意图进行会让的异常情况,主要包括受到礁石、浅滩、水流的限制,第三船干扰,主机或舵机突然发生故障以及下行船(顺流船)鸣放声号的错误等。一旦发生特殊情况,上行船(逆流船)应当立即根据情况减速、停车,必要时倒车,并及早通过各种手段告知对方,便于对方及时采取相应避让行动。但特殊情况不能成为一船避让的任何主观借口。

立即回答相应的会船声号,是指应及早回答统一会船声号。一船不及早回答或不回答会船声号,是鸣放声号疏忽的表现。贻误统一避让意图的有利时机,往往导致避让意图的不明确和避让行动的不协调。

(3)会船声号和会船灯光信号(红、绿闪光灯)的统一

为确保避让意图的统一,本款不仅要求两船会船声号统一,还要求夜间会船灯光信号(红、绿闪光灯)统一,白天也可以配合使用白色号旗。机动船鸣放声号一短声时,夜间应当连续显示红光灯,白天可在左舷挥动白色号旗,表示机动船要求来船"从我左舷会过";机动船鸣放声号两短声时,夜间应当连续显示绿光灯,白天可在右舷挥动白色号旗,表示机动船要求来船"从我右舷会过"。

会船声号和会船灯光信号(红、绿闪光灯)的统一,以及白色号旗的配合,充分表明会船声号,红、绿闪光灯,信号旗在机动船对驶相遇中统一避让意图和行动的作用,也表明这些信号方式之间具有不可替代性。各信号方式只能相互统一和加强,不能相互矛盾和削弱。

2. 机动船与人力船、帆船相遇

根据《规则》第四十四条(二)款的规定,机动船发现人力船、帆船有碍本船航行,要求其让路时,首先应鸣放声号一长声以引起注意,但一长声不能表示机动船避让行动的方向,所以,机动船还应根据人力船、帆船的位置和动向,鸣放一短声或两短声,以表示本船动向,从人力船、帆船某一侧水域通过。

3. 机动船驶经支流河口或者叉河口

根据《规则》第四十四条(三)款的规定,由于干、支流交汇水域和叉河口水势较复杂,进出船舶较多,所以,机动船驶经支流河口或者叉河口前,应当鸣放声号一长声以引起他船注意。机动船进出这些水域时,如需向右转弯,则应鸣放声号一长一短声;如需向左转弯,则应鸣放声号一长两短声,以表示本船动向,便于他船及早识别和采取相应的措施。

4. 机动船与在航施工的工程船对驶相遇

根据《规则》第四十四条(四)款的规定,机动船与在航施工的工程船对驶相遇,因为在航施工的工程船受施工作业的约束,避让操纵能力受到限制,同时,对施工水域的水深及通航情况更为熟悉,所以,在避让责任上,机动船应给在航施工的工程船让路;在鸣放声号及统一会让意图上,机动船应当在相距 1 km 以上处鸣放声号一长声,以引起在航施工的工程船的注意,待在航施工的工程船发出会船声号后,应回答相应的会船声号,并谨慎通过。

四、《规则》第四十五条　能见度不良时的声响信号

(一)条款内容

船舶、排筏在能见度不良的情况下航行、停泊,应当按下列规定发出声响信号:

（一）在航的机动船应当每隔约 1 分钟鸣放声号一长声。在航的人力船、帆船、排筏应当每隔约 1 分钟急敲号钟或者其他有效响器约 5 秒钟。

（二）锚泊的机动船，非自航船、排筏应当每隔约 1 分钟急敲号钟或者其他有效响器约 5 秒钟。锚泊的人力船、帆船在听到来船声号后，应当不间断地急敲号钟或者其他有效响器，直到判定来船已对本船无碍时为止。

（二）条款解释

《规则》第四十五条“能见度不良时的声响信号”规定了船舶、排筏在能见度不良时使用的各种声号（简称为“雾号”）。在能见度不良的情况下，这些雾号可表明船舶或排筏的存在，是引起周围其他船舶注意的有效手段。

1. 适用范围

能见度不良时的声响信号适用于在能见度不良的水域中或其附近航行、停泊的任何船舶、排筏。只要船舶、排筏在能见度不良的水域中或其附近，无论在航还是停泊，均应鸣放相应的雾号。雾号并不针对某一船舶，而是针对周围水域中可能存在的所有船舶、排筏。在能见度不良的水域中或其附近，两船相遇，如有需要，应适时使用《规则》第四十三条规定的相关声号，但同时不得中断鸣放雾号，因为其周围仍可能存在其他船舶。

2. 能见度不良时的声响信号

（1）船舶、排筏在能见度不良时应鸣放的声号

船舶、排筏在能见度不良的情况下航行、停泊，应当按《规则》第四十五条的规定发出声响信号（见表 4-2）。

表 4-2　船舶、排筏在能见度不良时的声响信号

声响信号设备	声号	船舶类别和动态	间隔时间
号笛	一长声	在航的机动船	约 1 min
	两短一长声	在航的客渡船	约 1 min
号钟或者有效响器	急敲约 5 s	在航的人力船、帆船、排筏	约 1 min
号钟或者有效响器	急敲约 5 s	锚泊的机动船、非自航船、排筏	约 1 min
号钟或者有效响器	听到来船的声号后急敲	锚泊的人力船、帆船	不间断，直到判定来船已对本船无碍时为止

注：能见度不良时，在航的客渡船鸣放声号两短一长声的间隔时间约 1 min［来源于《客渡船专用信号标志管理规定》（1990 年交通部令第 26 号）规定］。

（2）船舶在能见度不良时识别雾号的有关说明

①一船听到他船雾号时，不能单纯地凭借雾号判断他船的种类和动态，这需要其他瞭望手段进行核实。

②当听到雾号每隔约 1 min 鸣放两短一长声时，可判断他船是在航的客渡船。

③当听到雾号每隔约 1 min 鸣放一长声时，可判断他船是在航的除客渡船以外的机动船。在该范围内，他船的具体类型是普通的机动船、船队，还是快速船、在航施工的工程船、限于吃水的船舶、从事捕鱼的机动船、失去控制的机动船，则无法通过该雾号进行判断。

④当听到雾号不间断急敲号钟或者有效响器时，可判断他船是锚泊的人力船或帆船。

⑤当听到雾号每隔约 1 min 急敲号钟或者有效响器约 5 s 时，只能判断他船或排筏的存在，而无法判断他船的动态和种类。因为他船既可能是在航的人力船、帆船、排筏，也可能是锚泊的机动船、非自航船、排筏。

第二节 甚高频无线电话

甚高频（VHF）无线电话是船舶避碰必不可少的通信工具，使用 VHF 无线电话联系他船，是船舶瞭望的重要手段之一。就船舶之间的联系而言，通过 VHF 无线电话联系，一船能迅速获悉他船相关信息，包括他船船名、类型、吨位、船位、航向、航速、避让意图等信息，可协调避让意图和行动，了解当地水域通航环境和情况。采用该手段，尤其适用于航行能见度不良的情况，以及航行条件复杂的情况。因此，《规则》第四十六条“甚高频无线电话”对 VHF 无线电话的正常守听、联系，以及船位和动态的通报提出了明确要求。

《规则》第四十六条　甚高频无线电话

（一）条款内容

配有甚高频无线电话的船舶在航时，应当在规定的频道上正常守听，并按下列规定进行通话：

（一）一般先由被让路船呼叫，通话时用语应当简短、明确。

（二）一船发出呼叫后，未闻回答，应当认为另一船未设有无线电话设备。

（三）两船的避让意图经通话商定一致后，仍应当按本规则规定鸣放声号。

（四）船舶驶近弯曲、狭窄航段以及在能见度不良的情况下航行，应当用无线电话周期性地通报本船船位和动态。

（二）条款解释

《规则》第四十六条“甚高频无线电话”对 VHF 无线电话（其外观如图 4-2 所示）的正常守听、联系，以及船位和动态的通报提出了明确要求。

图 4-2　甚高频无线电话外观示意图

1. 在规定频道上正常守听

在 VHF 无线电话的规定频道上正常守听，是船舶之间保持联系的基本前提和手段。配有 VHF 无线电话的船舶，应保持 VHF 设备随时处于良好状态，熟知各航区（航段）VHF 无线电话的规定频道，确保 VHF 无线电话纳入规定频道正常守听和积极回应。

正常守听应有专人值班负责，避免漏听、误听他船信息。在一些船舶碰撞案例中，常有“VHF 电话联系，未果”的事故经过，是因为当事船员疏忽了正常守听 VHF 无线电话的重要环节，以至于未及早获悉他船动态及碰撞危险等信息，导致本船与他船距离逼近，惊慌失措，酿成事故，教训十分深刻。

在内河实践中，经常有人忘记开启 VHF 无线电话设备，对其重要性认识不够；也有的驾引人员怕电话声音太吵，将音量调到很小，无法及时收到他船的呼叫，这些做法都是极其错误的。

2. 使用 VHF 无线电话联系与沟通

（1）一般先由被让路船呼叫，通话时用语应当简短、明确

《规则》第四十六条（一）款规定“一般先由被让路船呼叫”。被让路船又叫权利船，让路船又叫义务船。在两船统一会让意图、确定会让方向上，《规则》充分考虑了被让路船的优先权。被让路船可通过 VHF 无线电话向让路船优先表达其避让意图；让路船应按被让路船的避让意图积极回应，加强沟通，确保避让意图的统一和避让行动的协调，避免只听不回。例如，两机动船对驶相遇时，通过 VHF 无线电话，下行船（顺流船）可先向上行船（逆流船）呼叫，提出避让意图，上行船（逆流船）如无特殊情况应按下行船（顺流船）的避让意图进行避让。

“一般”一词，是指通常情况，而不是绝对的。由于会遇情况的复杂性，并不限制让路船先呼叫、提出避让意图，而被让路船对让路船所提出的避让意图，仍具有优先决定权。例如，后船可通过 VHF 无线电话向前船提出追越企图，而前船拥有决定是否同意追越的权利。

《规则》第四十六条（一）款还规定“通话时用语应当简短、明确”。其含义是通话过程不能太长，所表示的避让意图言简意赅，清楚明确。不少驾驶人员把 VHF 无线电话当作聊天工具，谈论与航行安全无关的话题，影响了 VHF 无线电话的正常守听，中断了正规瞭望，错过了本船与他船相互联系的有利时机，也可能影响其他船舶之间的有效联系，给船舶避让安全带来极大隐患。因此，驾驶人员应充分认识到 VHF 无线电话“私聊”的危害性。

（2）一船发出呼叫后，未闻回答，应当认为另一船未设有无线电话设备

《规则》第四十六条（二）款强调了对“一船发出呼叫后，未闻回答”应持有的戒备。在 VHF 无线电话联系中，一船无法有效联系他船的现象时有发生。原因有三：一是他船设备简陋，确未配有 VHF 无线电话或者电话损坏未修复；二是他船不熟悉航道情况，不知道别船呼叫自己；三是他船未将 VHF 无线电话调到规定频道或者音量调得太小，或者正在通话或“私聊”。不论何种原因，一船发出呼叫后，未闻回答，应当认为另一船未设有无线电话设备，不可主观认为他船已明白你船避让意图或你船的避让对他船不构成影响。之所以应当认为另一船未设有无线电话，是因为《规则》要求，你船对他船动态不明表示怀疑时，你船应保持高度戒备，并按《规则》第九条的规定，应立即采取减速、停车、必要时倒车的行动，争取避让距离和时间，直到通过其他信号方式（如声号）表示、统一避让意图为止。如果对这种情况不保持戒备，我行我素，极易导致估计错误、行动失当，甚至发生碰撞事故。

(3)两船的避让意图经通话商定一致后,仍应当按《规则》规定鸣放声号

根据《规则》第四十六条(三)款的规定,两船避让意图的统一,可用通话商定,但通话商定之后,仍应当按《规则》规定鸣放声号。VHF 无线电话通话商定与鸣放声号,虽均能统一避让意图,但两者各有特点、意义不同,只能相互补充,通话商定绝不可以替代声号统一。以通话商定替代声号统一存在种种弊端。一是《规则》对声号统一避让意图、协调避让行动有明确的规定,具有法律效力;而对单纯通过 VHF 电话通话商定,没有明确规定,不具有法律效力。一旦两船只用通话商定,如发生碰撞事故,双方可能各执一词,缺乏证据,增加了事故调查和处理的难度。二是声号的自有特点和重要作用,只要《规则》规定使用的声号,任何其他信号方式都不可替代声号。如在避碰实践中被一些船员"减省"、弱化,属于未按规定使用声号的疏忽,既不利于避让意图的统一,也不利于遵守《规则》的严肃性。如果这样的行为变成一些船员的避让习惯,是很难纠正的,不利于船员避让意识的养成、避让能力和水平的提高。所以,两船的避让意图经通话商定一致后,仍应当按《规则》规定鸣放声号,而不是没有必要再鸣放声号。

3. 用 VHF 电话周期性地通报本船船位和动态

《规则》多处条款都强调了船舶在弯曲、狭窄航段避让,或遇能见度不良情况避让的重要性。究其根本原因,弯曲、狭窄航段属于通航条件受限制航段,能见度不良对视觉瞭望产生限制。就其主要避让措施,加强瞭望十分必要,也很重要,在瞭望上不仅应遵守《规则》第六条"瞭望"的规定,还应遵守《规则》第四十六条(四)款的规定,即船舶用 VHF 电话周期性地通报本船船位和动态。因为这是一船和他船相互识别和掌握船位、动态及其他相关信息的必要手段之一。"周期性"一词,是指一船用 VHF 电话通报船位和动态时应保持一定连续性,以便他船正常守听和积极回应。对于已建立船舶定线制的弯曲、狭窄航段,机动船驶近用 VHF 电话在通报本船船位和动态时,还应遵守船舶定线制 VHF 电话联系或报告地点的规定。关于船舶驶近弯曲、狭窄航段的瞭望手段和避让行动,详见《规则》第十条"机动船对驶相遇"(三)款规定的相关解释;关于船舶在能见度不良时的瞭望手段和避让行动,详见《规则》第二十三条"船舶在能见度不良时的行动"规定的相关解释。

第五章

附则及遇险信号

第四十七条、四十八条、四十九条是《规则》的附则条款,《规则》一共有三个附件,分别是附件一“号灯和号型的技术要求”、附件二“声响信号设备的技术要求”和附件三“遇险信号”。《规则》附件一、附件二已分别在本篇第三章和第四章进行了详细介绍。本章介绍附则以及附件三“遇险信号”。

第一节 附则

(一)条款内容

第四十七条　附件

本规则的三个附件是本规则的组成部分,与本规则条文具有同等效力。

本规则中所称的“以上”“大于”,包括本数;所称的“未满”“小于”,不包括本数。

第四十八条　解释机关

本规则的解释权属于中华人民共和国交通部。

第四十九条　生效

本规则自一九九二年一月一日零时起生效,交通部一九七九年颁布的《内河避碰规则》同时废止。

(二)条款解释

本规则的三个附件包括附件一“号灯和号型的技术要求”,附件二“声响信号设备的技术要求”，附件三“遇险信号”。三个附件是《规则》的重要组成部分，具有技术性和法律性。附件对相关的信号、实施设备给出了技术性标准，规定了船舶遇险时的信号，船员不遵守（违反）附件中的相关规定，同样是遵守《规则》的疏忽。

《规则》中所称的“以上”“大于”，包括本数；“未满”“小于”，不包括本数。

例如，关于号笛的规定“船舶长度为 30 m 以上的，可听距离不小于 2 km；船舶长度未满 30 m 的，可听距离不小于 1 km”。其中“船舶长度为 30 m 以上”就是指包括 30 m 在内的船长超过 30 m 的船舶，即“大于等于（≥）”的意思；而“未满 30 m 的机动船”表达的含义是不包括 30 m 在内的船长小于 30 m 的船舶。

在实际应用《规则》时，特别是在内河事故案件诉讼中，涉及对《中华人民共和国内河避碰规则》具体条文的理解发生争议而需要解释时，《规则》的解释权属于中华人民共和国交通运输部。

《中华人民共和国内河避碰规则（1991）》于一九九一年二月八日颁布，一九九二年一月一日零时起生效；2003 年 9 月 2 日对其进行了小范围的修正，所以，现行的《规则》应该准确地表示为“2003 年修正后的 1991 规则”。

第二节 遇险信号

《规则》附件三是“遇险信号”的规定，除船舶遇险需要救助外，可能与遇险信号混淆的其他信号都禁止使用。遇险船舶遇险需要其他船舶救助时，应当同时或者分别使用遇险信号发出求救信号，求救信号可以用视觉信号、声响信号、无线电报或任何其他通信方法表示，任何船舶如见他船遇险也可以代发上述信号。

附件三 遇险信号

（一）条款内容

（一）船舶遇险需要其他船舶救助时，应当同时或者分别使用下列信号：

1. 用号笛、号钟或者其他任何有效响器连续发出急促短声；
2. 用无线电报或者其他通信方法发出莫尔斯码组 · · · — — — · · ·（SOS）的信号；
3. 用无线电话发出“求救”或者“梅代”（MAYDAY）语音的信号；
4. 在船上燃放火焰；
5. 人力船、帆船遇险时白天摇红色号旗，夜间摇红光灯或者红光手电筒。

（二）任何船舶如见他船遇险，也可以代发上述求救信号，但应当说明遇险船舶的船名、位置。

（三）除船舶遇险需要救助外，可能与上述信号有混淆的其他信号，都禁止使用。

（二）条款解释

1. 船舶遇险信号规定

根据《规则》附件三（一）款的规定，船舶遇险需要其他船舶救助时，应当同时或者分别使用遇险信号。当用声响信号表示时，则连续发出急促短声；当用无线电报或任何其他通信方法表示时，则发出莫尔斯码组 · · · — — — · · ·（SOS）的信号；当用无线电话表示时，则发出“求救”或者“梅代”（MAYDAY）语音的信号；当用视觉能看见的信号方式表示时，则在船上燃放火焰；还可悬挂国际信号旗“NC”旗组，其表示的含义是“我遇险，需要立即援助”。人力船、帆船遇险时，可能不具备无线电报、无线电话、在船上燃放火焰的信号条件，应按规定白天摇红色号旗，夜间摇红光灯或者红光手电筒。

船舶遇险需要救助时，还可通过手机拨打水上险情专用报警电话“12395”或当地水上搜救机构、海事管理机构值班电话报警。中国海上搜救中心在我国沿海和长江、珠江、黑龙江沿线的主要城市开通了水上搜救专用报警电话“12395”，可直接拨打，不加区号。当地水上搜救机构或海事管理机构均实行 24 h 值守，值班电话通过网站或其他方式对外公布。船舶上应张贴值班电话，船员应牢记值班电话。

（1）遇险船舶向水上搜救机构、海事管理机构报警时，尽可能说明以下内容：

①船名、联系方式和救助需求；

②险情种类、险情发生的时间和地点；

③遇险人数及伤亡情况。

（2）如果条件允许，要进一步报告以下内容：

①水域污染情况；

②船舶碍航情况；

③事发现场的气象、海况信息，包括风力、风向、流向、流速、潮汐、水温、浪高等；

④载货情况，特别是危险货物，货物的名称、种类、数量；

⑤事发直接原因、已采取的措施和救助请求；

⑥船舶的主要尺度、所有人、经营。

2. 船舶使用遇险信号的注意事项

（1）任何船舶如见他船遇险，也可以代发遇险信号，但应当说明遇险船舶的船名、位置。

遇险船舶按规定发出遇险信号，是为了及时求救、需要他船救助。《规则》并不限制任何船舶如见到他船遇险可代发遇险信号，以便引起附近船舶的高度注意并及时救助。同时，代发遇险信号的船舶应当说明遇险船舶的船名、位置，以免引起误会。

（2）除船舶遇险需要救助外，可能与遇险信号有混淆的其他信号，都禁止使用。

船舶遇险信号是船舶遇险所特有的信号，在使用过程中，绝不能与其他信号相混淆，更不能用错，一旦用混、用错，就达不到遇险求救的目的。

救助遇险船舶是每一船舶应尽的责任和义务。《中华人民共和国内河交通安全管理条例》第四十六条指出：“船舶、浮动设施发生碰撞等事故，任何一方应当在不危及自身安全的情况下，积极救助遇险的他方，不得逃逸。”第四十七条规定：“船舶、浮动设施上的工作人员或者其他人员发现其他船舶、浮动设施遇险，或者收到求救信号后，必须尽力救助遇险人员，并将有关情况及时向遇险地海事管理机构报告。”因此，遇见他船遇险或者收到求救信号的任何船舶，有责任和义务尽力救助遇险船舶和人员。如果见死不救，一经查明属实，将追究法律责任。

第六章

国际信号旗的识别和应用

国际信号旗(International Code Flags)系统是一种船只间的旗帜沟通系统，让船舶快速清晰地表明本船的意图。此系统是国际信号代码系统(International Code of Signals)的一部分。信号旗是供船与船、船与岸之间通信联络用的旗帜。在船上或信号台上，信号旗按顺序存放在驾驶台、工作室的专用旗柜内。

一、概述

(1)目的：

在危及航行和人员安全的情况下，特别是当语言发生困难的时候，国际信号旗可以提供合适的通信方法和工具。

(2)信号的分配：

①单字母信号用于最紧急的、最重要的或最常用的部分；

②双字母信号用于通用部分；

③三字母信号以“M”开始的，为医疗部分。

(3)本规则遵循每一信号有一个完整意义的基本原则：

这一原则贯穿于全部信号码。在某种信号情况下，补充码(数字旗)在需要的地方也用作补充现用的信号组。

(4)补充码表示：

①变更原信号的意义

例如："CP"="我(或指明的船舶)正前来援助你"。

"CP1"="搜索和救助飞机正前来援助你"。

②对原主题或者对原信号的提问

例如："DY"="船舶(船名或者呼号)已在纬度……经度……处沉没"。

"DY4"="船舶沉没处的水深是多少"。

③回答原信号的问题或要求

例如："HX"="你在碰撞中受到什么损坏吗?"

"HX1"="我船水线以上部分受到严重损坏"。

④充实、明确或详细说明情况

例如："IN"="我需要一名潜水员"。

"IN1"="我需要一名潜水员清理推进器"。

(5)在《1969 年国际信号规则》中出现多次的补充码已汇编成三个补充码表。这些表仅在信号内容有指明时才能使用。

二、定义

(1)呼号

呼号是指由每一台(船)的政府指定给该台(船)的一组字母和数字。

船舶和飞机的呼号是在国际范围的基础上进行分配的,所以呼号可以表示船舶或飞机的国籍。

(2)发信人

发信人是指命令发出信号的当事人。

(3)受信人

受信人是指信号发给他的当事人。

除另有指明外,船舶之间的一切信号都是由发信船的船长给受信船的船长。

(4)发信台

发信台是指实际发送过信号的台。

(5)受信台

受信台是指受信人最后从它取到信号的台。

(6)码组

码组是指由一面、两面、三面或四面旗所组成的一种独立的信号意义。有时几个码组才能组成一个完整的信文。

(7)一挂

一挂是指一组或者几组旗号挂在一条旗绳上。

(8)隔绳

隔绳是指一条长约 2 m 的旗绳,用于隔开每组旗号。

(9)半扬和全扬

一挂或信号拉到大约旗绳全长的一半的位置,称为拉一半,也称为半扬;一挂或信号拉到旗绳的顶端,称为拉到顶,也称为全扬。

(10)信号旗

信号旗共有40面,是用红、黄、蓝、白、黑五种不同颜色的旗纱制成的,其中有字母旗26面,数字旗10面,代用旗3面,回答旗1面。信号旗的形状有四种(其形状和颜色见本书附录二):

①长方旗:长与宽之比为7∶6,也叫方旗,用途为字母旗。

②燕尾旗:缺口斜边的长度为旗长的1/3,其用途为字母旗。

③三角旗:长与宽之比约为3∶2。用途为代旗。

④尖旗:长与宽之比约为10∶3。旗尾宽为旗首宽的1/4,也叫梯形旗,其用途为数字旗或回答旗。

信号旗的能见距离一般是1~3 mile。按我国海船信号设备规范的规定,每一机动船应配备国际信号旗2套。河船则因船而异,但长度在30 m以上的机动船,每船至少应配备1套信号旗。

三、信号旗通信方法

(一)收读次序

信号的先后可依时间或悬挂的位置而分。

当几组信号须同时悬挂时,其收读次序如下:桅顶—三角绳—右桁—左桁。

当一组以上信号悬挂在同一桁上,但挂在不同旗绳上时,收读次序是由外至内。

当一组以上信号悬挂在三角绳上时,收读次序是由前至后。

当一组以上的信号悬挂在同一旗绳上时,须用隔绳分开,收读次序是由上至下。

(二)通信方法

一般信号旗通信中每次挂出一挂旗号并必须保持其飘扬直至收信台回答后方可降落,发信台(船)应将信号旗挂在最易见处,不致被烟雾或其他物体遮蔽。

1. 如何呼叫

(1)凡是挂出信号旗而未悬挂呼号的,即表示该信号是发给在可见距离内的所有船舶或台。

(2)信号旗与呼号同时悬挂时,表示该信号给指明的船或台。

(3)在不明对方船或台的呼号时,可先悬挂出"VF"(表示"你应悬挂你的呼号")或"CS"[表示"你船(或台)叫什么名字或呼号"],与此同时,发信船(台)亦应悬挂本船(台)的呼号,或"YQ"(表示"我希望用……同在我方位……的船舶通信")。

2. 如何回答

所指的船(台)当看到他船(台)与本船(台)通信时,应立即将回答旗升至半扬,待了解其通信意义后,将回答旗全扬,待发信船(台)降下信号旗后,再将回答旗半扬,待第二挂信号意义明了后,再全扬。

3. 如何表示信号发完

发信船(台)在最后一组信号旗降落后,再挂上回答旗,表示报文已发完。收信船(台)的回答旗和回答其他信号相同(全扬)。

4. 信号意义不明处理

如果收信台不能看清发信台的信号,应保持回答旗在半扬位置;虽能看清楚信号,但不懂其意义时,可挂出信号"ZQ"(表示"请你复查你所发的信号,你的信号我不懂")或"ZL"(表示"你的信号已收到,但不明白")。

5. 代旗的使用

在船舶只带1套信号旗的情况下,使用代旗可以使相同的字母旗或数字旗在同一组中重复一次或多次。代一是重复在它前面的同类旗(字母旗或数字旗)的第一面旗;代二重复第二面旗;代三重复第三面旗。它们都是按照在它们前面的同类旗从上往下数的。任何一面代旗的使用不得超过一次。回答旗用作小数点时,对决定使用哪一面代旗无关。例如:

(1)信号"VV"代法

V
代一

(2)信号"1100"代法

1
代一
0
代三

(3)信号"L2330"

L
2
3
代二
0

(4)信号"115.5"

1
代一
5
回答旗(表示小数点)
代三

四、常用信号旗

1. 单字母信号

单字母信号为最紧急、最重要和最常用的信号。

A——我下面有潜水员,请慢速远离我。

B——我正在装卸或载运危险货物。

D——请让开我,我操纵困难。

G——我需要引航员。

H——我船上有引船员。

J——我船失火,并且船上有危险货物,请远离我。

L——你应立即停船。

O——有人落水。

Q——我船没有染疫,请发给我进口检疫证。

T——请让开我,我正对拖作业。

U——你正临近危险中。

Y——我正在走锚。

Z——我需要一艘拖船。在渔场由邻近一起作业的渔船使用时,它的意思是"我正在放网"。

2. 常用双字母信号

常用双字母信号为通用信号。下列是从《1969 年国际信号规则》中摘选的很少一部分信号,其他内容可查阅原文。

OQ——我正在校正无线电测向仪或罗经。

RU1——我正在试航。

RY——当经过我(或发出信号的船)时,你应慢速行驶。

UY——我在演习,请避开我。

VE——我正在熏我的船。

SM——我船正在测试速度。

CB——我船需要援助。

CB6——我船失火需立即援助。

CB7——我船已经漏水需要立即援助。

3. 三字母信号

以"M"开始,为医疗部分,在此省略。

第二篇 驾驶部船员值班

第七章 船员值班的一般要求

为加强内河船舶船员值班管理，规范船员值班行为，保障内河交通安全，保护内河水域环境，2015 年 11 月，交通运输部颁布了《中华人民共和国内河船舶船员值班规则》（以下简称《值班规则》），并决定自 2016 年 5 月 1 日起施行。

该规则的颁布实施，明确了航运企业安全的主体责任，有效地指导和规范了船员值班行为，为内河航运公司加强船员值班管理，海事执法人员在安全管理体系审核、船舶安全监督及事故调查处理等方面提供了有力的法规依据。该规则的实施，明确了船长、驾驶和轮机值班船员的职责，强化了当班船员的履职意识，为船舶航行、停泊、作业和修理的安全提供了制度保障。

本章明确了《值班规则》的适用范围，在船员值班方面对船舶所有人、船舶经营人、船舶管理人和船长提出了总体要求，规定了不同等级、不同类型的船舶航行、停泊时值班人员配备上的最低要求，对驾驶和轮机值班船员安全值班做出共性的规定和要求。

第一节 《值班规则》概述

（一）适用船舶

1. 100 **总吨及以上中国籍内河船舶的船员值班适用《值班规则》**

100 总吨以下的中国籍内河船舶的船员值班参照《值班规则》执行，对难以参照《值班规则》执行的小型船舶，地方人民政府交通运输主管部门或者海事管理机构可以根据实际情况，提出值班的具体要求。

对100总吨以上的船舶强制适用《值班规则》，主要考虑了该类船舶在值班安全方面一旦出现问题所导致结果的严重性，也兼顾了该类船舶的最低安全配员及执行《值班规则》的可行性。对于100总吨以下的船舶，《值班规则》只要求参照执行或者执行地方相关部门提出的规定，其出发点也是相同的。

2. 军事船舶、渔业船舶、农用船舶、非营业性游艇、体育运动船艇和非机动船舶的船员值班不适用《值班规则》

对特殊性质的船舶，由于其在活动时间及缘由等方面存在极大的灵活性、可变性、时效性，如军事船舶的国防需要、渔业船舶的鱼汛期需要、农用船舶的农事需要、非营业性游艇的个性需要、体育运动船艇的赛事或训练需要、非机动船的随机性等，都在执行《值班规则》方面存在先天不足，所以将其排除在适用对象之外。

（二）适用人员

《值班规则》适用于船舶所有人、船舶经营人、船舶管理人和船长。

船舶所有人、船舶经营人、船舶管理人和船长应当按照船舶安全配员的相关规定配备合格船员，确保指派到船上任职的船员熟悉船上相关设备、船舶特性，熟知本人职责和值班要求，有效履行安全、防污染等职责。

船长及全体船员在值班时，应当遵守有关船舶航行安全和防治船舶污染水域的相关规定和标准规范，采取一切可以采取的预防措施，防止因操作不当或者发生事故等造成船舶对内河环境的污染。

（三）主管机构

《值班规则》规定：国务院交通运输主管部门主管全国内河船舶船员值班工作，国家海事管理机构统一管理内河船舶船员值班工作，各级海事管理机构按照职责具体负责内河船舶船员值班监督管理工作。

第二节 值班一般规定

一、值班的总体要求

（1）船舶所有人、船舶经营人、船舶管理人和船长应当按照船舶安全配员的相关规定配备合格船员。

“船舶最低安全配员证书”是船舶配备船员的最低要求，船舶所有人、船舶经营人及管理人应当按照本配员的要求，为所属船舶配备符合要求的船员，但并不免除其为保证船舶航行和作业安全增加必要船员的责任。

船舶所有人、经营人、管理人和船长都不能疏忽对所配备船员的合格情况和适任履职情况的全面监控和管理，该监控管理覆盖了值班船员在船舶任职之前、任职之中的各个环节，对

《值班规则》的有效实施起到了基础保障作用。

《值班规则》中所称合格的船员，首先是要持有有效的岗位适任证书或者其他适任证件（如油操证、客培证等），其次是要求具备一定的岗位技能。驾驶、轮机船员必须具备相应的驾驶、轮机技术才有可能成为合格的值班船员。

船舶所有人、经营人、管理人和船长对船员的配备除了必须满足“船舶最低安全配员证书”的要求，还应确保指派到船上任职的船员熟悉船上相关设备、船舶特性，熟知本人职责和值班要求，能够有效履行安全、防污染等职责。

（2）船舶所有人、船舶经营人、船舶管理人和船长应当编制船舶值班制度，公示在船舶的显著位置，并要求全体船员遵守执行。

船舶值班制度的编制主体是船舶所有人、船舶经营人、船舶管理人和船长，同时明确要求应当公示船舶值班制度。对全体船员的职责而言，值班制度必须严格遵守执行；公示的要求，则从广泛意义上对全体船员执行值班制度形成有力监督，从而使《值班规则》形式上更加具体，执行过程更加规范。

（3）船长在保障水上人身与财产安全、船舶保安、防治船舶污染水域方面，具有独立决定权，并负有最终责任。值班船员对船舶安全负责，但不免除船长的安全责任。

《中华人民共和国船员条例》第二十四条明确规定：“船长在保障水上人身与财产安全、船舶保安、防治船舶污染水域方面，具有独立的决定权，并负有最终责任。”船长在安全、防污染、船舶保安方面具有独立的决定权，也是值班船员中的一员，其角色的特殊属性要求其应当带头做到对相关规定、规范和标准的正确认知与遵守；船长还应当督促高级船员和普通船员严格遵守有关船舶航行安全和防治船舶污染水域的相关规定和标准、规范。

值班船员应当有效履行值班职责，确保船舶安全；船长也应当对船员值班情况进行监督检查，及时纠正船员的不良操作行为。即使不是船长自身造成的船舶安全事故，仍然不能免除船长的安全责任。

（4）船长应当安排合格船员值班，明确值班船员职责。

船长对值班的安排应当符合保证船舶、货物、人员安全及保护水域环境的要求，考虑值班船员资格和经验，根据情况合理安排值班船员，并保证值班船员得到充分休息，防止船员疲劳值班。

船长对值班的安排，应当综合考虑值班船员的业务技能和责任心，明确对值班的要求。通常情况下，有条件的船舶，在航行中，可以安排经验丰富、责任心强的驾驶员、轮机员在复杂、关键性航段值班；在停泊中，可以安排经验丰富、责任心强的船员在夜间值班。在安排船员轮休时，应当充分考虑在特定水位期对在船人员的技术要求，根据情况合理安排休假和值班船员。

（5）船长应当根据航次任务做好开航准备工作，包括备好本航次所需的燃料、备品等。3 000 总吨及以上内河货船和 300 总吨及以上内河客船应当制订航行计划。

开航前的准备工作很多，涉及人员的交接、船舶的油水供应、各种物料的领取、食物的供应等，情况非常繁杂，稍微马虎，就可能导致项目遗漏，甚至影响船舶的正常开航。船长应当根据航次任务做好计划，分工到人，责任到人，仔细核查每一项准备工作是否落实到位，确保船舶顺利开航。

航行计划通常是指船舶在接受新的航次任务后，从一个港口泊位航行到另一个港口泊位的过程中，有关保证航行安全的具体措施与对策。航行计划内容覆盖面较广，至少应当包括和考虑出发港、目的港、航程、连续航行时间限制、航经水道、重要桥梁、交通管制区、天气情况等事项和要素。

航行计划要求结合船舶的实际情况、航行区域的水文气象、通航密度、碍航物、特别规定、航道条件等诸多因素，综合航行的专业知识，在船舶开航前编制出一份详细完整的计划，对该航次确定或者可能遇到的特殊情况做出预案。船舶航行计划的制订不仅仅关系到船舶、公司的经济效益，也关系到船舶和船员的安全以及水域环境的保护。

(6)船长应当对值班情况进行监督检查，及时发现并纠正船员的不良操作行为。

值班船员的业务技能各不相同，操作水平参差不齐，责任心也不一样，因此值班船员履行值班职责也存在差异。船长是船舶安全的第一责任人，对船舶安全、技术业务全面负责，应当对船员值班情况进行监督检查，并及时纠正船员的不良操作行为，确保值班职责的有效履行。

(7)在遇到能见度不良、恶劣天气、航行条件复杂等可能影响船舶安全的情形时，船长应当亲自操纵船舶或者监督航行。

船长对安全具有独立的决定权，也应是船上驾驶技术和应急应变能力最强的驾引人员。当船舶遇到能见度不良、恶劣天气、航行条件复杂等可能影响船舶安全的特殊情形时，船长应当根据情况决定是锚泊还是继续航行，如需继续航行，鉴于其他船员的业务技能，不一定满足特殊情况下船舶操纵的需要，船长应当亲自操纵船舶，至少要监督航行，确保万无一失。

(8)船员在值班期间不得安排影响其值班的其他工作。

船员在值班期间都有其规定的岗位和职责，安排值班船员从事其他工作，将影响其值班职责的有效履行，给值班安全带来隐患。

为确保船舶安全，要求船上所有人都应当自觉严格遵守船舶值班制度，任何人不得向值班船员安排影响其值班的其他工作，值班人员更应该坚守岗位，不得从事与值班无关的其他工作。

二、不同类型船舶驾驶部值班的配员要求

(1)内河货船在航行中的驾驶值班安排应当符合以下要求：

①3 000 总吨及以上内河货船，驾驶值班每班至少 2 人，其中至少 1 人是船长或者是大副、二副、三副。

②1 000 总吨至 3 000 总吨内河货船，驾驶值班每班 1 人须是船长或者是大副、二副、三副。夜间及能见度不良时，需增配 1 名普通船员。

③未满 1 000 总吨内河货船，驾驶值班每班至少 1 名船长或者驾驶员。

(2)内河客、渡船在航行中的驾驶值班安排应当符合以下要求：

①1 000 总吨及以上内河客、渡船，驾驶值班每班至少 2 人，其中至少 1 名船长或者大副、二副、三副。

②300 总吨至 1 000 总吨内河客、渡船，驾驶值班每班至少 1 名船长或者驾驶员，夜间及能见度不良时，需增配 1 名普通船员。

③未满 300 总吨内河客、渡船，驾驶值班每班至少 1 名船长或者驾驶员。

三、停泊值班的一般要求

船舶停泊时应当留有足以保证船舶安全的船员值班，确保满足应对可能发生的紧急情况的需要。其中，1 000 总吨及以上货船和 300 总吨及以上客船停泊时应当留有一个航行班的驾驶和轮机人员值班。

船舶停泊时随时可能会发生各种特殊情况，比如走锚、失火、周围船舶危及本船安全的情况等，因此要求船舶停泊时应当留有足以保证船舶安全的船员值班，以应对可能发生的各种紧急情况的需要。由于《值班规则》适用的船舶大小、种类不一，最低配员不同，因此无法对船舶停泊值班人数做出一个明确的规定。

其中，1 000 总吨及以上货船，船舶吨位较大，操纵难度大，一旦发生事故，可能导致重大财产损失；300 总吨及以上客船载客人数较多，一旦发生各种紧急情况，可能造成重大人员伤亡。《值班规则》规定上述船舶停泊时应当留有一个航行班的驾驶和轮机人员值班，是为了有紧急情况发生时，值班人员能够有效控制局面，包括应对移泊、起锚、紧急操船、灭火和旅客疏导的需要。因此《值班规则》对这类船舶的停泊值班提出了明确的要求。

四、驾驶、轮机船员安全值班的共同要求

（1）值班船员应当遵守下列驾驶台和机舱资源管理要求。

①值班船员应当正确接收和处置气象、水文、周围船舶动态等与航行安全有关的信息。

天气、水文的变化对船舶航行安全产生直接的影响，有效地运用水文、气象环境资料和水文气象部门的各种预报结果，及时获取异常的水文、天气情况，提前做好预控方案，是确保船舶安全的基础工作，值班人员必须通过互联网、收音机、VTS 等多种途径按时收听气象预报、获取准确的水文气象信息；如果有异常情况发生，值班船员应当及时报告值班驾驶或者轮机人员，以便船舶及早采取预控措施，确保航行安全。

周围环境和船舶动态的变化直接关乎船舶的航行安全，值班驾驶人员应当保持高度的警惕，运用各种瞭望手段，收集周围船舶信息，并准确地判断来船的动态，采取协调一致的行动。

②值班船员应当保持通信沟通联络有效畅通。

联络有效畅通的第一层含义是指船舶内部联络的畅通，比如轮、驾部门之间联络畅通。轮、驾部门内部联络畅通，值班船员与值班驾驶人员或者轮机人员的联络畅通；第二层含义是指船舶与外部联络的畅通，比如船舶与岸基的联络、船舶与 VTS 的联络、船舶与他船的联络畅通等，只有保持通信联络的有效畅通，及时获知相关信息，在工作中相互协调、支持、及时应变，才能确保船舶的相关工作有序、顺利、安全展开。

③值班船员对值班安全产生怀疑时，应当立即告知船长、轮机长、负责值班的高级船员。

“怀疑”二字是对安全意识的高度概括，任何时候对安全条件表示怀疑时，应当理解为是不安全的。当对值班安全产生怀疑时，应当认为已经无法确保船舶安全，此时为安全起见，应立即向高一级职务的人员报告，并采取相应措施，消除怀疑，确保船舶安全。

（2）值班船员应当按规定升降国旗，正确显示号灯、号型和旗号，不得擅离岗位，不得从事与值班无关的事项。

按规定升降国旗，正确显示号灯、号型和旗号，分别是《船舶升挂国旗管理办法》《规则》的

明确要求,无论是航行还是停泊都必须严格遵守;轮、驾值班船员都有各自规定的岗位和职责,应当严格遵守值班制度,不得擅离岗位,更不得从事与值班无关的其他事项。

(3)值班船员应当按规定记载航行日志、轮机日志等法定文书,船长、轮机长应当按规定进行审核并签名。

航行日志、轮机日志是船舶航行、停泊、作业、修理全过程的原始记录,是船上的法定记录簿,应当真实记载船舶运行过程中的各种情况,为海事调查及可能发生的诉讼提供法律上的证据,更为分析查找各种事故原因提供可靠的原始依据,因此在值班期间应当按规定记载航行日志、轮机日志等法定文书。

船长对航行日志的记载全面负责,轮机长对轮机日志的记载全面负责;船长、轮机长应当按规定对法定文书记载的内容进行审核确认并签名。

(4)船舶航行和作业期间,舱面人员进行临水作业时应当规范穿着救生衣。

船舶航行和作业期间,舱面人员进行临水作业时随时有落水的危险,在作业时应当做好劳动保护,严格按照相关作业的规范程序进行,使用安全带、穿着救生衣是对临水作业人员最基本的要求和防护措施。

(5)严禁船员酗酒,值班船员在值班前4 h内及值班期间禁止饮酒,且值班期间血液中的酒精浓度不得超过0.05%或者呼吸中的酒精浓度不得高于0.25 mg/L。

严禁值班船员服用可能导致不能安全值班的药物。严禁船员有吸毒行为。饮酒、吸毒或不当服用药物会使值班人员的注意力和反应能力下降,影响瞭望和判断的质量,贻误最佳操作时机,对船舶避碰和操作极为不利。

由于河、海船员航行水域的交叉,通海的内河水域活动着大量的海船,部分内河船员航行在国境河流上,在同一水域应当统一执法标准,《值班规则》对值班船员的酒精、毒品和药品控制采用了国际统一标准。

第八章 驾驶值班

本章明确了对驾驶值班的整体要求，具体包括：规定了船长对驾驶值班的安全责任和安排值班时应该考虑的主要因素；对如何保持正规瞭望进行了详细阐述；针对船舶航行、停泊、作业的特点，对驾驶值班做出了明确的规定。

第一节 值班安排要求

驾驶值班安排应当适应船舶所处的状态、环境、条件，合理安排。值班团队的组成直接影响值班效果和船舶安全，船长在确定值班船员组成时，应当考虑下列因素：

(1)要求 24 h 有人值守

船长应当根据船舶配员的情况，充分考虑船员的休息，结合值班人员的经验、技术、责任心，合理安排值班人员，确保船舶全天候的、不间断的值班。

(2)天气、能见度情况、白天及夜间的驾驶要求差异

船长应当考虑特殊的气象条件下对船舶值班人员的技术要求，确保在恶劣天气情况下或者夜间能够有责任心强、技术业务良好的人员在岗值班。必要的时候，也可以增加人员，或者考虑船长监航，确保安全。

(3)船舶特性、船舶操纵性能、船舶尺度、驾驶台结构和指挥位置的视野、航经特殊水域和临近航行危险等可能引起的额外工作量

船长应当根据船舶的实际情况，考虑船舶特性、船舶操纵性能、船舶尺度、驾驶台结构和指挥位置的视野等，合理安排足够数量的值班人员，以弥补船舶尺度、驾驶台结构和指挥位置的

不足，消除以上因素导致的不利影响。综合运用多种手段，加强瞭望，航经特殊水域和临近航行危险等情况可能需要增加值班人员，比如派人瞭头、瞭尾、备锚等。

(4)雷达/电子定位仪/船舶自动识别仪(AIS)等助航仪器、操纵装置、报警系统等影响船舶安全航行的设备的使用和工作状态

助航设备故障会影响船舶的瞭望质量。船舶自动识别仪(AIS)故障，遇有来船，双方无法获取 AIS 信息，将失去判断危险的重要手段，《规则》要求自动识别仪(AIS)应当处于常开工作状态；能见度不良，雷达是最为有效的瞭望手段之一，雷达故障将导致船舶无法在能见度不良的情况下航行。操纵装置不能正常工作，将可能导致船舶失控。报警系统故障，值班人员就无法及时发现设备存在的问题，从而无法提前采取相应的预控措施。这些都给航行安全带来巨大的隐患。

总之，助航仪器、操纵装置、报警系统等是否处于正常状态，对船舶航行安全影响很大，船长对值班的安排应当充分考虑助航设备、操纵装置及报警系统的具体情况，一旦无法确保航行安全，应当及时选择安全水域锚泊。

(5)驾驶台内的机舱控制装置、警报和指示器及其使用程序和局限性

值班人员应当熟悉驾驶台内的机舱控制装置、警报和指示器的使用程序和局限性，能够熟练地操作和转换相关的装置，如驾驶台内的机舱控制装置是否正常可靠、指示器是否准确显示、警报能否触动工作。当出现情况异常，值班人员应当立即通报机舱并报告船长。

(6)值班船员对船舶设备、装置的熟悉程度及操作能力，值班船员的适任能力及经验

值班船员的能力、经验各不相同，船长对值班的安排应当综合考虑船员的具体情况，对同班值班人员的搭配最好能够做到相互补充、取长补短；有可能的情况下，对经验欠缺的值班人员，尽可能安排在周边情况明朗、简单，船长或者值班驾驶人员有时间监管的情况下值班，确保船舶安全。

(7)必要时召唤待命人员立即到驾驶台协助的可能性

应充分考虑驾驶台值班人员的数量、素质可能不适合某些特殊情况下应急或者操纵的需要，可以安排适当的人员待命，特别是对于驾驶台正常只有一个人值班的情况，更加有必要这样做。约定联系、通知的方式，一旦遇有紧急情况，需要增加瞭望人员、请船长上驾驶台监航或者船长亲自操作等，驾驶台值班人员应当立即通知相关待命人员。接到通知后，相关人员应当立即到驾驶台协助。

(8)考虑所载货物的性质和状况、旅客的数量和位置

船长在安排值班时，应当充分考虑船舶所载货物的性质和状况、旅客的数量和位置，确保货物和旅客的安全。

(9)特殊的操作环境对航行值班的特别要求

船舶通过关键性、复杂性、危险性航段，或者在特殊情况下航行，应当选择经验丰富的人员加强值班，必要时可增加人员或者船长监航乃至亲自操作，以策安全。

第二节 瞭望要求

一、瞭望的意义

《值班规则》把"瞭望"的规定单独列为驾驶值班的一条内容有两层含义,首先是强调正规瞭望对安全值班的重要性,其次是瞭望的规定必须贯穿于驾驶值班的全过程,包括航行值班和锚泊值班。

从船舶避碰意义上讲,瞭望主要是指对船舶周围环境和情况,特别是来往船舶及其动态进行观察、了解和判断,是船舶不断收集和鉴别周围其他船舶信息的过程。从某种意义上讲,对事物的估计与判断的重要性远远高于对事物进行观察的本身所具有的一般意义。因此,不能简单地把"瞭望"一词理解为一种单纯的观察,而忽略其内在的实质意义。

船舶只有在保持正规瞭望的前提下,才能正常航行和避让。在船舶航行和避让过程中,船舶信号的识别、船舶动态的判断、船舶会遇局面与碰撞危险判断、船舶避让决策与行动、避让效果的核查、安全航速的控制、航路的选择这些关键环节和技术,都离不开瞭望的保证,都离不开瞭望对信息的识别和判断所起的根本作用。

船舶碰撞事故统计结果表明,无人瞭望或未保持正规瞭望是导致船舶发生事故的起因、重要原因或主要原因。在船舶碰撞案件中,绝大多数当事船舶有不同形式和程度的瞭望疏忽。

驾驶值班人员必须清楚地认识到,保持正规瞭望,以便及早发现并判明其动态,是及时准确地对会遇局面和碰撞危险做出充分估计、进行避碰决策以及采取避碰行动的先决条件。

实践告诉我们,只有保持正规瞭望,才能做出准确判断,才可能采取正确的避让行动,才能够实现安全航行的目标。

《值班规则》要求,驾驶值班船员应当充分利用视觉、听觉及其他一切有效手段始终保持正规瞭望,同时在规定的频道上守听甚高频(VHF)无线电话,必要时做好记录,掌握来往船舶动态和周围环境情况,以便对局面和碰撞危险做出充分的估计,并且强调夜间、能见度不良及其他特殊情况下应当加强瞭望。

二、瞭望要求

保持正规瞭望与很多因素有关,至少应从瞭望人员素质、数量、位置、手段等方面予以规范和保障。

(1)配备合格的、足够的瞭望人员

瞭望人员至少具备良好的思想素质、身体素质和业务素质。要求瞭望人员在思想素质上,具有高度的责任心;在身体素质上,应能适应视觉及听觉瞭望的基本要求;在业务素质上,应具备必要的驾驶专业知识与技能,并能运用所掌握的知识分析与判断所观察到的一切事物。

《值班规则》规定的值班船员的数量只是最低要求,应充分考虑当时的天气情况、能见度情况,所处水域的自然条件、导航条件和通航密度,船舶所装配的助航仪器,以及特殊的操作环境可能产生的对航行值班的特别要求等因素，适当增加瞭望人员。例如，在能见度不良的水域中航行时，在港口、渔区等通航密度较大的水域航行时，或者进行掉头、靠/离泊操纵时，除规定的值班船员之外，还应考虑在适当位置增派适量的瞭望人员。

（2）要有合适的瞭望位置

根据需要增加瞭望位置。瞭望人员的瞭望位置可在船舶周围，包括船舶的前部、后部、两侧。要获得最佳瞭望效果，应根据当时环境和情况的实际需要而定，不能因为瞭望位置不当而疏漏瞭望目标。通常情况下，能见度不良时，若天气条件允许，瞭望人员一般都应配置在船舶的前部。这是因为在及早发现来船、守听他船声号、克服主机噪声、判断碰撞危险等方面，船前位置瞭望具有明显优势。船舶掉头、靠/离泊、倒车后退之时，通常还要求在船舶的后部或两侧设置瞭望人员。总之，瞭望人员的瞭望位置以获得全方位的观察资料和最佳的瞭望效果为前提。

在驾驶台要注意消除盲区。目前船舶的驾驶台结构，一般都不是全透明的，在窗框及拐角的遮挡物形成的扇形区域，就是我们在某一固定位置的盲区。这就要求驾引人员在驾驶台值班期间，不要长期地处在某一固定的位置瞭望，比如长时间坐在椅子上引航等，要不断地变换自己的瞭望位置，来消除盲区，才能及时发现和消除碰撞危险。

目前很多船员在驾驶台值班时很懒惰，不愿意站立引航，不愿意多走动，一些个体船员有的躺在椅子上用脚操舵，甚至在驾驶台看电视、玩手机，这些必须引起足够的重视。

（3）多种瞭望手段交叉运用，相互验证，提高判断的准确率

各种瞭望手段各有优缺点，应根据各种瞭望手段的不同特点而交替使用、交叉对比、相互验证，提高判断的准确率。目前内河船舶的驾引人员年龄偏大的文化水平普遍偏低，在引航操纵中，过多地依赖视觉和听觉，而基本不会使用高科技的助航设备；年轻的驾引人员引航时过多依赖助航设备，而轻视基本的瞭望手段，这都不是正规瞭望的做法。

（4）保持连续、不间断的全方位瞭望

正规瞭望过程应是瞭望人员在任何时候保持连续、不间断的过程。应做到随时注意周围环境和来船动态，一旦间断瞭望，将不能正确掌握当时环境和情况的变化。间断时间越长，危险性越大。在瞭望方法上，应采取先近后远、兼顾两舷、由前到后的方法，力求消除视觉盲区。对于危险的目标更要进行连续的跟踪。

锚泊时，应坚持昼夜认真值班，不能因锚泊不同于在航而在瞭望上放低标准，出现松懈。

（5）船舶自动识别仪（AIS）的使用

船舶进出港签证取消后，进出港报告制度更加高效、便民，但给海事管理机构安全监管的模式和手段带来挑战，而获取 AIS 信息将成为监管的重要抓手。同时，使用船舶自动识别仪（AIS）也是船舶判断航行危险的重要手段，所以《值班规则》要求，船舶自动识别仪（AIS）应当处于常开工作状态，并且要求及时更新信息，既方便海事的监管，也符合正规瞭望的要求，便于来船及早识别和联系，统一会让意图。

（6）正确处理瞭望与其他工作的关系

船舶应当随时保持正规的瞭望，瞭望人员切不可因忙于定位或寻找浮标或灯标、记录台账、转向或核对航向而疏忽瞭望。

对照正规瞭望的要求，结合船舶碰撞事故案例的实际情况，疏忽瞭望或未保持正规瞭望主要存在以下问题，驾驶值班人员必须引起足够的重视：

①瞭望人员数量不足或值班人员擅自离开工作岗位；

②瞭望人员瞭望不认真，玩手机等电子设备或做其他事情分散了注意力；

③瞭望手段不当或不系统，如能见度不良时仅用肉眼瞭望等，长时间使用单一瞭望手段，比如长时间观察雷达，忽略其他瞭望手段的应用；

④瞭望对象不全面或遗漏瞭望对象，长时间观察一个目标而疏忽其他危险目标等；

⑤瞭望过程不连续或戒备不足，如对某一特定对象观察次数偏少等。

第三节 航行值班

一、航行值班要求

（1）值班驾驶人员应当使用安全航速。

关于航速的确定，应当根据周围环境和情况的要求，确保有足够的时间和距离采取有效的避让行动，防止碰撞和浪损，该快时则快，该慢时则慢。

值班驾驶人员应当掌握在任何吃水情况下本船的冲程等操纵特性，并充分考虑能见度、通航密度及其他外界因素对航速的影响。

在有地方限速的水域航行，应当满足地方限速的要求。

能见度不良时决定安全航速，应当充分考虑雷达的特性、效率和局限性。使用雷达时，应当选择合适的量程，仔细观察显示器，对目标进行系统的分析和判断；应当确保所使用的雷达量程以足够频繁的时间间隔进行转换，以便及早发现目标。应当考虑地形、地貌对雷达的影响而形成的盲区，以及天气对雷达分辨率的影响，考虑微弱或者反射特征差的物标可能被漏掉。

（2）值班驾驶人员应当严格遵守航行原则，沿着规定的航路行驶。

遵循航行原则是船舶航行与避让安全的最基本保证，是维护水上交通秩序的最基本要求。船舶可以根据河流的客观规律选择航路，但在有地方特别规定的内河水域航行，应该按照规定航行和避让，随时掌握本船船位，确保行驶在规定的航路上。

（3）值班驾驶人员应经常检查操纵设备、助航仪器是否处于正常状态，号灯、号型和旗号是否正确显示，若发现异常，应及时采取措施。

只有操纵设备、助航仪器处于良好的状态，才能使船舶保持正常航行，发现有碰撞危险时也能及早采取相应的措施；号灯、号型和旗号正确显示，方便来船及时识别、判断、了解本船的动态。当对来船动态不明产生怀疑或者声号不统一时，应当立即减速、停车，必要时倒车，控制船位。

值班驾驶人员只有结合本船操纵性能，正确使用操纵设备和助航仪器，平时加强对关键性设备的检查，对航行中可能出现的各种紧急情况要做好预防和控制，针对可能出现的各种紧急情况进行应急应变的训练，掌握发生紧急情况时的应急措施，才能在危险发生时采取正确的操纵行动，沉着应对，转危为安。

（4）值班驾驶人员应当给其他值班船员适当的指令和信息，并监督操作指令是否正确执行。值班的普通船员应当正确执行船长、值班驾驶人员下达的操作指令,对指令有疑问或者出现不能执行指令的情况时应当立即报告。

值班驾驶人员下达的指令,必须要跟踪和检查指令的落实情况。值班的普通船员对船长、值班驾驶人员下达的操作指令应当不折不扣地完成,遇到疑问或者指令表达不清,应当进行追问和确认,并按照要求完成指令;遇到异常情况或者由于客观情况的限制无法完成指令,应当立即报告。

船长在驾驶台但未声明亲自操纵时,值班驾驶人员应当正常履行值班职责。船长在驾驶台并不一定代表其是指挥操作者,在船长未声明亲自操纵前,值班驾驶人员应当正常履行值班职责;船长声明接替操作,值班驾驶人员应当将自己掌握的情况报告船长,做好交接工作。

船长接替操纵后,未经船长同意,值班驾驶人员不得擅自离开驾驶台,仍负有协助的责任,包括协助瞭望、监车、监舵,必要时接替操舵等。

夜间航行时,如有必要,船长应当签署夜航命令。对船长签署的航行指令,值班驾驶人员应当给予足够的重视,认真研究、领会,并严格执行,遇有异常情况或无法执行船长指令时,应及时向船长报告。

二、航行中特殊情况的处理

遇下列情况时,值班驾驶人员应当及时采取措施,并立即报告船长:

(1)能见度不良、对通航条件有疑虑、对船长指令有疑问、遇恶劣天气威胁航行安全。

能见度不良时,应当立即报告船长。在雾中航行时,应当加强瞭望,采用安全航速航行,按规定鸣放声响信号,用 VHF 周期性通报船位和动态,指派专人观察雷达,也可以派人瞭头,同时备车、备锚,必要时及早选择安全水域锚泊,做好值班工作。

在任何时候,当对通航条件有疑虑、对船长指令有疑问或者遇恶劣天气时,应当立即报告船长,并根据情况采取减速、停车等措施控制船位,按规定使用信号,向周围船舶通报本船动态。

(2)发现遇险信号或者危及航行安全的可疑物,主机、舵机或者其他主要的操纵设备和助航仪器发生故障,发生碰撞、触礁、搁浅、火警、人员落水、环境污染、船舶进水等紧急情况,出现危及航行安全的其他情况。

三、报告程序

航行值班中发生上文(2)所列出的特殊情况时,除立即报告船长外,还应当报告事发地海事管理机构。

发现遇险信号,应当根据当时的环境和情况的要求,尽全力救助遇险的船舶和人员。如果本船由于特殊原因无法救助,应当立即报告事发地的海事机构,并应尽可能代发求救信号,同时应说明遇险船舶的船名和遇险位置。

发生主机、舵机等关键设备的故障,应当立即按照失控的应急方法操作船舶,尽可能让开航道、航路,到安全水域锚泊,同时按规定显示信号,通报动态,向事发地的海事机构报告。

发生碰撞、触礁、搁浅、火警、人员落水、环境污染、船舶进水等紧急情况或者出现危及航行安全的其他情况,整体的要求是按照先急后缓的原则,根据应急应变的部署采取应急行动,显示信号，发布本船动态，及时向事发地海事机构报告。

第四节 停泊（系泊、锚泊）值班

一、停泊值班要求

驾驶值班船员应当认真执行有关安全规章制度，掌握在船人员动态和值班任务执行情况，经常巡视船舶，了解周围情况，维持船上的正常秩序。

（1）值班驾驶人员负责与港口联系，了解货物装/卸，旅客上/下和燃料、水补给进度，并掌握船舶吃水、浮态、强度和稳性等情况。

了解货物装/卸，旅客上/下和燃料、水补给进度，是为了航次计划能够按照预定时间顺利实施；掌握船舶吃水，根据本航次的计划航线留足富余水深；根据受载情况，及时调整船舶的浮态，在受载过程中，注意舱序、浮态、平舱、止移，努力消除初始横倾，对重大件货物的装货处所船体要有足够的强度，同时保证船舶具有适度的稳性，确保船舶、货物及旅客上/下的安全。

（2）系泊中，水位涨落、他船靠离、风、浪、流以及船舶吃水的变化，均会影响系缆和锚链受力，导致舷梯、跳板、安全网发生移位，驾驶值班船员应当经常检查，及时调整系缆，采取正确措施。如发现异常，应及时报告，确保安全。

（3）在抛锚后，应对当时的气象水文状况进行分析，对不安全的因素进行评估，及时采取预防船舶走锚的措施，同时加强锚泊值班，熟练掌握判断走锚的一些常规的方法，以便在船舶（包括本船和他船）发生走锚的初期及早发现。

锚泊中，驾驶值班船员应当了解潮汐、水流、水深、底质、气象及周围环境等情况，并保持正规瞭望，注意下列情况：

①是否走锚

走锚是指锚在外力作用下离开锚泊位置而持续拖动的现象，应当视为失控。值班人员应当熟练掌握判断走锚的方法，以便及早判断和发现船舶走锚，并及时采取相应的应急措施。

②周围锚泊船及附近航行船舶动态

值班时保持正规瞭望，准确掌握周围锚泊船及附近航行船舶动态，如发现他船走锚应当及时联系并通知对方，本船也应立即采取措施，包括使用靠垫、紧急备车并通知船长等。如发现航行船舶对本船构成危险，应当使用灯光、声号、甚高频等及时提醒和警告来船。

③风、浪、流、水位及潮汐的变化情况

值班人员应当准确掌握外界因素的变化，风、浪、流、水位的变化可能造成锚的系留力不足，从而导致船舶走锚。值班人员应当根据外界因素的变化，提前做好预控。锚泊船受到转潮流的影响，转向时可能因与他船太近而构成危险，值班人员要提前做好预判，并及时采取必要的措施，转潮流也可能会使船舶发生走锚。

④本船货物和旅客的状态、并靠船舶的系缆及其他安全设施状况

值班船员应当根据天气的变化情况采取相应措施，做好对货物和旅客的保护和管理工作。

防止货物移动，必要时加强系固；要注意船舶之间的跳板、安全网以及系揽的情况变化，及时调整位置或者松紧系缆，确保设施处于正常、安全的状态。

(4)船舶修理时，值班船员应当督促从事高空、舷外、临水、明火作业以及封闭舱室内的工作人员严格执行相关安全制度

从事高空作业要系好安全带，舷外及临水作业要穿好救生衣，明火作业要做好防火措施，进入封闭舱室内工作要严格执行相关安全制度，包括对封闭舱室进行通风、测氧，舱内外的联系，舱口留人值守等。

二、停泊时异常情况的处理

(1)本船或者他船走锚，或者过往船舶距离本船过近出现危险局面时，值班船员应当果断采取有效措施，并立即报告船长或者值班驾驶人员。

值班人员发现走锚，应当及时报告船长，显示失控船舶的信号，用高频电话告知周围的船舶，按规定使用声号。在外界风、浪较大的情况下，切不可松长锚链，因为松长错链不利于锚的二次抓底，并会增大偏荡，此时应立即抛出另一舷艏锚并使之受力，防止船舶由于走锚距离过长而发生搁浅、碰撞等事故，同时船舶应及时备车，待主机备妥后起锚重抛或转移锚地锚泊，并继续做好停泊值班工作。

发现其他船舶走锚或者航行船舶离本船太近等，应当通过适当的方法予以警示和提醒，必要时采取紧急备车等措施，保证船舶安全。

(2)发现火情、人员落水、环境污染、船舶碰撞等紧急情况时，值班船员应当按照应急应变的要求，采取针对性的应急应变行动，包括紧急操船等，并立即发出警报信号，报告船长及VTS，按应变部署全力施救。必要时请求外界的支援和救助。

第五节 作业值班

随着内河船舶大型化步伐的加快，由于积载、装卸和作业操作不当而造成船体变形、断裂、侧倾甚至倾覆的情况时有发生；大型客船过大的受风面积、旅客往一舷的过度集中以及上/下旅客过程中都存在着较大的安全风险。

船舶所有人、经营人、管理人、船长以及高级船员在保证货物作业和旅客安全方面，应当健全制度、做好计划、控制风险、狠抓落实，确保货物作业和旅客安全。

负责计划和实施装/卸货物，上/下旅客作业的值班船员应当提前预控和采取必要的防范措施，及时识别和控制特定风险，确保作业的安全实施。

船舶载运危险货物、污染危害性货物或者旅客时，船长应当做出保持货物、旅客和环境安全的值班安排。

在作业期间、船舶开航前和航行中，值班驾驶人员应当亲自或者安排其他人员对旅客情况、货物积载、系固状况、船舶强度和稳性进行检查和判断，并采取必要的措施来保障旅客、货物和船舶安全。

近年来,长江干线连续发生集装箱船在码头装卸期间侧倾,箱子落水等事件,对其他船舶的航行安全、饮水安全造成严重威胁;大型内河干散货船装卸作业中断裂也造成了人员伤亡事故。船舶在航行前、航行中、货物作业期间,船长和值班驾驶人员对旅客状况、货物积载与系固、船舶强度和稳性等方面的安全管理责任重大,千万不能掉以轻心。

第六节 交接班的要求

一、交接班前

交班人一般应提前 30 min 通知接班人员(有条件的船舶可以提前 45 min 通知接班人员),驾驶、轮机接班人员可在接班前召开短暂的班前作业会,由值班驾驶人员介绍本班的大致任务、通过的关键性航道、桥梁以及相关的注意事项等,值班轮机人员根据本班任务情况布置应该完成的事项,轮驾如何配合等。

交接班必须在驾驶室进行,接班船员应当提前 15 min 到达值班岗位,熟悉情况,做好接班前的准备工作,正点交接完毕。

二、交接事项

(1)航行中值班驾驶人员交接班时应当交接清楚下列事项:

①航道、船位、航向、航速、水位、水流、潮汐、气象等情况;

②号灯、号型、旗号、声响设备及助航仪器状况;

③过往船舶动态;

④助航仪器获取的重要信息和无线电话联系情况及双方已明确的会让意图。

⑤本船(或船队)吃水及操纵性能;

⑥航行信息、通电、通告及船长指示;

⑦客、货船的中途上/下旅客及货物装/卸情况;

⑧船队在中途加拖、解拖及变更队形的情况;

⑨旅客、货物状态检查和全船巡视情况;

⑩本班内发生的重要事项及下一班需要继续完成的事项;

⑪有关航行安全的其他情况。

(2)停泊中驾驶值班船员交接班时应当交接清楚下列事项:

①气象、水位、水流、潮汐、系缆、本船周围情况;

②船位、锚位、出链长度、受力及偏荡情况,走锚的情况及采取的措施;

③货物装/卸作业,旅客上/下,船舶吃水、强度和稳性等情况及港方要求;

④有关防风、防火、防盗、防洪、防污染、防冻、防流冰等安全措施;

⑤检修工作的进度及问题处理;

⑥本船显示的号灯、号型及有关信号;

⑦发生的事故及需要注意的事项；

⑧船长指示；

⑨在船人员动态和值班任务执行情况；

⑩其他注意事项和措施。

(3)发生下列情形时，暂不进行交接：

①正在避让或者处理紧急事

与他船构成危险正在避让时不可以交接，因为接班人刚接班时需要对周围环境等有一个适应的过程，此时接班不利于船舶的避让安全，应当驶过让清再行交接。

②航行时正在通过桥区水域、危险航道、进出船闸或者正在转向

正在通过桥区，复杂、危险航道，或者正在进出船闸，或者正在转向时，不宜交接，交班的值班驾驶人员对此时环境、流态、风力、风向的掌握和感知更加真实准确，对他船的会让意图清楚明白，更有利于保证船舶安全通过这些水域。

③接班船员对交接事项不明或者有疑虑

交接班要求交清接明，如果接班人员对交接的事项不清楚可以询问、确认，不可以在对交接事项未了解清楚的情况下盲目接班。

④交接班时间已到但无人接班

如接班人逾时未到，值班人员不得离开岗位，必须继续履行对值班安全的责任。交班船员应当及时了解情况，必要时报告船长。

⑤交班船员认为接班船员状态不适合接班

交班船员认为接班船员的身体状况、情绪、心态等不适合接班，或者认为接班船员不能保证值班的安全，应当暂停交接，及时报告船长处理。

三、交接后

交接班过程中的安全责任由交班船员负责，交接清楚后双方在航行日志上签字。

航行日志是船上的法定记录簿，交接过程中的责任认定应当以航行日志上双方签字的时间为准，签字时间之前说明交接还未完成，交班船员对安全负有完全责任，签字以后由接班船员对安全负责。

交接过程如有争议，由船长协调解决。

第九章 驾驶、轮机联系制度

驾驶、轮机两部门联系畅通以及在工作上相互协调、配合，是保证船舶各项工作安全、按时、有序进行的基础。驾驶、轮机联系制度的确立，对于船舶的安全工作具有十分重要的意义。本章结合船舶在开航前、航行中以及停泊中驾驶、轮机工作各自的特点，对驾驶、轮机两部门的联系内容做出了制度性的要求。

第一节 航行中的联系制度

一、开航前的联系

（1）船长应当提前将预计开航时间通知轮机长，轮机长应当向船长报告主要机电设备情况、燃润油料存量。

船舶在长时间航行后，关键性设备需要检修和维护保养，船上的燃润油料也需要补给，这些工作都需要相应的时间完成。因此，需要船长提前将预计开航时间通知轮机长，以便轮机长合理安排检修、保养、补给。

轮机长应当向船长报告主要机电设备情况、燃润油料存量，以便船长对外联络和及时调整开航计划。

（2）开航前的对时、备车、试车、试舵、冲车及其他准备工作应由两部门进行配合、沟通完成。

值班驾驶人员应当会同轮机值班船员核对船钟、车钟、舵等，并将核对情况记入航行日志、轮机日志。

在船舶开航前机舱与驾驶台核对时钟，使驾驶台的时钟与机舱的时钟保持一致，这样才能使轮、驾两部门在记录同一事项时保证时间上的同步，如车钟的变化、过大桥、船闸、单向控制段等让的时间等（航行日志、轮机日志是法定文本，在事故调查中，记载的同一事项时间同步才有说服力）。

在船舶开航前备车、试车、试舵、冲车的目的是确保车、舵等关键设备处于良好状态。

明确核对船钟、车钟、舵分别记入航行日志、轮机日志，可以增强船员的法制观念。航行日志、轮机日志是船舶航行、停泊、作业全过程的原始记录，是船上的法定记录簿，它应当真实记载船舶运行过程中的各种情况，为分析各种事故原因提供可靠的原始依据。

轮、驾两部门的沟通应当是有效沟通，重要事项、关键问题责任落实到具体的部门和人员，并且有相应记录。两部门应通力配合，营造一个和谐、积极向上的工作环境，为顺利完成航次任务奠定坚实基础。

当然，开航前的准备工作不局限于对时、备车、试车、试舵、冲车，还包括其他工作，应当因船而异。

（3）主机冲车、试车前，轮机值班船员应当征得值班驾驶人员同意。

主机冲车、试车会造成船舶移动，使系缆的负荷发生变化，甚至造成系缆崩断的事故，因此在主机冲车、试车前需要值班驾驶人员详细检查船舶系缆受力、船舷靠垫、泊位前后空当大小、螺旋桨周围是否存在障碍物等，确保冲车、试车的安全并确定特殊情况的联系方式。

主机备妥后，机舱应当及时通知驾驶台。

二、航行中的联系

（1）驾驶台和机舱应当每日定时校对时钟并互换船舶位置、存油存水量等信息。

轮、驾两部门每日定时校对时钟，记录时间保持同步、准确。驾驶台告知机舱船舶位置，机舱告知驾驶台存油存水量等信息。

（2）船舶需要备车航行时，驾驶台应当提前通知机舱准备。

如遇恶劣天气等突发情况，轮机值班船员接到通知后应当尽快备妥。

船舶备车是将主机燃料油由重油换成轻柴油，以确保主机能频繁用车或较长时间慢车。将主机燃料油由重油换成轻柴油需要一定的时间，所以驾驶台应当提前通知机舱准备。

通常情况下，值班驾驶人员应当在接班前详细布置本班预计经过的弯曲航道、狭窄航道、桥梁、滩险航段、重要港区等可能需要备车的航段，让轮机值班船员有充分的思想准备。

遇恶劣天气等突发情况，形势紧急，情况复杂，需频繁用车或较长时间慢车、停车等，轮机值班船员接到备车通知后应当尽快备妥。

（3）因机电设备故障不能执行航行命令的，轮机值班船员应当立即通知驾驶台，轮机长应当立即报告船长，并组织抢修。

机电设备发生故障已不能执行航行命令，往往造成连锁反应，随时可能危及航行安全，轮机值班船员应当立即通知驾驶台，让驾驶台做好各种应急准备并采取相应措施。轮机长应当立即报告船长，便于船长做出正确判断，采取应急措施。轮机长立即下机舱组织抢修，尽快排除故障，保障航行安全。

故障发生和排除情况应当记入航行日志和轮机日志。一方面是因为这是法定的记录要求,另一方面是为分析和查找事故原因提供依据。

(4)轮机值班如需调换发电机、并电等需要暂时停电的,应当事先征得驾驶台同意。

调换发电机、并电等即使时间很短也可能导致驾驶台设备、助航仪器等无法正常使用,严重时会损坏仪器设备,影响航行安全。应事先征得驾驶台同意,在航道情况和周围环境许可时,方可调换发电机、并电,驾驶值班人员应提前关闭相关的用电设备,报告船长并采取对应的措施,确保航行安全。

(5)轮机值班船员应当立即执行驾驶台发出的紧急指令。

紧急指令是在船舶航行安全受到严重威胁的情况下发出的,此时避让的时间紧迫,空间可能严重受限。因此,轮机值班船员应当立即执行紧急指令,不得犹豫。

(6)抵港前,轮机长应当将本船存油情况报告船长。

船长应当了解和掌握本船的所有情况。轮机长应当将本船存油情况报告船长,便于船长统筹安排,完成补给。

第二节 停泊中的联系制度

一、刚抵港时的联系

抵港后,船长应当告知轮机长本船的预计动态,动态如有变化应当及时通知轮机长。机舱检修影响动车的设备,轮机长应当事先将工作内容和所需时间报告船长,取得同意后方可进行。

船舶长时间航行,轮机长需要利用停泊的时间对主要机电设备进行检修和维护保养等,因此抵港后,船长应当告知轮机长本船的预计动态,轮机长根据情况合理制订检修、保养、补给计划。

由于船舶在港内的机动性很大,可能随时出现移泊、让档等需要用车的情况,机舱值班人员如需检修影响动车的设备,未经船长同意不得进行。

二、抵港后的联系

(1)值班驾驶人员应当将装卸货情况适时通报轮机值班船员。

在装卸重大件、包装危险品或者使用重吊之前,值班驾驶人员应当通知轮机长派人检查起货机等设备,必要时还应当派人值守。

值班驾驶人员和轮机值班船员协调机制贯穿整个装卸货工作过程。轮机值班人员要确保起货机等设备有效运行,必要时还应当派人值守。装/卸重大件、包装危险品、贵重物品时,大副现场监督,必要时船长亲自监督,值班驾驶人员清点数量并详细记录,轮机值班人员现场督促操作人员正确使用重吊或者起货机,出现问题及时维修和处理。

(2)因装卸作业造成船舶过度倾斜,影响机舱设备正常运行的,轮机值班船员应当通知值班驾驶人员采取措施予以纠正。

船舶装卸作业不规范造成船舶过度倾斜,一方面影响船舶稳性,严重时导致船舶倾覆;另一方面船舶过度倾斜说明配积载不当，严重时导致船体骨架变形，影响机舱设备正常运行，甚至造成船体折断。这应当引起值班驾驶人员和轮机值班船员的高度重视，及时发现，及时处置。

（3）对船舶压载的调整以及可能涉及水域污染的任何操作，驾驶部和轮机部之间应当建立起有效的联系制度，包括书面通知和相应的记录。

处理和排放污水必须符合国家和地方有关防污染的法律、法规和制度，防污染应当成为船员的自觉行为。规范防污染的相关处理、操作并做好记录，以备主管机关监督检查。建立有效的联系制度，防止驾驶部和轮机部之间产生不协调，出现误操作，导致环境污染。

（4）加装燃油前，轮机长应当将本船的存油情况和加装计划告知值班驾驶人员，以便计算稳性、水尺和调整吃水差。

加装燃油将导致水尺变化，加装不当会造成船舶倾斜，自由液面影响船舶的稳性，可能会导致船舶系缆崩断和稳性变差。因此在加装燃油前，轮机长需要将本船的存油情况和加装计划告知值班驾驶人员。值班驾驶人员应当综合考虑各种因素，尽可能消除自由液面的影响，合理调整吃水差，确保船舶安全。

三、法律责任

《值班规则》的实施，明确了船长、驾驶和轮机值班船员的职责，强化了当班船员的履职意识，为船舶航行、停泊、作业和修理的安全提供了制度保障。每位船员必须按照《值班规则》的要求，认真履行值班的义务，确保船舶航行、停泊、作业及修理的安全，违反《值班规则》、未按规定值班，将承担相应的法律责任。

一、船员有下列行为之一的，依据《中华人民共和国船员条例》第五十七条，由海事管理机构处以 1 000 元以上 1 万元以下罚款；情节严重的，并给予暂扣船员服务簿、船员适任证书 6 个月以上 24 个月以下直至吊销船员服务簿、船员适任证书的处罚：

（一）未保持正规瞭望；

（二）未正确履行值班职责；

（三）未按照要求值班交接；

（四）不采用安全航速；

（五）不按照规定守听航行通信；

（六）不按照规定测试、检修船舶设备；

（七）发现或者发生险情、事故、保安事件或者影响航行安全的情况未及时报告；

（八）未按照规定填写或者记载有关船舶法定文书。

二、船长有下列情形之一的，依据《中华人民共和国船员条例》第五十八条，由海事管理机构处以 2 000 元以上 2 万元以下罚款；情节严重的，并给予暂扣船员适任证书 6 个月以上 24 个月以下直至吊销船员适任证书的处罚：

（一）航行条件复杂和情况紧急时未亲自操纵船舶或者监航；

（二）未根据航次任务落实好开航前的各项准备工作；

（三）未按规定保障船员充分休息；

（四）安排船员值班期间承担影响其值班的其他工作。

第三篇 人为失误与预防

第十章 人为失误

有统计指出，80%以上的海事事故与人为失误有关，可见人为失误对于保障船舶安全的重要性。

第一节 人为失误的概念

一、人为失误的概念

人为失误系指在某一特定系统中的操作人员在完成任务的过程中因意识、判断或行为等出现疏忽，从而不能根据当时环境和情况进行适当的操作，最终致使其无法正确处理面临的情况而发生系统运行的失常。

从通俗的意义来说，人为失误就是人们认为该做的未做，不该做的却做了。比如机动船不鸣放声号直接离泊进入航道；互以左舷会船的两船中，其中一船鸣放两短声。

二、失误链与事故链

实践证明，水上事故或灾难很少是由一种人的失误或单一事件造成的，它们几乎都是由一系列不严重的失误或事件导致的。也就是说，这些事故或灾难都是失误链或事故链发展的最终结果。换言之，一系列失误链或事故链的连续发展，将导致事故或灾难的发生。

无数事故证明，在事故发生以前，实际上已经存在了正在不断发展的失误链。这种失误链客观也就形成了事故链。在特定的条件和时间内，不安全行为加上不安全的条件而发展进入临界期,直至最后的主动出错导致事故的最终发生,如图 10-1 所示。

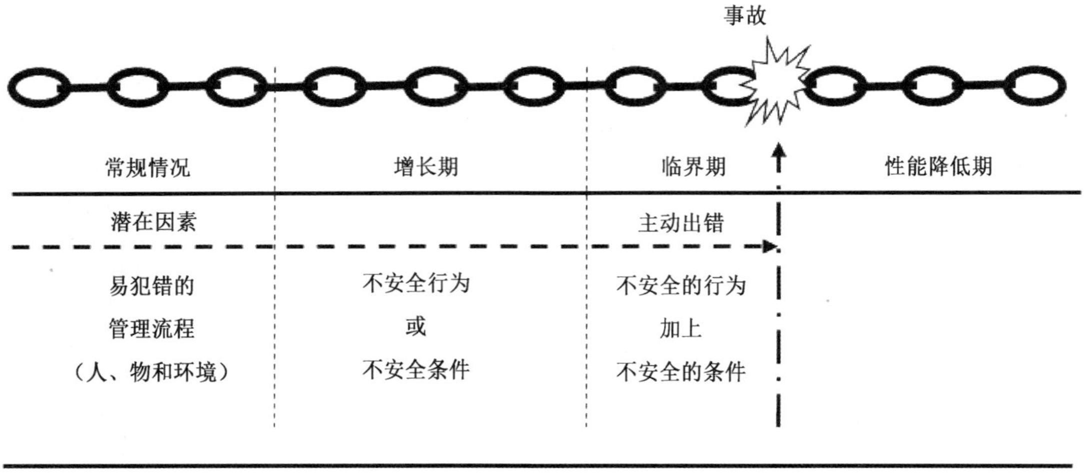

图 10-1　失误链与事故链的发展过程

从表面上看,很多事故发生在船舶航行与靠离泊作业中出现紧急情况和/或主机、舵机等主要船舶设备产生故障时的实际操纵之中。实际上,导致这些紧急情况和故障发生的原因往往是与船舶航行作业中或船上平时维护保养工作中的人为失误紧密联系在一起的。因此,失误链或事故链的发展导致最后事故产生是一种因果的连锁反应。

三、“多米诺骨牌”效应

1936 年,美国人海因里希(Heinrich)首先提出了事故因果连锁的理论,用以阐明导致伤亡事故的各种原因与因素和伤害之间的关系。该理论认为,伤亡事故的发生不是一个孤立的事件,尽管伤害可能在某瞬间突然发生,但它是一系列原因事件相继发生的结果。他采用五个竖立的骨牌形象地说明了这种因果关系,即第一块骨牌倒下后会引起连锁反应,使其余的骨牌逐个倒下(骨牌效应)。因此,这一效应也被称为“多米诺骨牌”效应。

海因里希提出的事故因果连锁过程包括五个因素(如图 10-2 所示),他认为伤害事故的发生、发展过程是五个具有一定因果关系的因素作用的结果。

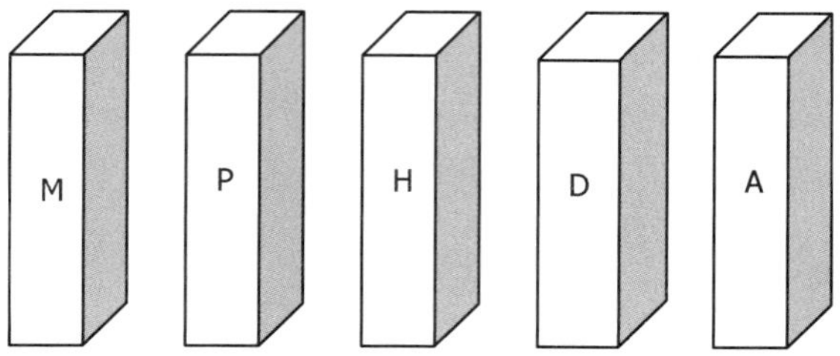

图 10-2　“多米诺骨牌”效应因素示意图

1. 遗传以及社会环境(简称 M)

人的性格上的缺点是由于遗传因素及社会环境而产生的。遗传因素可能造成鲁莽、固执等不良性格;社会环境可能妨碍教育,助长性格上的缺点发展。

2. 人的缺点（简称 P）

人的缺点是使人产生不安全行为或造成机械、物质不安全状态的原因，它既包括鲁莽、固执、过激、神经质、轻率等性格上的先天的缺点，也包括缺乏安全生产知识和技能等后天的缺点。

3. 人的不安全行为或物的不安全状态（简称 H）

事故的发生是由人的不安全行为或物的不安全状态造成的。人的不安全行为或物的不安全状态是指那些曾经引起过事故，或可能引起事故的人的行为，或机械、物质的状态，它们是造成事故的直接原因。

4. 事故（简称 D）

事故是指由于物体、物质、人的作用或反作用，人员受到伤害或可能受到伤害的，出乎意料的、失去控制的事件。

5. 伤害（简称 A）

事故的发生导致人身伤害的产生。

在实际工作中，我们不难看出"多米诺骨牌"效应与上述失误链或事故链的结论具有相同的道理。如任其发展，骨牌向前倒，即一倒都倒，最终造成伤害或损失；失误链或事故链也将从增长期进入临界期直至事故的最终发生。但是，如果移去其中的一块骨牌或去除连锁中的一个因素，则这种骨牌和失误链或事故链之间的连锁关系即被破坏，事故发展的过程也就被中止了。

在船舶驾驶工作中，只要真正认识到事故的作用机制和人的不安全行为的危害性，并及时发现和中止人的失误即不安全状态，中断事故连锁的进程，就能避免事故发生。

第二节 人为失误的类型

（一）疏忽或差错

疏忽或差错主要指由于个人疏忽或差错导致的工作失误。它的产生与人本身对待工作的态度和自己在工作中所处环境的实际情况密切相关。另外，心理上注意力的不集中和注意力分配不当也会造成疏忽和差错。通常任何人的注意力不能以同样的强度维持 30 min 以上，超过 30 min，人的作业效率将明显下降，错误率上升。例如，深夜长时间值班，误将一短声鸣放为两短声。

（二）基于知识的失误

基于知识的失误主要指因本身的知识缺乏或知识的错误理解而犯错。例如，减速紧急避让他船时，使用慢车而不使用停车或倒车。

（三）基于法规的失误

基于法规的失误主要指本身没有正确理解、充分考虑相应的法规，或适用法规错误而导致的失误。例如，在水库或平流区域，两船对遇或接近对遇，一船向左转向以右舷会船。

（四）基于技能的失误

基于技能的失误主要指本身因缺乏从事本职工作的操作技能而导致的失误。例如，以大舵角改变航向，快速把定时以小舵角压舵。

（五）基于文化制约的失误

基于文化制约的失误主要指本身工作环境中的团队人员由于文化意识与背景的不同而导致的失误。例如，舵工误将驾驶员的指令“左 5°”，理解为航向向左转 5°。

（六）基于违反安全惯例的失误

基于违反安全惯例的失误主要指本身因未能严格遵守实际工作中形成的安全通常做法而导致的失误。例如，机动船在夜间驶近不能会船的狭窄航段，不使用探照灯向上空照射以引起他船注意。

第十一章 工作态度

第一节 工作态度的概念

工作态度指一个人在工作中对待人或事物所有看法的总称。它是工作中对某些人与事情的思维方式,也是个体在一定工作环境中对事物或对象做出积极或消极反应的心理倾向。

工作态度大致可以分为:积极与消极态度(见表11-1),安全与危险态度(见表11-2)。

表11-1 积极与消极态度

序号	积极态度	消极态度
1	这个工作很重要	我必须完成这个工作吗
2	这是我的本职工作	其他人应对此负责
3	应该做得更好	这样已经不错了
4	再试一下	已经没办法了

表11-2 安全与危险态度

序号	安全态度	危险态度
1	为什么不尝试一下	我能干
2	这种事可能会发生在我身上	这种事不会发生在我身上
3	按章办事	不要告诉我怎么做
4	是我们做出改变的时候了	我经常这样做

理论研究表明,工作态度可由情感、认知和行为三方面组成。我们可以从树立良好的航运

文化，树立“安全第一，预防为主”的理念，强化员工安全技术培训和安全生产责任制等方面来帮助员工形成积极的安全工作态度。

第二节 ◉ 工作态度对船舶安全的影响

工作态度决定了一个人对某些人或事物的行为。工作态度会直接影响事物的结果。

通常来讲，“任何人都可能犯错误”，这意味着我们每个人都有可能在工作中出差错。但是具有良好的工作态度的人可以极大地减少人为失误，同时，他们所犯的错误程度和导致最后结果的损坏性也往往较小；反之，具有不良工作态度的人很容易主动犯错，他们所犯的错误程度和导致最后结果的损坏性也往往较大。因此，端正工作态度是做好一切工作的前提。

工作态度与责任心紧密相关。一个人的责任心如何，决定着他在工作中的态度。有了责任心，才能认真、主动、积极、勤奋地工作，才会积极、缜密思考，力求避免失误和差错，主动寻找方法，为实现既定工作目标做好自己的工作；反之，没有责任心或责任心不强，就不可能认真地对待工作，工作中容易出现疏忽、过失和差错，而疏忽、过失和差错往往会引发事故。如果我们把安全细化为一个等式，那么安全应该等于责任心乘以良好的驾驶技术及其他，这就意味着驾驶员一旦没有责任心，纵然其驾驶技术等再好，安全系数也为零。

事实证明，即使船舶驾驶员个人具有了良好的业务知识与技能，同时船公司与船上都已制定了严格的工作制度和操作规程，但是驾驶员如果缺乏良好的工作态度和责任心，航行事故往往还会发生。

第三节 ◉ 应避免的不良工作态度

（一）侥幸心理

知道操作行为有一定危险，仍然冒险进行操作，可以认为是存有侥幸心理。例如，浓雾下冒险开航。

（二）麻痹心理

盲目自信在工作中经常这样做、自己有把握、不会有危险，因而产生不重视危险的心理，可以认为是存有麻痹心理。

当突然出现与预料相反的客观条件时，由于没有心理准备，驾驶员往往表现为惊慌失措、手忙脚乱，难以采取有力措施，最终造成事故。

（三）逞能心理

具有逞能心理的人虽然对安全知识略知一二，但往往在其逞能心理的支配下，为表现自己而头脑发热，做出了盲目行为，结果事与愿违，酿成事故。

（四）捷径心理

捷径心理，简而言之就是在工作中图省事、走捷径。在船舶营运过程中，为省事不遵守安全操作规程，简化必不可少的安全操作步骤，结果往往引发事故。例如，进港水域需要使用陆标定位而不使用陆标定位，盲目相信 GPS 定位。

（五）胆怯心理

船舶驾驶人员在工作中面临紧急情况时，产生了胆怯的心态，惊慌失措，束手无策或不能果断应对局面，引发事故。例如，左舷来船强行横越航道，与顺航道行驶的本船形成紧迫局面而惊慌失措。

（六）逆反心理

逆反心理表现为“你让我这样，我偏要那样”。在特定条件下，持有逆反心理的人在工作中固执己见，不听他人的劝告或意见，或不遵守安全操作规程，引发事故。例如，需要及早避让来船时，却偏要等到形成紧迫局面甚至紧迫危险时才避让。

第十二章
疲劳与压力

第一节 疲劳

一、疲劳的概念

(一)定义

疲劳是人的一种生理规律,是为避免机体过于衰弱,防止能量过度消耗的一种保护性反应。

疲劳是人体机能的降低,通常被描述成一种感觉低迷、萎靡不振、困乏的状态。

IMO 通函指出,疲劳是体力、脑力或情绪的消耗,造成体力或脑力的下降,几乎所有的机体能力、力量、速度、反应力、协调性、决策性或平衡性都受到削弱的现象。

(二)分类

疲劳大体上可分为生理疲劳和心理疲劳。

1. 生理疲劳

生理疲劳,即肌肉疲劳,表现为全身性肌肉和关节酸痛,疲惫乏力,或局部肌腱过度紧张。

2. 心理疲劳

心理疲劳,即精神疲劳,表现为体力不支、心神不安、怀有畏惧退缩心理、情绪不稳定等。

二、疲劳对船舶安全的影响

疲劳会对船员工作产生不利的影响。它会干扰船员的注意力，降低船员身体和大脑的反应能力，减弱船员做出各种合理决定和行动的能力，从而引发船舶安全事故。

疲劳常会使船员瞭望和决策判断能力减弱，也会导致船员操作上产生疏忽，从而引发事故。

三、疲劳的原因

引起船员疲劳的最普遍的原因是缺少睡眠、休息质量差、压力过大和工作量过大。归纳而言，引起疲劳的原因通常有以下 4 类：

(1)船员因素

船员因素主要包括睡眠和休息、生物钟或生理节律、心理和情感因素、服用药物、工作量等。

(2)管理因素

管理因素主要包括组织性因素和计划性因素，这些因素会潜在地引起船员压力和工作量的增加，最终导致疲劳。

(3)船舶因素

船舶因素主要包括船舶设计、装备自动化与可靠性、船舶检查维护等因素，常见的有噪声、振动、居住空间等。

(4)环境因素

环境因素指受到过度的环境因素影响，如温度、湿度、光照等会引起或产生疲劳感。

四、疲劳的预防与消除

IMO 专家认为对付疲劳的最有效的方法是保证船员获得高质量和充足的睡眠。显然，睡眠是解决疲劳的最有效策略。

有效的睡眠必须同时具备三个条件：合适的持续时间，通常认为 7~8 h 睡眠时间比较合适；高质量的睡眠，处于深度的睡眠；较好的连续性。但是，应注意到失眠和嗜睡都会使人体各方面机能下降。研究表明，短暂的小睡作为短时间的缓解措施有助于在较长时间的清醒中保持身体机能。最有效的小睡时间是 20 min。如果小睡超过 30 min，将会导致睡眠惯性。

船舶值班制度安排应尽可能使所有值班人员效率不致因疲劳而削弱。

五、人体生理节律和失效浴盆曲线对作业安全的影响

(一)人体生理节律

人体在 23 时—次日 5 时处于松弛和休眠状态，6—9 时机体活力上升，10—11 时机体活力最强，12 时体力总动员，13—14 时机体反应迟钝，15—22 时机体处于又一个兴奋波。

上述人体生理节律从疲劳角度印证了事故最高峰值在 23 时—次日 4 时，次高峰在 12—

16 时。

(二)失效浴盆曲线

早期失效期是系统适应期,失效率随时间推移而下降;偶然失效期的特点是失效率低而稳定;耗损失效期的故障随时间推移而上升(见图 12-1)。

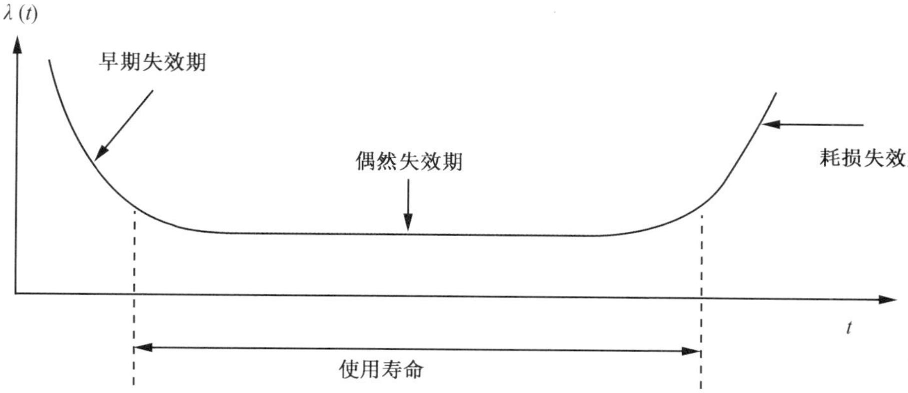

图 12-1　失效浴盆曲线

第二节　压力

一、压力的概念

压力是人对刺激因素的普遍反应。可能产生压力的环境和事件称为压力源。压力源可以分为四类:心理性触发、物理性刺激、社会性触发、文化性触发。

二、压力对工作的影响

(一)压力的影响

(1)在一定条件下,保持相对的压力状态,对人的健康和事业不仅无害,反而有益。

(2)并不是所有的压力都会对人产生影响,有的压力对人是无关紧要的。

(3)过大的压力会对人的健康和工作产生不利影响。

(二)超负荷的压力对工作的不利影响

(1)不想工作的情绪增加。

(2)超负荷压力导致判断错误,从而引发事故。

(3)工作表现不稳定。

(4)同事关系紧张。

(5)个人流动性高。

（6）生产效率降低。

三、压力的应对

（1）压力的应对

综合压力管理理论认为，人类只能缓解某些压力，而不能完全消除压力。人可通过综合压力管理来缓解压力，提高生活质量，努力消除压力的负面影响。

（2）采取积极有效的措施应对船舶驾驶员工作压力

①对驾驶员进行船舶安全工作的思想教育。

②缓解船舶驾驶员的心理压力。

③鼓励驾驶员进行心理和生理科学的学习和运用。

④开展船舶驾驶员安全意识的教育。

⑤努力消除压力的负面影响。

第四篇 典型案例分析

第十三章 事故分析

本篇主要是从技术层面分析碰撞事故的原因。该方法主要是通过主、客观两个方面，对涉及航行安全的多种因素进行分析，找出事故发生的主要原因，并分清相关方应承担的主、次责任。

《中华人民共和国内河交通事故调查处理规定》第二十九条规定："内河交通事故调查、取证结束后，海事管理机构应当制作"内河交通事故调查报告"。"内河交通事故调查报告"的内容包括：事故原因分析、事故当事人责任认定、安全管理建议。

第一节 查找碰撞事故的原因

一、事故原因概述

（一）事故原因的分类

（1）直接原因和间接原因

直接原因是直接导致内河交通事故发生的作用要素；间接原因是间接导致内河交通事故发生的作用要素。

(2)主要原因和次要原因

主要原因是导致内河交通事故发生的最重要和最根本的原因;次要原因是导致内河交通事故发生的次要的原因。

(3)主观原因和客观原因

主观原因是由人的自我意识因素导致内河交通事故发生的原因;客观原因是由人的自我意识以外不以意识存在的因素导致内河交通事故发生的原因。

(二)事故原因分析的要素

从安全管理系统的角度看,事故原因分析的要素主要包括人、机、环境、管理。

(1)船舶及货物因素

船舶及货物因素指事故是由船机结构性能、货物及其积载系固等方面的缺陷导致的。

(2)环境因素

环境因素指事故是由包括气象、水文、通航环境等方面的因素导致的。除不可抗力外,环境因素是事故发生的促成因素,也可能是扩大损失的主要因素。

(3)人为因素

人为因素指事故是由人为失误方面的因素导致的。80%以上的海上事故与人为失误有关。

(4)管理因素

管理因素指事故是由船舶安全管理、岸基支持等方面的因素直接或间接导致的。

(三)事故原因分析的方法

事故原因分析的方法有很多,有事故链、"多米诺骨牌"效应理论、事故树分析理论、安全系统理论、因果分析理论等。

二、事故原因的具体表现

(一)主观原因

1. 工作态度不端正

(1)侥幸心理

遇到来船动态不明和对能否安全航行表示怀疑时,不及时终止操纵或者立即减速、停车,控制船位、探明情况,而是选择继续前进,知道这样的行为有一定危险,但仍然冒险进行操作,这就是存有侥幸心理。

(2)麻痹心理

对航道情况和所处的环境不做全面的分析、判断,盲目自信,轻率地认为一切尽在掌握之中,因而产生不重视危险的心理,这就是麻痹心理。情况一旦改变,由于没有心理准备,往往表现为惊慌失措、手忙脚乱,难以采取有力措施,最终引发事故。

(3)好强心理

环境和情况无法满足安全的要求,为了争强好胜、开"英雄船",强行采取各种行动。比如在狭窄航道强行追越他船,在他船临近时突然横越,被追越时不愿意慢车、争抢航道等,本是为了表现技术与众不同,结果事与愿违,酿成事故。

(4)捷径心理

在航行中,图省事、走捷径,包括走内档追越、穿越锚地、走捷水道;为省事不遵守安全操作规程,简化必不可少的安全操作步骤,比如掉头操纵时认为周围没有船就不显示信号,不通报动态等,结果往往引发事故。

(5)胆怯心理

船舶在航行中遇到紧急情况时,驾引人员指挥慌乱或者由于害怕而大脑出现空白,导致采取无效行动或者出现束手无策的局面,引发事故。

(6)逆反心理

逆反心理在航行中表现为不合作、不听从指挥、固执己见的现象。有这种心理的人往往在航行中对本船表现为不听他人的劝告或意见、不遵守安全操作规程,别人建议向东他非要向西;对他船表现出不合作、不协助的态度,比如他船追越,要求其慢车,他则采取相反的行动加车等,从而引发事故。

2. 疲劳与压力

(1)疲劳导致思维迟缓或记忆减弱

身体极度疲劳时,头脑往往处于不清晰的状态,甚至有时候睡着。其注意力和记忆力大为下降。此时,由于思维的迟缓或记忆力减弱,根本无法保持正规的瞭望,无法对局面和碰撞危险做出充分的估计和判断。

(2)疲劳导致反应迟钝或行为犯错

疲劳能够影响一个人对刺激的反应、感知、领会或理解的能力。由于思维迟缓或记忆减弱,值班驾驶员对所面临的局面和情况难以做出敏捷和果断的反应,无法在关键的时刻及时采取有效的避让行动,引发碰撞事故。

(3)心理压力诱发事故

由于船舶工作环境的特殊性,船员活动交际范围受限,遇到不顺心的事,如婚姻家庭问题、孩子问题、个人提拔问题、待遇问题、人际关系复杂等,可能无法进行情感的交流和及时排解;工作上航道复杂、通航条件差,安全压力大,驾引人员长时间处于精神高度紧张状态;加上休息问题、过度的疲劳,这一切会转化成船员巨大的心理压力。当心理压力所造成的影响超过了人的心理承受能力,且难以自制时,船员心理崩溃,就可能发生不幸,并引发事故。

3. 知识和技能的缺陷等

(1)知识的缺陷

知识的缺陷主要是指因本身的知识缺乏而犯错,即由于缺乏足够的相关知识或错误地理解了船舶驾驶工作中的一些关键性原则,无法正确应对或处理相关的局面和情况而导致的失误。这种失误在没有受过良好教育的内河船员身上很多见。

内河船员文化水平普遍较低,个体的船员又缺乏相应的统一管理和培训,因此对技术要求、操作流程及规范、法律法规的相关知识掌握不够、理解不够,特别是对主管机关出台的一些新法规、新要求,很多内河船员可能并不知道,导致在航行实践中无法遵守和应用,对安全造成巨大威胁。比如因不了解某桥区的通航规定而走错桥孔、未显示过桥信号,不了解定线制航路的规定而选择错误航路等都属于这一类情况。

(2)技能的缺陷

①未掌握操纵船舶的基本技能。船员对自身船舶的操纵性能不了解或者了解不够,当船舶靠、离陌生环境或者遇到特殊情况时,不能正确根据周围环境的变化,有效地操纵船舶,从而引发事故。

②缺乏船舶应急处理技能。船舶经常面临一些由于环境、船舶自身或船员而突然发生的异常情况与紧迫局面。比如,舵机、主机突发故障,火灾和污染,突然遇到大雾、大风等。因为航行水域的限制,周围环境复杂,应对稍有不慎,即可引起十分严重的后果。

4. 遵守《规则》的疏忽

遵守《规则》的疏忽是导致船舶碰撞事故的最重要原因。

(1)没有严格遵守行动通则

①没有保持正规的瞭望

船舶应当随时保持正规的瞭望,以便对局面和碰撞危险做出充分的估计。"瞭望"条款作为四个行动通则的第一条,可见保持正规瞭望的重要性。可以说保持正规瞭望是安全航行的基础,是保证船舶安全航行的首要环节;未保持正规瞭望,就不能够及时发现危险,或者做出错误的判断,采取错误的避让行动,就必然会导致碰撞。在船舶驾驶操作期间,下列行为应该视为未保持正规瞭望:

a. 使用单一的瞭望手段

正规瞭望通常认为,对于危险的目标,应该综合地使用多种瞭望手段交叉运用,相互验证,只有这样才能够提高判断的准确率,才不会出现误判、错判。有了准确的判断,才有可能采取正确的行动。

b. 没有安排足够的瞭望人员或者没有根据需要增加瞭望位置

如果驾驶的是一艘大型船舶或者大型船队,你会经常感到个人瞭望上的缺陷,特别是大型船舶掉头操作时,往往不能首尾相顾,这时候,就要求船舶根据当时的情况适当增加瞭望人员和瞭望位置,就是我们通常说的派人瞭头或者瞭尾。

c. 瞭望人员的技术存在缺陷

瞭望人员应该具备一定的驾驶技术,熟悉航道情况和周围环境,是保持正规瞭望的基础,如果瞭望人员不具备一定的驾驶技术,驾驶员不了解航道的情况,那么无论多么认真,他所能做到的也就是认真瞭望,却做不到正确分析和判断,根本无法保持正规的瞭望。

d. 瞭望人员的位置存在盲区

正规瞭望认为,合适的瞭望位置包含两层含义。首先是根据需要增加瞭望的位置,能见度不良,一般派人瞭头;掉头操作一般派人瞭尾,有时候也需要在两舷或者其他位置增加瞭望人员。其次是指在驾驶台的瞭望人员,也应该根据需要,经常变换自己的位置,消除盲区。

e. 瞭望人员做与瞭望无关的事情

目前内河船员的驾驶习惯很差,安全意识淡薄,在驾驶台操作期间,经常做一些与航行无关的事情,严重威胁航行安全。比如,有的船员习惯切换频道用甚高频聊天,导致他船无法与其联系;有的船员甚至把电脑、手机等电子设备带到驾驶台,在当班期间与他人聊天、浏览网页等,这些都是很恶劣的现象,一旦造成事故,后果往往不堪设想。

f. 对危险目标没有连续跟踪

危险的目标，应该理解为具有碰撞危险的目标，也就是存在不安全因素和潜在碰撞可能性的目标，应该进行连续的、不间断的跟踪，及时了解对方的动态和意图，一直到驶过让清为止。

②没有使用安全航速

船舶在任何时候均应当使用安全航速行驶，以便有足够的时间和距离采取措施防止碰撞和浪损。没有使用安全航速通常包括以下情形：

a. 没有充分考虑影响安全航速的各个因素

影响安全航速的因素很多，在决定安全航速时，应该首先考虑能见度，在能见度不良的情况下航行时，为了争取避让的时间和空间，往往要求船舶适当地降低航速。同样的道理，当船舶的操纵性能差、通航密度较大时，都要求船舶适当降低航速，以备有足够的时间和距离采取措施防止碰撞和浪损。

b. 不遵守限速的规定

《长江江苏段船舶定线制规定》和其他的相关法规，都对船舶的航速做出了限速的规定。船舶正常航行时，安全航速应当满足地方限速的要求。如果船舶的航速超出了限速的范围，造成了碰撞或者浪损，显然是没有使用安全航速的一种表现。

c. 不遵守防止浪损的规定

《规则》规定，机动船经过要求减速的船舶、排筏、地段和船舶装卸区、停泊区、鱼苗养殖区、渡口、施工水域等易引起浪损的水域，应当及早控制航速，并尽可能保持较开距离驶过，以避免浪损。应当及早控制航速是指慢车的时机要早、慢车的幅度要大；尽可能保持较开距离是指在不违反航行原则的前提下，尽可能远离。浪损是一种间接的碰撞，也是要尽力避免的。

③没有遵循航行原则

船舶在任何时候都应当沿规定航路行驶，这也是保证安全航行的前提。违反航行原则通常包括以下情形：

a. 不遵守有关规定

《规则》规定，在实施分道通航制、船舶定线制的水域，必须按照有关规定航行与避让。但是很多船舶，特别是个体船舶，不遵守特别规定，不按规定选择航路，存在随意选择航路和横越通航分道，甚至逆向行驶等行为，这给船舶的航行安全带来巨大的隐患，也是引发碰撞事故形成的主要原因之一。

b. 违反“上行走缓流，下行走主流”的原则

机动船上行或下行时没有根据当时环境和情况准确把握船位，导致航向不正确，与岸边横距不恰当，或者偏离航路，相互间侵占航路。下行船走主流或航道时，因能见度不良为自身近岸定位方便而走在了上行船的航路上；上行船特别是大型船舶（队）因吃水较大而走在了下行船的航路上。

c. 违反“感潮河段、湖泊、水库、平流区域，任何船舶靠右航行”的原则

该原则要求，不同吃水的船舶应当根据本船吃水的大小与航道水深的关系，决定船舶在航道中的航行路线。在水深足够的情况下，一些小型船舶没有在浅水区航行，或者采用裁弯取直的方法选择航路，都是错误的。当然，任何船舶都应尽可能沿本船右舷一侧航道行驶的前提条件是安全可行，而不是盲目或过分靠右行驶。

④没有遵守避让原则

《规则》第九条规定，船舶在航行中要保持高度警惕，当对来船动态不明产生怀疑，或者声号不统一时，应当立即减速、停车，必要时倒车，防止碰撞。违背该条款主要表现为下列情形：

a. 驾引人员在航行中没有保持高度警惕

船舶在航行中要保持高度警惕，主要体现在航行值班要求上。驾引人员在航行值班过程中，应尽职尽责，千万不能松懈麻痹，对水上任何航行危险，应保持高度戒备。从船舶避碰的角度来说，也包括加强瞭望、使用安全航速、按规定的航路行驶。

b. 来船动态不明或声号不统一时没有采取减速行动

具体表现为当船舶航行中发现来船动态不明并产生怀疑或者声号不统一时，没有立即减速、停车，必要时倒车，防止碰撞；而是视而不见，或者优柔寡断、犹豫不决，盲目转向，不果断采取减速等措施，拖延时间，这是违反避让原则的典型表现。

c. 采取任何防止碰撞的行动，没有做到"明确、有效、及早"，避让行动没有做到驶过让清

当两船逼近时，任何一船都要果断地采取最有助于避碰的行动。避碰行动的本身是否正确，需要经过实践的检验，但是不管是正确还是错误的行动，都要表达清楚，这是避让原则所要求的。采取了措施以后，相遇的两船都有责任和义务核查双方行动是否有效，而不是被动地等待对方采取进一步的措施，把安全的主动权交给对方，片面强调对方是让路船。采取的措施要及早，就是要留有充分的余地。留有充分的余地，当一些意外情况发生时，才有可能有时间和空间采取措施，避免碰撞事故的发生。

d. 两机动船相遇，双方避让意图经声号统一后，又改变了约定的避让行动

两船的避让意图经过声号统一后，说明两船已经逼近，这时候改变避让行动，将极有可能导致碰撞事故的发生。

让路船主动避让，应该尽早采取措施，确保留出足够的水域供他船通过；被让路船也应该采取措施协助避让，不能把避让的义务全部推给让路船 ，而不履行自身协助避让的义务。

e. 在长江干线航行的客渡船没有主动避让顺航道或河道行驶的船舶

违反该条款的情形主要表现为客渡船与顺航道或河道行驶的船舶争抢航道、强行追越、强行横越和强行掉头等。

(2)没有遵守机动船相遇，存在碰撞危险时的行动规定

a. 没有遵守对驶相遇的规定

在感潮河段、湖泊、水库、平流区域，两船对遇或者接近对遇，除特殊情况外，应当互以左舷会船。机动船驶近弯曲航段、不能会船的狭窄航段，应当按规定鸣放声号，夜间也可以用探照灯向上空照射以引起他船注意。遇到来船时，必要时上行船(感潮河段的逆流船)还应当在弯曲航段或者不能会船的狭窄航段下方等候下行船(感潮河段的顺流船)驶过。

b. 没有遵守尾随和追越的规定

违反尾随和追越的规定主要表现在以下方面：尾随时后船与前船保持的距离不适当；前船出现了意外情况没有及时通过各种方式告知后船。追越时，追越船在没有征得前船同意的情况下强行追越，或者在禁止追越的航段进行追越，在追越的过程中追越船保持的横距不当，两船的航速没有进行相应的调整，被追越船挡住追越船的船头，被追越船没有及时让出一部分航道和减速等。

c.没有履行不应妨碍和不应被妨碍的义务

《规则》规定，机动船掉头、横越、靠离泊前，应该注意航道情况和周围环境，在无碍他船行驶时，按规定鸣放声号后，方可行动。其他船舶发现不应妨碍的船舶有碍本船航行时，也应该采取减速等候、绕开行驶、不得抢档（针对靠离泊）的避让行动。不应妨碍主要表现在行动之前，没有注意观察，盲目采取行动，也包括行动前没有使用规定的声号；行动的过程中，发现有碍他船时，没有继续履行不应妨碍的义务，没有采取该停就停、该等就等的措施，而采取强行横越、强行掉头和强行靠离泊的行动。不应被妨碍的船通常表现在：过分强调他船的不应妨碍义务，而没有及时采取减速、停车、绕开行驶、不得抢档等避让措施。

（3）没有遵守能见度不良时的行动规定

能见度不良时，应该遵守能见度不良时的行动规定。对该规定的违反主要包括：没有加强瞭望，情况需要而没有派人瞭头；没有使用安全航速（能见度是决定安全航速的首要因素，所以在能见度不良时，通常应该适当地降低自己的航速）；没有按规定使用声响信号，通常表现为没有鸣放雾号；听到他船雾号在没有排除危险的情况下，盲目转向，却没有将航速降低到维持航向的最低速度；在雾情加重时，没有及早选择安全地点锚泊。

（4）没有遵循有关号灯、号型、声响信号及 VHF 无线电话使用的相关规定

没有遵循有关号灯、号型、声响信号及 VHF 无线电话使用的相关规定表现为：没有显示信号、显示信号不正确，没有使用声响信号、声响信号使用错误；船舶的有关号灯、号型、声响信号的设施、设备不符合《规则》规范的要求；船舶没有在规定的频道使用和守听 VHF 无线电话，占用公用频道聊天，船舶通过狭窄、弯曲航道或者在能见度不良的情况下航行，没有用甚高频电话周期性通报船位和动态。

（5）是否存在背离行动

背离行动是《规则》明确规定的行动之一。当背离的条件具备时，没有采取相应的背离行动，导致发生了碰撞事故，或者使碰撞的损失扩大，是明显违背《规则》的，也可能是事故的原因之一。但是由于背离条款的特殊性和复杂性，在使用该条款时，应该特别慎重，要准确识别背离不当、背离过当的情形。

（二）客观原因

1. 船舶及货物因素

船舶及货物因素比如船舶老旧故障率高，船舶操纵性能差，稳性太低，明显的倾斜，涉及船舶确保自身正常航行和操作所需要的船舶动力装置、导航与操控设备等发生故障或者损坏。

2. 环境因素

环境因素指事故是由包括气象、水文、通航环境等方面的因素导致的。除不可抗力外，它是事故发生的促成因素，也可能是扩大损失的主要因素。环境因素涉及船舶驾引作业中所处环境中的风、流、潮汐、气象等自然条件，及其在狭窄、弯曲航道的宽度、水深等通航条件。

3. 管理因素

（1）与相关单位、人员紧密联系与协作

船舶驾引人员在从事船舶驾驶工作时，应能掌握现代管理的基本知识与技能，做到事先周密计划、现场组织和实施有效的控制并加以正确操纵与指挥，合理协调相关各方之间的关系及

工作，从而顺利完成船舶安全航行的任务。

(2)配员不足

“船舶最低安全配员证书”规定的配员是船舶安全航行的保证。内河船员待遇低，从业人数不足，加上运输市场低迷，为了节省开支，内河船舶配员不足是普遍现象，客观上也加重了在船船员的工作量。船舶一旦有异常情况发生，人员不足可能引发事故。

(3)信息资源

信息资源是指确保船舶正常航行和操作所需要的信息与资料。信息资源包括海图、航行出版物、主管机关提供的信息资料、港口部门提供的通航及码头管理信息等。这些信息对确保船舶安全航行和作业是非常必要的。

第二节 碰撞事故的责任

一、责任概述

(一)责任的分类

(1)从追究责任的性质分，责任可分为民事责任、行政责任、刑事责任。

(2)从责任主次分，责任可分为全部责任、主要责任、对等责任、次要责任。

(二)责任的认定

1. 行政责任和刑事责任

《中华人民共和国内河交通事故调查处理规定》第三十五规定，“对内河交通事故发生负有责任的单位和人员，有关主管机关应当依据有关法律、法规和规章给予行政处罚。涉嫌构成犯罪的，移送司法机关处理”。

《中华人民共和国内河交通事故调查处理规定》第三十六条规定，“根据内河交通事故发生的原因，海事管理机构可责令有关船舶、浮动设施的所有人、经营人或者管理人对其所属船舶、浮动设施加强安全管理。有关船舶、浮动设施的所有人、经营人或者管理人应当积极配合，认真落实。对拒不加强管理或者在期限内达不到安全要求的，海事管理机构有权采取责令其停航、停止作业等强制措施”。

2. 民事责任认定

对于内河交通事故责任认定，我国没有全国性法律规定，只有行政规章和地方性行政法规。主管机关通常按照当事人的行为与事故间的因果关系，确定责任主次及比例，认定各方当事人的责任。

二、碰撞事故责任的技术性分析

在不考虑其他客观因素的情况下，单从技术性的角度出发，关于责任的划分，《规则》第九条规定，船舶在避让过程中，让路船应当主动避让被让路船；被让路船也应当注意让路船的行动，并按当时情况采取行动协助避让。根据这一规定，我们可以理解为两船相遇构成碰撞危险，不管是让路船还是被让路船都有避让的责任和义务，但是让路船和被让路船的义务和责任又是不平等的，让路船负有主动避让的义务，被让路船负有协助避让的义务。如果让路船与被让路船发生了碰撞事故，在其他条件相当的情况之下，首先可以确认承担主动避让义务的让路船应该承担主要责任，而负有协助避让义务的被让路船应该承担次要责任。

根据《规则》第十二条、第二十条、第二十四条的规定，机动船横越、掉头、靠离泊操纵应当无碍他船行驶，我们可以确定不应妨碍的船与不应被妨碍的船一旦发生碰撞，在不考虑其他客观因素的情况下，不应妨碍的船应当承担事故的主要责任。由此，在区分碰撞事故主要、次要责任时，最关键的是要区分事故双方到底谁是让路船（不应妨碍的船），谁是被让路船（不应被妨碍的船）。

关于在有特别规定的通航水域所发生的碰撞事故责任的划分，首先遵守特别规定中关于责任条款的具体规定，特别规定未明确的事项，仍然遵循《规则》区分责任的原则。例如，在长江江苏段，就应该优先遵循“过错责任”原则，《长江江苏段船舶定线制规定》第二十六条到第三十条对责任的划分给出了具体、明确的规定，应该首先遵循该规定。

让路船（不应妨碍的船）承担主要责任，被让路船（不应被妨碍的船）承担次要责任。主、次责任比例的划分，取决于让路船（不应妨碍的船）和被让路船（不应被妨碍的船）在《规则》的范围内尽到了多少责任和义务。

第十四章 典型案例

本章主要是从技术层面分析典型案例，找出事故发生的主要原因；在不考虑其他客观原因的情况下，单从技术性的角度，分清相关船舶、人员应承担的主、次责任，给出必要的安全建议。

第一节 违反行动通则的碰撞事故

一、事故概述

2013 年 5 月 16 日约 2324 时，××有限公司所属 A 船（上海至城陵矶）上行至长江下游白茆水道长江#192 红灯船（长江下游航道里程约 459.5 km）处，与××海运有限公司所属 B 船（芜湖至宁波）发生碰撞；两船相继沉没于航道内，两船在船人员共 15 人，15 人全部落水，8 人获救，1 人死亡，6 人失踪。碰撞事故经过示意图如图 14-1 所示。

二、船舶概况及配员

1. A 船

船舶总长 120.30 m，船宽 21.00 m，型深 8.50 m，总吨位 6 482，净吨位 3 629，主机功率 1 856.00 kW，主机型号为 XCW8200ZC×2 柴油机。

事发时，该船在船人员 5 人，持证船员 3 人，缺一类大副、一类三副、一类三管轮、水手、机

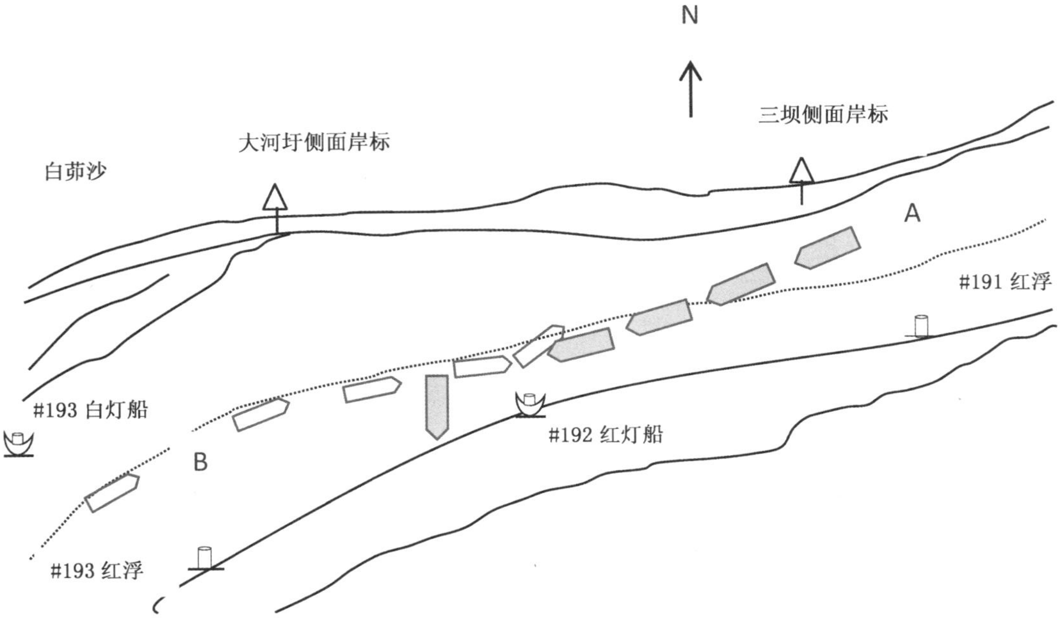

图 14-1　碰撞事故经过示意图

工各 1 人,不满足“船舶最低安全配员证书”要求。

2. B 船

船舶总长 52. 80 m,船宽 8. 80 m,型深 4. 08 m,总吨位 498,净吨位 278,主机功率 216. 00 kW,主机型号为 CW6200ZC-36 柴油机。

事发时,该船在船人员 8 人,持证船员 6 人,满足“船舶最低安全配员证书”要求。

三、气象及通航环境

2013 年 5 月 16 日 2200 时至 17 日 0200 时,当地天气状态为小雨,温度 18. 3~18. 9 ℃,极大风速 2. 8 m/s。事发时白茆水道附近水域天气为阴天,能见距离在 2 000 m 以上。

5 月 16 日、17 日,芜湖水位分别为 4. 59 m、4. 81 m;事发时,事发水域水流流速约 1. 3 m/s。

白茆水道上起高安圩,下迄山西嘴,全长约 26 km,配布 28 座航标。事发地点位于三坝嘴附近(长江#190 红浮~#192 红灯船),受三坝嘴及大白茆沙影响,三坝嘴附近上、下游有回流、横流等不正常流态,上行船舶易受三坝嘴斜流影响造成船位偏南。

《长江安徽段船舶定线制规定》规定:白茆水道实行分道通航,上、下行船舶各自靠右航行。

事发时,事发水域船舶流量偏大,船舶航行秩序正常。

上行船舶至三坝塔形侧面岸标时,左舵调向,置三坝嘴于船首右侧,及早开门避开三坝嘴,防止出角打张;平三坝嘴,操右舵迎三坝嘴上方斜流稳住船位,与左岸保持安全横距上行;过三坝嘴后,用舵调整船位,与左岸继续保持安全横距上行。

四、事故经过

1. A 船

2013 年 5 月 15 日约 0900 时，该船由上海罗泾开航，目的港是湖南岳阳城陵矶港。

5 月 16 日约 1930 时，至芜湖长江大桥水域，何××接替李××驾驶船舶，李××在驾驶台协助瞭望。航速约 6 km/h。过桥后，沿上行通航分道上行。

约 2310 时，平三坝塔形侧面岸标，横距左岸水沫线约 80 m，航速约 6 km/h。

约 2313 时，至三坝嘴下约 300 m，何××操左微舵调整船位。受水流影响，航速略有下降。

约 2315 时，至三坝嘴下约 100 m，船位向通航分道分隔线偏移，左舷会过一艘下行船舶。

约 2318 时，至三坝嘴上约 200 m 通航分道分隔线附近水域，何××发现左前方下行船较多，开启红闪光灯，欲与下行船舶互会左舷。

约 2320 时，至长江#192 红灯船下约 400 m 下行通航分道内，何××发现左前方有四艘船下行，与最后一艘下行船（B 船）相距约 1 000 m。何××观测判断该船船位偏北且正在追越其前方下行船，认为该船会向右调整航向、与本船互会红灯，继续上行。

约 2322 时，至长江#192 红灯船下约 200 m 下行通航分道内，左舷会过第一艘下行船。此时，何××观察 B 船航向无明显变化，两船相距约 600 m。

约 2323 时，至长江#192 红灯船下约 100 m，相继左舷会过第二艘、第三艘下行船。此时，与 B 船相距约 200 m，何××认为左舷会让存在碰撞危险，便加车、操左满舵欲与其右舷会让。

约 2324 时，至正平长江#192 红灯船、横距约 200 m 处，A 船船首右侧与 B 船右舷中后部呈约 30°角碰撞，碰撞致使 A 船右锚及右锚台脱落，右锚在两船挤压的过程中划破两船水面以下船体。

碰撞后，船长何××派李××检查船体受损情况。李××在船首发现艏部空气舱大量进水。其间，何××发现船舶右倾，决定向右岸冲滩。此时，本船左前方有三艘船依次下行，便慢车稳舵，待三艘下行船通过后再冲滩。船舶继续进水右倾，船首逐渐下沉。

约 2332 时，三艘下行船依次从该船左舷通过，何××操左满舵、加车向右岸冲滩。此时，船舶大量进水，船体快速下沉，王某与何某（何××之妻女）到驾驶室给何××送救生衣，随后两人离开驾驶室到二楼房间拿取物品。

约 2334 时，A 船沉没于长江#192 红灯船上约 300 m、距红浮连线横约 200 m 水域，在船 5 人随船落水。船舶沉没后，船首朝向右岸略向上游方向，驾驶台顶部前围板部分露出水面，桅灯、红色闪光灯发光可见。何××、李××被过往船舶救起，其余 3 人失踪。

2. B 船

2013 年 5 月 16 日约 2300 时，该船由芜湖三山港区东汇码头开航，目的港是浙江宁波港。开航时，方××当班。

约 2318 时，右舷追越过一艘下行船后，平长江#193 红浮、横距约 250 m，航速约 16 km/h。此时，该船右前方有三艘船依次下行，与最后一艘下行船相距约 600 m。

约 2320 时，至长江#192 红灯船上约 900 m，航速约 16 km/h。位于前船左后方，相距约 400 m。

约 2321 时，至长江#192 红灯船上约 600 m，距前船约 300 m。此时，陈××、叶××到驾驶台准备接班；叶××到驾驶台后看了一眼本船卫导，卫导系统显示此时时间为2321时。

约2323时，至长江#192红灯船上约100 m，继续与前船保持追越态势。方××突然说："这是什么船?"随即松车减速。

约2324时，在长江#192红灯船横距约200 m处，B船右舷中后部与来船（A船）船首右侧发生碰撞。碰撞后，B船不到1 min向右侧快速翻沉，在船8人落水，庄××、柳××、叶××和倪××随水漂流，后被"海巡12240"救起，其余4人中1人死亡、3人失踪。

经扫测，B船沉没于长江#192红灯船下约800 m、距左岸水沫线约330 m处。

五、事故原因及责任

A船上行过白茆水道三坝嘴水域时，船位逐渐偏移，与下行船B船逐渐形成对遇局面；碰撞危险形成后，当事船舶疏忽瞭望、判断失误，未及早采取有效的避让行动引发碰撞事故。

（一）直接原因

1. A船的行为及过失

（1）违反《规则》第八条"航行原则"是事故的直接原因。

该船上行经过白茆水道三坝嘴水域时，未充分考虑到本船的装载量、吃水及三坝嘴附近水域水势流态对本船操纵性能及船位的不利影响，未及早操纵船舶出角转嘴，本船在驶经三坝嘴水域时船位逐渐偏离上行通航分道而进入下行通航分道，以致与下行船B船形成紧迫局面。

《规则》第八条规定，在实施定线制、分道通航制的水域，发生对遇或者接近对遇，应当各自向右，互会左舷，A船盲目左转，与B船会右舷，也是事故的直接原因。

（2）违反《规则》第六条，未保持正规瞭望。

该船驶过三坝嘴后未及时察觉本船船位已偏离正常航路，在发现前方约1 000 m处的下行船舶B船时，对两船碰撞危险估计不足；未对来船动态进行连续跟踪观察，未鸣放声号，也未用VHF无线电话进行有效联系表明本船动态、意图，统一会让行动。

（3）违反《规则》第七条"安全航速"、第九条"避让原则"。

该船没有使用安全航速行驶，周围环境复杂、船舶密度大，没有及时减速行驶。

该船违反避让原则，在与来船相距约600 m时，在对来船动态不明确、避让意图不明确时，主观认为来船会向右转向，与本船互会左舷，没有及时减速、停车或者倒车，导致时间、空间上不足以采取有效的行动，进而发生碰撞。

2. B船行为及过失

（1）违反《规则》第六条"瞭望"，未保持正规瞭望。

该船下行在过长江#193红浮追越他船过程中，未能对周围的船舶及动态做出全面的观察、判断，以致在两船相距约200 m时才发现上行船A船。

（2）违反《长江安徽段船舶定线制规定》"尽可能靠右航行"的规定，未尽可能远离分隔线航行。

该船在通过长江#193红浮后，在对周围船舶动态没有全面观察、判断的情况下，对前船始终保持追越态势，以致船位逐步偏向通航分道分隔线，从而与上行船A船形成接近对遇态势。

（3）未使用安全航速。

该船驾驶人员没有充分考虑到夜间航行对距离估计、目标发现及他船动态判断的不利影响，始终保持快速下行，加速了与A船危险局面的形成，在发现与A船形成危险局面时，无法采取有效的避让行动。

（二）间接原因

1. 船公司安全管理缺失

××有限公司作为A船经营人，未履行经营人对船舶生产经营、安全与防污染管理应尽义务，没有落实相关安全管理制度，船员教育培训不到位、船舶安全检查不到位、船员配备不到位。

××海运有限公司作为B船经营人，未有效履行安全管理职责，公司对海进江船舶安全指导、船员安全教育和业务技术培训等不到位，公司制定的应急（险情）处置预案指导性不强，对B船在2013年5月10日新聘船长方××、二副陈××的任职情况未核实，没有按照规定办理船长方××、二副陈××的聘用手续。

2. 船舶存在违法行为

A船船舶营运证过期、在船船员不满足“船舶最低安全配员证书”要求、事故航次自上海开航后未办理船舶签证，违法航行。

3. A船未保持船舶水密性

该船在航行中艏尖舱、空气舱水密门均未关闭，相互贯通，船舶碰撞破损后大量进水，是引起该船快速沉没的重要原因。

（三）责任认定

上行船A船违反航行原则，是事故的直接原因，应当负事故的主要责任；B船疏忽瞭望，采取措施不当，应当负事故的次要责任。

六、安全建议

1. A船经营人

（1）公司应当按照《国内水路运输经营资质管理规定》的要求，加强公司内部安全管理，明确安全管理机构及相关岗位职责，清理受托经营船舶及与船舶所有人签订的委托经营合同书，明确公司与船舶所有人权利、义务并符合法律法规要求，切实履行船舶经营与安全管理义务，确保公司经营资质有效保持。

（2）按照《中华人民共和国航运公司安全与防污染管理规定》的有关要求，进一步完善、落实航运企业安全管理制度，定期组织开展船舶特别是代管船舶安全及防污染检查，严格落实船舶经营、安全与防污染管理责任，切实履行安全与防污染的责任和义务。

（3）加强船舶安全管理和指导，强化船员安全教育与业务技术培训，特别是加强对进江船员关于《规则》以及相关特别规定的培训和学习，督促船舶遵守水上交通安全管理法律、法规，确保船舶适航、船员适任，具备合法营运资格。

2. B 船经营人

(1)公司应当切实履行安全管理及防污染职责,建立健全船员管理制度,加强对海进江船舶船员的长江航行安全知识和操作技能的培训,并对新聘转岗船员进行考核,以确保船员适岗适任。

(2)应当按照《中华人民共和国航运公司安全与防污染管理规定》的有关要求,细化完善应急(险情)处置预案,并定期组织训练演习,提高船舶紧急情况应急反应能力。

第二节 追越碰撞事故

一、事故概述

2001 年 4 月 19 日约 1600 时,重庆市奉节县乔泰煤炭有限责任公司 A 船与湖北省江陵县郝穴镇个体船 B 船,在长江中游天星洲水道黄水套水域(长江中游航道里程 413 km)追越过程中发生碰撞。B 船翻覆,1 人死亡,碰撞事故经过示意图如图 14-2 所示。

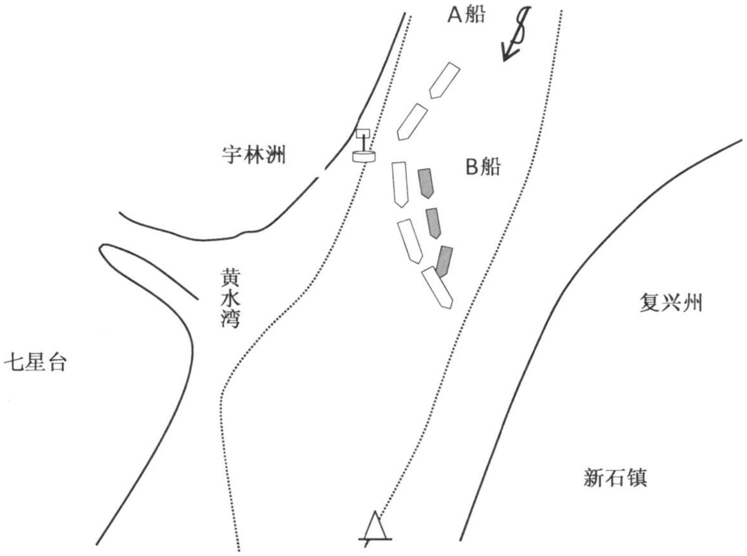

图 14-2 碰撞事故经过示意图

二、船舶及船员概况

1. A 船

船籍港重庆市奉节,船舶总长 83 m,型宽 15 m,船舶吃水 3. 15 m,总吨位 1 586,净吨位 888,主机功率 402 kW,设计航速 17 km/h。

当班驾驶员张某船员职务适任证书有效。

2. B 船

船籍港湖北省石首,船舶总长 40 m,型宽 7.8 m,船舶吃水 1.7 m,总吨位 113,净吨位 63,主机额定功率 88.2 kW。

当班驾驶员柏某船员职务适任证书有效。

三、事发时通航环境情况

当日天气晴朗,能见度良好。

天星洲水道系枯水期易变航道,中游著名浅水道之一。该水道江面宽阔,右岸郑家河头和黄家台之间有天星洲丁坝,左岸为新厂边滩,枯水期水流不归槽时容易在茅林口一带出浅。

四、事故经过

1. A 船

2001 年 4 月 19 日 1400 时,船行至长江中游公安港附近水域时,当班驾驶员张某接班。

1550 时左右,船行至宇林洲上约 300 m 时,鸣放两长一短声号,并开始从右舷追越在其前方约 200 m 的一机驳船(B 船),由常车 3 挡加车到 4 挡。

约 1557 时,追越至#65 过河标附近水域时两船接近齐头并进,两船相距约 40 m。A 船继续追越并在过河标处用左舵转向。

约 1600 时,两船在平#65 标下#1 白浮时,A 船左舷尾部机舱处与机驳船右舷首部发生碰撞,此时 A 船尾部往南甩,首部向北边偏转,又加车至 5 挡。

听到碰撞声后,船长上驾驶台指挥,立即喊减速停车,随后机驳船(B 船)翻覆。

2. B 船

B 船载水泥熟料 342 t,4 月 18 日在红花套装货;4 月 19 日 0800 时左右,由松滋口下行。

1550 时左右,船航行至草房关下时,注意到有一大机驳船尾随行驶。

约 1557 时,在#65 过河标附近发现追越船 A 船已与本船接近平行,两船横距 40 m 左右。B 船在过河标处左舵转向,约 1600 时,在平#65 标下#1 白浮时,船右舷首部与 A 船左舷尾部机舱处发生碰撞。

B 船采取左满舵,松车调顺船身,A 船机舱部位挂住 B 船船首,随后船越挂越高并发生倾斜翻覆。

五、事故原因分析

(一)A 船

1. 违规追越是导致事故发生的直接原因

A 船在未与前船取得联系,未经前船同意的情况下,追越 B 船,并在两船接近齐头并进而横距仅 40 m 左右的紧迫情况下,当班驾驶员对当时局面缺乏足够认识,仍然不放弃追越行为,致使两船发生船吸,距离越来越近,导致碰撞。

2. 驾驶员临危操作不当是事故发生的重要原因

在两船已经发生碰撞而接触情况不明的情形下，A 船驾驶员仍盲目加车航行，进一步增大了 B 船翻覆的扭转力矩，使 B 船在较短的时间内急剧倾斜以致翻覆。

A 船驾驶员的不当操作行为增大了事故的危险程度，扩大了事故损失，是事故发生的重要原因。

（二）B 船

1. 没有统一会让意图

在后船鸣放追越声号时，应当根据航道情况和周围环境，回答同意或者不同意的声号。当环境因素满足追越的要求时，应当同意追越，并且回答相应的声号。

2. 没有采取协助避让的措施

驾驶员明知道对方船舶强行追越，却疏忽戒备，没有及早采取减速、让出部分航道等协助避让的措施，以致事故发生。

（三）责任认定

追越船 A 船应当负事故的主要责任，B 船负事故的次要责任。

六、安全建议

（1）船公司要加强船舶、船员的安全管理，建立安全管理机制，落实安全管理责任，教育船员严格遵守法律、法规。

（2）在白天天气晴朗、航道顺直、通航环境良好的情况下，发生追尾碰撞事故并导致船舶沉没，暴露出当事船员操纵船舶的技能不足。船公司、船主应强化船员操纵技能培训，提高船员的应急应变能力。

（3）为避免此类船吸事故的发生，船员应加强对内河避碰规则的学习和理解，航行中保持高度警惕，用一切有效手段保持正规瞭望，对局面和碰撞危险做出充分的估计；追越前一定要注意周围环境和船舶动态，及时联系、统一会让意图，按照规定鸣放声号，避免盲目追越，确保船舶航行安全。

第三节 对驶相遇碰撞事故

一、事故概述

2007 年 11 月 3 日 0120 时许，江津区××公司 A 船与重庆××船务有限公司 B 船在长寿瓶口渡河心水域（长江上游航道里程 595.7 km）发生碰撞。“淮河”轮右舷二楼中后部破损，1 人失踪，1 人死亡。碰撞事故经过示意图如图 14-3 所示。

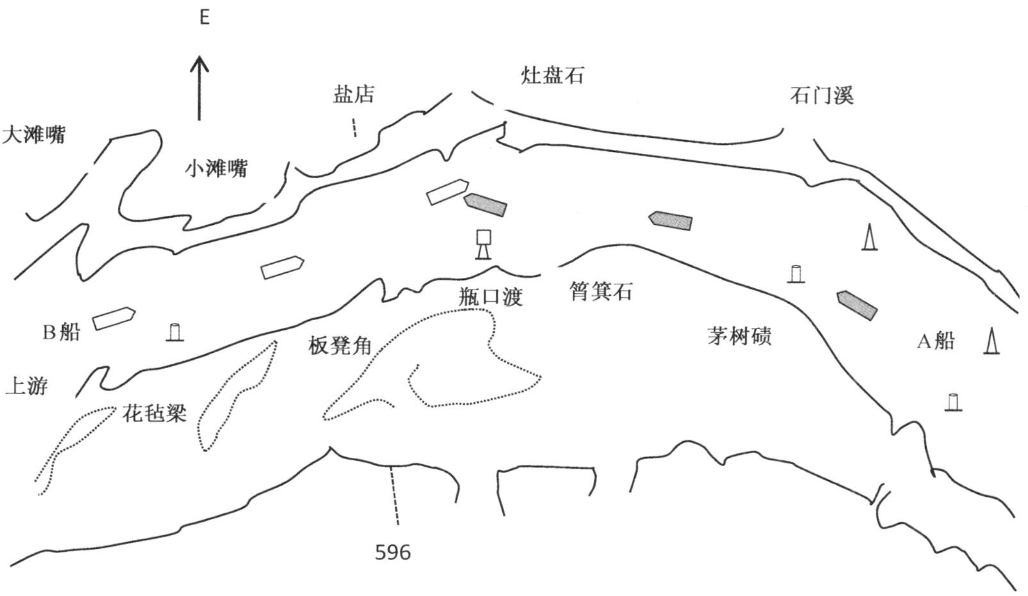

图 14-3 碰撞事故经过示意图

二、船舶概况及配员

1. A 船

船籍港江津，船舶总长 67.50 m，船宽 10.80 m，型深 3.60 m，总吨位 842，净吨位 472，满载排水量 1 549 t，空载排水量 282.240 t，主机功率 119.00 kW×2，主机型号为 6160A 型柴油机。

"船舶最低安全配员证书"核定最低配员 8 人，事发时实际在船船员 4 人。当班船员贾某持内河二等船长职务适任证书，航线水富至上海。

2. B 船

客货船，船籍港涪陵，船舶总长 60.00 m，船宽 9.40 m，型深 2.70 m，总吨位 1 234，净吨位 741，满载排水量 1 549 t，空载排水量 282.240 t，主机功率 298.00 kW×2，主机型号为 6250ZC 型柴油机。

当班船员王某持内河二等大副适任证书，航线重庆至上海，黄浦江。

三、通航环境情况

事发时，周家碛（长江上游航道里程 591 km）11 m（当地水位）。

据长寿气象局当天气象预报：11 月 3 日，阴，风力 1~2 级。据调查，事发时事发水域为晴天，江面能见度良好。

事发水域航道微弯，受三峡水库 156 m 蓄水的影响，航道宽阔，航宽约 370 m，通视距离良好，水流平缓。事发时瓶口渡水域附近航标设置正常。

按重庆航海学会"长江上游航行参考图"提供的推荐航路：在事发水域，当地水位 9.5 m 以上，上行船舶沿南岸一侧上行，至瓶口渡过河后沿北岸一侧上行；下行船舶沿主流或航道中间下行。事发时,事发水域通航秩序正常。

四、事故经过

1. A 船

2007 年 10 月 22 日 1600 时,A 船载纸浆 195 t、钢管 550 t、棉粕 260 t,由长江中游龙口发航上驶,目的港是宜宾港。

11 月 1 日 2300 时,抵靠丰都高镇,轮机长何某向管事李某请假后离船。

11 月 2 日 0000 时,该船从高镇开航上驶。0700 时,抵达涪陵天子殿码头卸棉粕 260 t,大管轮夏某、二副程某向管事李某请假后先后离船。2030 时许,该船从天子殿码头发航上驶,船舶开启航行灯,未开启探照灯(发电机没有启动),驾驶室由大副李某单独值班。

11 月 3 日 0000 时许,该船上行至长寿下码头碛(长江上游航道里程 582 km)时,船长贾某接班。

0049 时许,A 船至两蟾堆(长江上游航道里程 591.2 km)过河沿南岸上行。0053 时许,在笑滩(长江上游航道里程 592 km)与下行"东方大帝"船右舷会过。过笑滩后,船长用甚高频无线电话联系筲箕石、茅树碛一带有无下水船,无应答,继续沿南岸上行。

约 0114 时,A 船上行至茅树碛腰塘(长江上游航道里程 594.5 km),发现筲箕石以上有一片很亮的光,无法看清,当班船长贾某认为是挖砂船或靠泊船舶(实为 B 船),没有利用雷达进行观察,继续沿南岸常车上行。

约 0118 时,A 船上行至筲箕石红浮与瓶口渡过河标之间,用右舵由南向北过河,随即发现一片亮光下来,同时,看见下行船舶绿舷灯,即用左满舵、双倒车,开启绿闪光灯,避让。

0120 时许,在瓶口渡河心水域(长江上游航道里程 595.7 km),A 船右首部与下行的 B 船右侧中部发生碰撞,之后过河至北岸继续上行。

碰撞发生后大副李某即进入驾驶室,并询问情况,船长贾某说"撞船了",随后管事兼当班机工李某到驾驶台询问情况,并到船首查看。该船上行至大滩嘴(长江上游航道里程 597.0 km)由大副李某接班驾驶继续上行。管事李某查看船首后,喊炊事员宋某与其一道对船首碰撞残留物进行清扫。

0200 时许,过洛碛。1307 时许,停靠兜子背(长江上游航道里程 667.0 km)。

在长航公安的密切配合下,重庆海事局经过多方调查取证和周密分析,将 A 船确定为重点肇事逃逸船,并先后对该船实施了 6 次反复排查,11 月 4 日 0400 时许,A 船供认了肇事逃逸事实。

2. B 船

2007 年 11 月 2 日 2300 时,B 船载客 163 人,从重庆港四码头发航下驶,目的港是宜昌港。由船长詹某驾驶,舵工王某执舵。

2305 时许,B 船航行至打鱼湾(长江上游航道里程 658.4 km)由大副胡某接班驾驶,舵工王某继续执舵,正常下行。

2350 时许,航行至门闩子(长江上游航道里程 632 km),大副王某接班驾驶,舵工孙某接班执舵,继续常车下行。

11 月 3 日 0043 时许,B 船下行至驴子梁(长江上游航道里程 611.8 km)与上行"长江观光

5”号红灯左舷会过。0100时许，至洛碛（长江上游航道里程602.0 km），常车沿河心稍挂南下。

约0117时，B船下行至大滩嘴（长江上游航道里程596.9 km），大副王某用甚高频无线电话联系有无上水船舶，与扇沱上行的“帝豪888”滚装船联系互会绿灯，同时发现茅树碛（长江上游航道里程594.5 km）有一上水船舶（A船），继续常车下行。

0118时许，B船至板凳角（长江上游航道里程596.0 km）上首，右微舵调向正常下行。

0119时许，B船驶过板凳角，联系筲箕石稍上的上行船舶（A船），未听见应答，即鸣放两短声表示互会右舷，左微舵，将北岸灯盘石置左前方正常下行。随即发现上行船舶（A船）闪绿灯并呈过河态势，有碰撞危险，立即左满舵、停车，会过船头，随即右满舵避让。

约0120时，在瓶口渡河心（长江上游航道里程595.7 km）水域，B船右舷中部与上水船舶（A船）右首部发生碰撞。碰撞导致B船右舷中后部二楼六个舱室（乘警室及五个客舱）严重损坏，1人死亡，1人失踪。

五、事故原因与责任

1. A船

（1）疏忽瞭望

A船当班船长贾某在茅树碛腰塘发现筲箕石以上灯光后，未引起高度戒备，更未利用雷达助航设备进行认真观察，而是错误地将下水B船判断为挖砂船或靠泊船舶，以致未能及早发现来船动态，也未能利用探照灯向上空扫射，警示他船注意。A船未采取一切有效手段保持正规瞭望，以致未能及早采取有效措施避免危局发生。

（2）判断失误，盲目过河

A船当班船长贾某将下水船舶错误地判断为挖砂船或靠泊船舶，以致航行至瓶口渡过河标下首时，在未弄清周围环境和来船动态的情况下，未按规定鸣放声号（号笛出现故障，无法正常使用），即盲目用右舵由南向北过河，形成横越态势，导致碰撞紧迫局面的发生。

（3）人员配备不齐

事发时，A船实际在船仅有船长贾某、大副李某、值班机工李某和值班水手兼炊事员宋某等4人，不满足“船舶最低安全配员证书”核定最低配员8人的要求，船舶不适航。由于配员严重不足，驾驶台仅贾某1人当班驾驶执舵，无人协助瞭望，为此次事故的发生埋下了隐患。

2. B船

（1）未保持正规瞭望

B船当班大副王某在小滩嘴发现茅树碛A船后，在用甚高频联系未果的情况下，未保持高度戒备，没有充分利用雷达连续观察和使用探照灯进行扫射，以致贻误了及早发现上水船舶动态和警示上行船舶的最佳时机。

（2）违反《规则》第七条“安全航速”、第九条“避让原则”

B船未使用安全航速行驶，当来船动态不明时，未及时减速、停车。

B船下行至板凳角时，当班大副王某发现上水A船已达筲箕石红浮下，在用甚高频无线电话联系未果，对来船动态不明的情况下，没有引起高度警觉，仅鸣放两短声，用左微舵，继续采用常车（速度约26 km/h）下行，而未及早采取减速、停车等避让措施，以致错过了挽回危局的有效时机。

3. 责任认定

A 船疏忽瞭望，盲目横越，是事故的直接原因，应负事故的主要责任；B 船未保持正规瞭望，协助避让措施不当，应负事故的次要责任。

六、安全建议

（1）船公司要认真贯彻《中华人民共和国安全生产法》《中华人民共和国内河交通安全管理条例》等法律法规，切实落实企业安全主体责任，建立健全安全管理规章制度，加大对安全设施设备的投入，严格遵守船舶安全配员规定，确保船舶适航、船员适任。

（2）船公司要加强船员遵纪守法意识的教育和业务技能的培训，提高从业人员的综合素质。要不断强化船员业务技能的培训，督促船员认真履行岗位职责，牢固树立“安全第一”的思想。

（3）船长是船上安全管理的直接责任人。船舶特别是个体船舶所有人要确保船长对船舶安全管理的绝对权利，避免公司、船上船东代表等其他人员对船长指挥权的干扰和影响。

（4）船舶发生事故应及时报告，组织开展自救和检查，确保自身安全。在不涉及自身安全的前提下，积极救助对方船舶，切忌心存侥幸，随意离开事故现场，导致事故损失扩大，而承担法律责任（本案例是一起肇事逃逸的典型案例）。

第四节 横越时的碰撞事故

一、事故概述

2013 年 2 月 12 日约 1514 时，客渡船 A 渡船由左岸湖北省监利市杨林山渡口驶往右岸湖南省岳阳市云溪区沙窝渡口，在杨林岩水道南阳洲尾#1 白浮下约 100 m 处（长江中游航道里程约 210 km），与干货船 B 船发生碰撞，A 渡船翻沉，在船 14 人全部落水，获救 9 人中 3 人抢救无效死亡，5 人失踪。碰撞事故经过示意图如图 14-4 所示。

二、船舶概况、船员情况

1. A 渡船

短途客渡船，船籍港岳阳，船舶总长 17 m，船宽 3. 3 m，型深 1. 05 m，总吨位 26，净吨位 15，主机功率 14. 71 kW×2，主机型号为 ZS1115GM 柴油机。

该船“船舶最低安全配员证书”核定最低配员 2 人（三类驾驶员 1 名、机工 1 名）。当班驾驶员李××持有内河三类驾驶员职务适任证书。

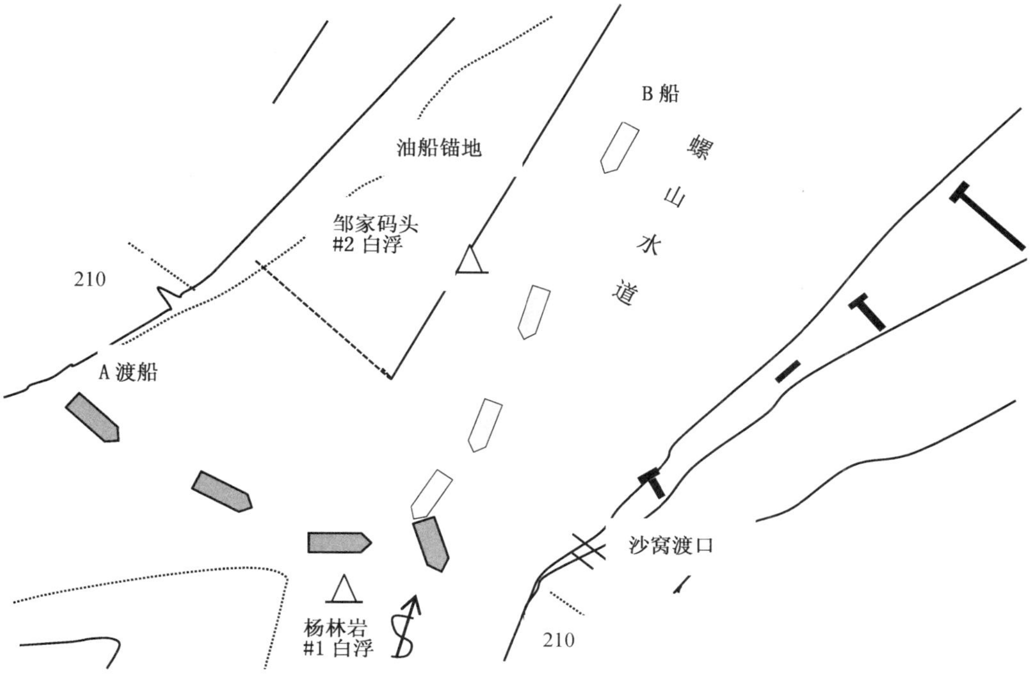

图 14-4 碰撞事故经过示意图

2. B 船

船籍港信阳，船舶总长 80 m，船宽 12.0 m，型深 4.8 m，总吨位 1 432，净吨位 801，主机功率 436 kW×2，主机型号为 X6170ZC296-1 型，2 台内燃机。

该船“船舶最低安全配员证书”核定最低配员 6 人（一类船长 1 名，一类二副 1 名，二类轮机员 1 名，水手 2 名，机工 1 名）。该船自南通港始发时，在船人员 10 名，其中船员 6 名、儿童 4 名。

三、通航环境情况

事发水域事发时多云，北风 2~3 级，能见距离 2 000 m 以上。

事故水域位于杨林岩水道与螺山水道交界处。螺山水道基本顺直，自上而下设邹家码头#2、#1 白浮及#27 过河标。事发水域南阳洲尾水流受左、右两汊及龙头山挑流影响，主流流速明显加快，同时龙头山矶头下游有弱回流。

《长江中游分道航行规则（试行）》规定：事发水域实行上、下行船舶各自靠右航行，下行船舶沿右岸（南岸）一侧通航分道下行，上行船舶沿左岸（北岸）一侧通航分道上行；南阳洲尾设龙头山单向通航航段，其范围为临江矶至#28 塔型过河岸标（龙头山），适用时间为城陵矶水位 9 m 以下，受控船舶为船队。

事发前后杨林岩水道船舶流量较平常偏少，通航秩序正常。

A 渡船由杨林山渡口至沙窝渡口的基本航法为：自杨林山渡口倒车离泊，掉头顺槽出槽后吊向南阳洲尾#1 白浮，近#1 白浮时左转吊向沙窝渡口横驶过江，船舶航行轨迹呈开口向下游方向抛物线状。

四、事故经过

事故发生后,A 渡船上的当班驾驶员落水失踪,渡船航行行为描述源于事故调查取得的证据资料。

1. A 渡船

2013 年 2 月 12 日约 1505 时,A 渡船由湖北监利市杨林山渡口驶往对岸湖南岳阳云溪区陆城镇沙窝渡口;开航时,在船人员共 14 人,驾驶员李×× 1 人在驾驶台当班,其妻刘××在船首协助瞭望。

约 1509 时,驶至南阳洲左汊下口缓流区距杨林山渡口约 400 m 时,航速约 10 km/h,航迹向约 110°;此时“Y133”船、“Y655”船、“H 源 866”船及 B 船在上行通航分道内依次上行。B 船尾随“H866”船约 350 m,B 船位于 A 渡船左前方约 950 m。

约 1510 时,驶至南阳洲尾,航速约 10 km/ h,航迹向约 110°,与 B 船相距约 750 m。

约 1511 时,减速避让“H866”船,同时沿渡船习惯航路左转向,航迹向由 110°渐至 85°,航速至 7 km/ h,在让过“H866”船后,A 渡船与 B 船相距约 550 m。

约 1512 时,继续接近 B 船,两船相距约 300 m,A 渡船船位继续向左偏移,欲加速从 B 船与“H866”船之间通过,航迹向由约 85°渐至约 70°,航速加至约 11 km/h;李××之妻刘××在船首挥旗示意。

约 1513 时,驶近 B 船船首;据 B 船当班船员、渡船获救人员、岸上目击者及 B 船右后方约 800 m 水域编解队作业“长江 Y”船队船长证实:A 渡船驶近 B 船船首时右转向。

约 1514 时,A 渡船右后尾部与 B 船左舷首部呈 30°~40°碰撞,随即 A 渡船困于 B 船船首向左翻覆,并自 B 船右舷下淌后沉没。

A 渡船翻沉,在船 14 人全部落水,获救 9 人中 3 人抢救无效死亡,5 人失踪,1 辆摩托车随船沉没;B 船船首左侧有轻微擦痕。

2. B 船

2 月 2 日约 0330 时,该船载硫黄 2 290 t 由南通狼山港驶往宜昌港,开航时艏吃水 3. 5 m,艉吃水 3. 2 m,常车转速约 470 r/min,航速约 8 km/h。2 月 4 日约 1000 时,到达南京港梅子洲锚地,船长徐××与水手××离船,该船继续上行;2 月 8 日约 1000 时,该船到达武汉王家屋临时锚地后抛锚过年;2 月 11 日约 0800 时,起锚继续上行;12 日约 0700 时,该船在湖北赤壁山开始尾随“H866”船上行;约 1200 时,马××接替熊×安,熊×安吃过午餐后便去休息;约 1450 时,熊×安在洪湖螺山接替马××驾驶船舶,此时,熊×兵在驾驶台右后床上睡觉,该船前方依次有“Y133”船、“Y655”船及“H866”船等 3 艘货船。

约 1500 时,航至螺山水道新港锚地,航速约 10 km/ h,航迹向约 210°,尾随“H866”船约 350 m 上行。

约 1510 时,航至杨林山锚地时发现右前方有横江渡船,此时航速约 10 km/h,航迹向约 200°,与渡船相距约 750 m。

约 1511 时,该船略松车,航速降至约 8 km/h,航迹向约 200°,与 A 渡船相距约 550 m。

约 1512 时,继续接近 A 渡船,两船相距约 300 m,该船继续减速并右舵调向,航速逐步降至 6 km/h，航迹向由 200°渐至约 210°；在继续接近的过程中，驾驶员熊×安用 VHF 联系渡船但无应答，随即鸣笛一长声。

约 1513 时，B 船与渡船继续驶近，当渡船驶近至该船船首时，驾驶员熊×安操右舵、停车，倒车，随即见渡船右转向，此时机工马××进入驾驶台。

约 1514 时，B 船左舷首部与渡船右后尾部发生碰撞，大副熊×兵随即起床接替熊×安操纵船舶，熊×安与马××即放救生艇救助落水人员。

五、事故原因及责任

（一）直接原因

A 渡船由左岸杨林山渡口驶往右岸沙窝渡口的过程中，在南阳洲尾水域与顺航道行驶的上行船 B 船相遇。在有碰撞危险时，双方当班驾驶员未保持高度的戒备，未统一避让意图，未采取及时、有效的避让行动。A 渡船作为让路船，冒险横越他船船头且操作不当，B 船在发现与渡船存在碰撞危险后未采取及时、有效的协助避让行动。

1. A 渡船的行为及过失

（1）违反《规则》第十二条的规定，横越船应当不妨碍顺航道行驶的船舶；构成碰撞危险后，渡船未主动避让顺航道行驶船舶。

该船约 1511 时，减速避让“H866”船后，加速欲从 B 船船首驶过，对穿越通航分道与他船形成的碰撞危险估计不足且未保持高度的戒备，冒险横越。

（2）未统一避让意图。该船横越前未按规定鸣放声号警示他船，在与他船存在碰撞危险时，也没有通过汽笛、VHF 无线电话等有效手段统一避让意图，以致形成危险局面。

（3）避让措施不当。当与 B 船接近发现有碰撞危险时，仅由当班驾驶员李××之妻在船头挥旗示意，没有及早采取减速、停车或倒车等最有效的避碰措施；临危时采取了不当的大幅度右转向措施，以致发生碰撞。

2. B 船的行为及过失

（1）瞭望存在明显疏忽，对危险局面估计不足

该船发现 A 渡船后对其行动未保持高度的戒备，没有充分估计 A 渡船穿越通航分道与本船形成的碰撞危险，以致未及早采取避让行动。

（2）未尽有效协助避让的义务

该船发现与 A 渡船存在碰撞危险时，尽管采取了 VHF 呼叫、鸣笛等措施，但在未明确统一避让意图、来船动态不明时没有立即采取减速、停车或倒车等最有效的协助避让措施，错过了最佳避让时机。

（二）间接原因

（1）A 渡船所属航运公司作为当事船舶的经营人，安全管理制度不完善，未能对船员开展有效的安全教育、操作技能培训和督促船员遵守国家有关法律、法规和规章，未有效履行船舶经营人职责。

（2）B 船当班驾驶员持二类船长职务适任证书，不满足该船船舶驾驶人员适任资格要求；该船在船船员不满足“船舶最低安全配员证书”要求；自武汉续航后连续航行约 31 h，连续航

行时间超过了“船舶最低安全配员证书”记载不超过 16 h 的要求。

(三)责任认定

A 渡船横越,未履行无碍他船的义务是事故发生的根本原因,应负事故的主要责任;B 船未有效履行协助避让的义务,负事故的次要责任。

六、管理建议

本次事故损失惨重,教训深刻,为避免类似事故的发生,建议:

(1)船舶所有人、经营人要切实落实“安全第一,预防为主”的安全管理方针,建立、健全、落实内部安全管理制度,督促船员严格遵守水上交通安全管理法律法规,依法履行企业安全管理主体责任。

①细化、完善 B 船所属航运公司的安全管理制度,明确安全管理机构及相关岗位职责,定期组织开展经营船舶安全检查。

②切实承担船舶经营、安全与防污染管理义务,清理受托经营船舶及与船舶所有人签订的委托经营合同书,明确公司承担船舶经营及安全管理义务。

③切实有效督促船舶遵守水上交通安全管理法律、法规,杜绝船员擅自离船、不适任船员驾驶船舶、船舶签证装载申报不实、未成年人随船等现象。

(2)地方各级人民政府要加强水上安全综合治理,督促相关部门切实依法履行职责,强化水上交通安全管理齐抓共管。

①事故发生地的地方政府应在满足、方便沿江两岸群众出行的基础上,尽可能优化沿江渡口渡线设置、减少渡运船舶数量、提高渡船经济效益,降低水上渡运风险。

②B 船船籍港相关管理部门要加强航运企业水路运输经营资质监督检查,确保航运企业经营资质条件有效保持;鉴于 B 船所属航运公司未有效履行船舶经营人职责,应对其经营资质进行检查评估。

③当地海事管理机构要强化渡运船舶船员安全意识教育,加强渡运船舶航行行为监督管理,严厉打击渡船冒险横越、抢航等违法行为。

水上交通运输属高风险行业,相关部门应尽快建立客渡船旅客伤害强制保险制度和内河货船第三者意外伤害责任强制保险制度。

第五节 船舶掉头的碰撞事故

一、事故概述

2005 年 10 月 27 日 0553 时,长江#64 浮和#65 浮之间,H 船掉头准备下行时,与上行的 F 船发生碰撞。碰撞事故经过示意图如图 14-5 所示。

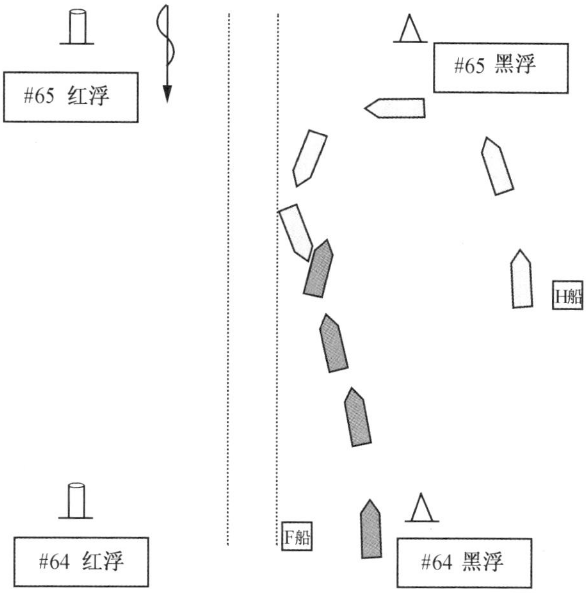

图 14-5 碰撞事故经过示意图

二、船舶概况、配员情况

H 船:近海航区空载杂货船,船长 116.7 m,吃水 4.8 m,总吨位 4 796,净吨位 2 849,由扬州开往宝山。船舶配员符合“船舶最低安全配员证书”要求。

F 船:近海航区重载杂货船,船长 91.2 m,吃水 5.7 m,总吨位 2 477,净吨位 1 287,载货 4 000 t。船舶配员符合“船舶最低安全配员证书”要求。

三、天气及水流

偏东风 3~4 级,视距 1.2 n mile,落水流。

事故航段宽阔,航道条件好,船舶密度较大。该航段实施《长江江苏段船舶定线制规定》,上、下行航路占浮标标示宽度的 2/5,分隔带占浮标标示宽度的 1/5。上、下行船舶各自靠右航行。

四、事故经过

2005 年 10 月 26 日 1840 时,H 船在江阴锚泊。

27 日 0530 时,H 船向江阴 VTS 报告,开始起锚,通报本船动态,发现船尾方向长江#64 黑浮附近有三艘船上行,经雷达观察,速度相同,其中最近的两艘上行船之间相距 0.7~0.8 n mile。

0543 时,H 船锚离底,继续发布船舶动态,并用微速进车,左舵 10,准备向左掉头,VHF 无线电话与三艘上行船联系,其中最近的一艘船回答会绿灯、最远一艘船回答会红灯,而中间那艘船(F 船)无应答。于是 H 船计划从最近两艘上行船之间掉头,穿越进入航道。

0546 时，以较近距离右舷会过最近的船后，H 船航向已转至 132°左右，加车至前进二，准备插入航道。

0548 时，H 船发现左舷的 F 船船首向指向红浮一侧，继续 VHF 无线电话联系，仍无应答，车降至前进一。

0551 时，F 船在 H 船左舷 15°，距离 0. 3 n mile 左右，船首仍指向红浮，H 船再次 VHF 无线电话联系 F 船，仍无应答。于是 H 船左满舵避让。

当 H 船转向至船头正对 F 船时，F 船突然向右改向。

0552 时，H 船右满舵，后退二。

0553 时，H 船球鼻艏左前与 F 船左舷中后部发生碰撞。

H 船球鼻艏左前 2/3 破损，F 船货舱破损进水，到北岸边抢滩成功，损失约 400 万元人民币。

五、事故原因及责任

(一)H 船

(1)违反《规则》有关机动船掉头的规定，在有碍他船行驶时，强行掉头。

(2)违反《长江江苏段船舶定线制规定》主动避让在规定的通航分道、推荐航路或特定航路内正常行使船舶的规定。

(3)掉头前只用 VHF 无线电话联系，没有按规定鸣放声号。

(4)思想麻痹，会让意图不统一时，盲目使用车、舵。

(5)在 F 船不配合时才采取措施，而采取的措施又不通知 F 船，结果再次不配合。

(6)没有及早采取“车让为主、舵让为辅”的避让原则。

(二)F 船

(1)违反机动船掉头规定中有关过往船舶应当减速等候或者绕开正在掉头的船舶行驶。

(2)违反《长江江苏段船舶定线制规定》上行船应当尽可能靠右侧航道行驶的规定。

(3)在对 H 船的行动产生怀疑和避让的过程中，没有联系或用声号告知 H 船，表明自己的意图，造成避让行动不一致。

(三)责任认定

此次事故为大事故，H 船掉头，妨碍他船航行，是事故的最直接原因，负事故的主要责任；F 船负事故的次要责任。

六、安全管理建议

(1)驾引船舶时，应保持良好心态，严格遵守各项规章制度。

(2)船舶航行时应保持正规、有效的瞭望，时刻注意周围通航环境的变化，对可能影响本船行动的他船，倍加小心。

(3)会让意图未统一时，应及早采取停车、稳舵或倒车等措施，做到“宁等三分，不抢一秒”，切忌盲目使用车、舵。

附录

附录一 《中华人民共和国内河避碰规则》

中华人民共和国内河避碰规则

（1991年4月28日交通部令第30号，2003年9月2日交海发〔2003〕357号修订）

第一章 总则

第一条 宗旨

为维护水上交通秩序，防止碰撞事故，保障人民生命、财产的安全，制定本规则。

第二条 适用范围

在中华人民共和国境内江河、湖泊、水库、运河等通航水域及其港口航行、停泊和作业的一切船舶、排筏均应当遵守本规则。

船舶、排筏在国境河流、湖泊航行、停泊和作业，按照中国政府同相邻国家政府签有的协议或者协定执行。

船舶、排筏在与中俄国境河流相通的水域航行、停泊和作业不适用本规则。

第三条 责任

船舶、排筏及其所有人、经营人以及船员应当对遵守本规则的疏忽而产生的后果以及对船员通常做法所要求的或者当时特殊情况要求的任何戒备上的疏忽而产生的后果负责。

不论由于何种原因，两船已逼近或者已处于紧迫局面时，任何一船都应当果断地采取最有助于避碰的行动，包括在紧迫危险时而背离本规则，以挽救危局。

不论由于何种原因，在长江干线航行的客渡船都必须避让顺航道行驶的船舶。

第四条 特别规定

本规则授权各省、自治区、直辖市海事机构，长江、黑龙江海事局及辖区内有内河的沿海海事机构根据辖区具体情况，制定包括分道通航等有关交通管制在内的特别规定，报交通部批准后生效。

第五条 定义

本规则下列用语的含义是：

（一）"船舶"是指各种船艇、移动式平台、水上飞机和其他水上运输工具，但不包括排筏。

（二）"机动船"是指用机器推动的船舶。

（三）"非自航船"是指驳船、趸船等本身没有动力推动的船舶。

（四）"帆船"是指任何正在驶帆的船舶，包括装有推进器而不在使用者。

（五）"拖船"是指从事吊拖或者顶推（包括傍拖）的任何机动船。

（六）"船队"是指由拖船和被吊拖、顶推的船舶、排筏或者其他物体编成的组合体。

（七）"快速船"是指静水时速为 35 千米以上的船舶。

（八）"限于吃水的船舶"是指由于船舶吃水与航道水深的关系，致使其操纵、避让能力受到限制的船舶。限于吃水的船舶的实际吃水在长江定为 7 米以上，珠江定为 4 米以上。

（九）"在航"是指船舶、排筏不在锚泊、系靠或者搁浅。

（十）"船舶长度"是指船舶的总长度。

（十一）"航路"是指船舶根据河流客观规律或者有关规定，在航道中所选择的航行路线。

（十二）"顺航道行驶"是指船舶顺着航道方向行驶，包括顺着直航道和弯曲航道行驶。

（十三）"横越"是指船舶由航道一侧横向或者接近横向驶向另一侧，或者横向驶过顺航道行驶船舶的船首方向。

（十四）"对驶相遇"是指顺航道行驶的两船来往相遇，包括对遇或者接近对遇、互从左舷或者右舷相遇、在弯曲航道相遇，但不包括两横越船相遇。

（十五）"能见度不良"是指由于雾、霾、下雪、暴风雨、沙暴等原因而使能见度受到限制的情况。

（十六）"感潮河段"是指沿海各省、自治区、直辖市海事机构及长江海事局划定的受潮汐影响明显的河段。

（十七）"干、支流交汇水域"是指不与本河（干流）同出一源的支流与本河的汇合处。

（十八）"叉河口"是指与本河同出一源的叉河道与本河的分合处。

（十九）"平流区域"是指水流较平缓的运河及水网地带。

（二十）"渡船"是指内河Ⅰ级航道内，单程航行时间不超过 2 小时，或单程航行距离不超过 20 千米，其它内河通航水域单程航行时间不超过 20 分钟的用于客渡、车渡、车客渡的船舶。

第二章　航行和避让

第一节　行动通则

第六条　瞭望

船舶应当随时用视觉、听觉以及一切有效手段保持正规的瞭望,随时注意周围环境和来船动态,以便对局面和碰撞危险作出充分的估计。

第七条　安全航速

船舶在任何时候均应当以安全航速行驶,以便能够采取有效的避让行动,防止碰撞。

船舶决定安全航速时,应当考虑能见度、通航密度、船舶操纵性能、风、浪、流及航道情况和周围环境等主要因素;使用雷达的船舶,还应当考虑雷达设备的特性、效率和局限性。

机动船经过要求减速的船舶、排筏、地段和船舶装卸区、停泊区、鱼苗养殖区、渡口、施工水域等易引起浪损的水域,应当及早控制航速,并尽可能保持较开距离驶过,以避免浪损。

由于本身防浪能力或者防浪措施存在缺陷的,不能因本条第三款规定而免除责任。

第八条　航行原则

机动船航行时,上行船应当沿缓流或者航道一侧行驶,下行船应当沿主流或者航道中间行驶。但在感潮河段、湖泊、水库、平流区域,任何船舶应当尽可能沿本船右舷一侧航道行驶。

设有分道通航、船舶定线制的水域,必须按照有关规定航行和避让。两船对遇或者接近对遇应当以左舷会船。

第九条　避让原则

船舶在航行中要保持高度警惕,当对来船动态不明产生怀疑,或者声号不统一时,应当立即减速、停车,必要时倒车,防止碰撞。采取任何防止碰撞的行动,应当明确、有效、及早进行,并运用良好驾驶技术,直至驶过让清为止。

船舶在避让过程中,让路船应当主动避让被让路船;被让路船也应当注意让路船的行动,并按当时情况采取行动协助避让。

在任何情况下,在长江干线航行的客渡船都必须避让顺航道或河道行驶的船舶。

两机动船相遇,双方避让意图经声号统一后,避让行动不得改变。

第二节　机动船相遇,存在碰撞危险时的避让行动

第十条　机动船对驶相遇

两机动船对驶相遇时,除本节另有规定外:

(一)上行船应当避让下行船,但在感潮河段,逆流船应当避让顺流船;在湖泊、水库、平流区域,两船中一船为单船,而另一船为船队时,则单船应当避让船队。

(二)在感潮河段、湖泊、水库、平流区域,两船对遇或者接近对遇,除特殊情况外,应当互以左舷会船。

(三)机动船驶近弯曲航段、不能会船的狭窄航段,应当按规定鸣放声号,夜间也可以用探照灯向上空照射以引起他船注意。遇到来船时,按本条(一)、(二)项规定避让,必要时上行船

(感潮河段的逆流船)还应当在弯曲航段或者不能会船的狭窄航段下方等候下行船(感潮河段的顺流船)驶过。

第十一条 机动船追越

一机动船正从另一机动船正横后大于22.5度的某一方向赶上、超过该船,可能构成碰撞危险时,应当认定为追越,并应当遵守下列规定:

(一)在狭窄、弯曲、滩险航段、桥梁水域和船闸引航道禁止追越或者并列行驶。

(二)在可以追越的航道中,追越船必须按规定鸣放声号,并取得前船同意后,方可以追越。

(三)在追越过程中,追越船应当避让被追越船,不得和被追越船过于逼近,禁止拦阻被追越船的船头。

(四)被追越船听到追越船要求追越的声号后,应当按规定回答声号,表示是否同意追越。在航道情况和周围环境允许时,被追越船应当同意追越船追越,并应当尽可能采取让出一部分航道和减速等协助避让的行动。

第十二条 机动船横越和交叉相遇

机动船在横越前应当注意航道情况和周围环境,在确认无碍他船行驶时,按规定鸣放声号后,方可以横越。除本节另有规定外,机动船横越和交叉相遇时,应当按下列规定避让:

(一)横越船应当避让顺航道或河道行驶的船,并不得在顺航道行驶船的船前方突然和强行横越。

(二)同流向的两横越船交叉相遇,有他船在本船右舷者,应当给他船让路。

(三)不同流向的两横越船相遇,上行船应当避让下行船,但在感潮河段逆流船应当避让顺流船。

(四)在平流区域两横越船相遇,上行船应当避让下行船;同为上行或者下行横越船时,有他船在本船右舷者,应当给他船让路。

(五)在湖泊、水库两船交叉相遇,有他船在本船右舷者,应当给他船让路。

第十三条 机动船尾随行驶

机动船尾随行驶时,后船应当与前船保持适当距离,以便前船突然发生意外时,能有充分的余地采取避免碰撞的措施。

第十四条 渡船

在长江干线航行的客渡船与其他顺航道或河道行驶的机动船相遇,客渡船都必须避让顺航道或河道行驶的船舶,并不得与顺航道或河道行驶的船舶抢航、强行追越或者强行横越或掉头。两渡船相遇时,应按本节各条规定避让。

第十五条 机动船在干、支流交汇水域相遇

机动船驶经支流河口,在不违背第八条规定的情况下,应当尽可能地绕开行驶。除在平流区域外,两机动船在干、支流交汇水域相遇时,应当按下列规定避让:

(一)从干流驶进支流的船,应当避让从支流驶出的船。

(二)干流船同从支流驶出的船同一流向行驶,干流船应当避让从支流驶出的船。

(三)干流船同从支流驶出的船不同流向行驶,上行船应当避让下行船,但在感潮河段逆流船应当避让顺流船。

两机动船在平流区域进出干、支流交汇水域相遇时,有他船在本船右舷者,应当给他船

让路。

第十六条 机动船在叉河口相遇

两机动船在叉河口相遇，同一流向行驶时，有他船在本船右舷者，应当给他船让船；不同流向行驶时，上行船应当避让下行船，但在感潮河段逆流船应当避让顺流船。

第十七条 机动船与在航施工的工程船相遇

不论本节有何规定，机动船与在航施工的工程船相遇，机动船应当避让在航施工的工程船。

第十八条 限于吃水的船舶相遇

在长江干线航行的客渡船都必须避让限于吃水的船舶。

限于吃水的船舶遇有来船时，应当及早发出会船声号。除第十七条外，不论本节有何规定，来船都必须避让限于吃水的船舶并为其让出深水航道。两艘限于吃水的船舶相遇时，应当按本节各条规定避让。

第十九条 快速船相遇

快速船在航时，应当宽裕地让清所有船舶。两快速船相遇时，应当按本节各条规定避让。

第二十条 机动船掉头

机动船或者船队在掉头前，应当注意航道情况和周围环境，在无碍他船行驶时，按规定鸣放声号后，方可以掉头。

过往船舶应当减速等候或者绕开正在掉头的船舶行驶。

第三节　机动船、人力船、帆船、排筏相遇，存在碰撞危险时的避让行动

第二十一条 机动船与人力船、帆船、排筏相遇

除快速船外，机动船与人力船、帆船、排筏相遇时，船舶、排筏均应当遵守下列规定：

（一）机动船发现人力船、帆船有碍本船航行时，应当鸣放引起注意和表示本船动向的声号。人力船、帆船听到声号或者见到机动船驶来时，应当迅速离开机动船航路或者尽量靠边行驶。机动船发现与人力船、帆船距离逼近，情况紧急时，也应当采取避让行动。

（二）人力船、帆船除按当地主管部门规定的航线航行外，不得占用机动船航道或航路。

（三）人力船、帆船不得抢越机动船船头或者在航道上停桨流放，不得驶进机动船刚刚驶过的余浪中去，不得在狭窄、弯曲、滩险航段、桥梁水域和船闸引航道妨碍机动船安全行驶。

（四）人工流放的排筏见到机动船驶来，应当及早调顺排身，以便于机动船避让。

第二十二条 帆船、人力船、排筏相遇

帆船、人力船、排筏相遇，按下列规定避让：

（一）两帆船相遇，顺风船应当避让抢风船；两船都是顺风船或者抢风船，左舷受风船应当避让右舷受风船；两船同舷受风，上风船应当避让下风船。

（二）帆船应当避让人力船。

（三）帆船、人力船都应当避让人工流放的排筏。

第四节　船舶在能见度不良时的行动及其他

第二十三条 船舶在能见度不良时的行动

船舶在能见度不良的情况下航行，应当以适合当时环境和情况的安全航速行驶，加强瞭

望,并按规定发出声响信号。

装有雷达设备的船舶测到他船时,应当判定是否存在着碰撞危险。若是如此,应当及早地与对方联系并采取协调一致的避让行动。

除已判定不存在碰撞危险外,每一船舶当听到他船雾号不能避免紧迫局面时,应当将航速减到能维持其航向操纵的最低速度。

无论如何,每一船舶都应当极其谨慎地驾驶,直到碰撞危险过去为止,必要时应当及早选择安全地点锚泊。

第二十四条　靠泊、离泊

机动船靠、离泊位前,应当注意航道情况和周围环境,在无碍他船行驶时,按规定鸣放声号后,方可以行动。

正在上述水域附近行驶的船舶,听到声号后,应当绕开行驶或者减速等候,不得抢档。

第二十五条　停泊

船舶、排筏在锚地锚泊不得超出锚地范围。系靠不得超出规定的尺度。停泊不得遮蔽助航标志、信号。

船舶、排筏禁止在狭窄、弯曲航道或者其他有碍他船航行的水域锚泊、系靠。

除因工作需要外,过往船舶不得在锚地穿行。

第二十六条　渔船捕鱼

渔船捕鱼时,不得阻碍其他船舶航行,在航道上不得设置固定渔具。

第二十七条　失去控制的船舶

失去控制的机动船、非自航船应当及早选择安全地点锚泊。严禁非自航船舶自行流放。

第三章　号灯和号型

第二十八条　一般规定

有关号灯的各条规定从日落到日出期间都应当遵守。在白天能见度不良的情况下也可以显示有关号灯。在显示号灯的时间内,凡是可能与规定号灯相混淆或者减弱其显示性能的灯光,均不得显示。

有关号型的各条规定,在白天都应当遵守。

号灯、号型均应当显示在最易见处,并符合本规则附件一的技术要求。除本规则另有规定外,几个号灯、号型组成一组时,均应当垂直显示。

第二十九条　在航的机动船

除本章另有规定外,机动船单船在航时,应当显示白光桅灯一盏,红、绿光舷灯各一盏,白光艉灯一盏。船舶长度为50米以上的机动船,还应当在后桅显示另一盏白光桅灯;除快速船外,船舶长度小于12米的机动船,条件不具备时,可以显示白光环照灯一盏和红、绿光并合灯一盏,也可以显示红、白、绿光三色灯一盏,以代替上述规定的号灯。

下列船舶在航时,除显示前款规定的号灯外,还应当:

(一)快速船白天和夜间均显示黄闪光灯一盏。

(二)限于吃水的船舶夜间显示红光环照灯三盏,白天悬挂圆柱形号型一个。

(三)横江渡船夜间在桅杆的横桁两端显示绿光环照灯各一盏,白天在桅杆横衍的一侧悬挂双箭头号型一个。

第三十条　在航的船队

在航的船队分别按下列规定显示号灯：

（一）拖船除显示舷灯、艉灯外，还应当按拖带形式显示：

1. 吊拖或者吊拖又顶推船舶时，显示白光桅灯两盏。

2. 顶推船舶、排筏时，显示白光桅灯三盏。拖船显示上述号灯有困难时，可以改在船队中最适宜的船舶上显示。

3. 吊拖排筏时，显示白、绿、白光桅灯各一盏。

4. 吊拖船舶、排筏的拖船，为便于被吊拖船舶或者排筏操舵，也可以在烟囱或者桅的后面，高于艉灯的位置显示另一盏白光灯，但灯光不得在正横以前显露。

（二）两艘以上拖船共同拖顶组成一个船队时，应当按拖带形式显示：

1. 共同顶推船舶、排筏时，应当在一艘拖船上显示顶推船队的号灯，其余拖船只显示被顶推船号灯。

2. 前后吊拖船舶、排筏或者采用又吊拖又顶推的混合队形时，最前面一艘拖船显示吊拖号灯，后面的拖船只显示被拖船的号灯。

（三）被吊拖、顶推的船舶或者排筏在航时，应当显示下列号灯：

1. 被吊拖、顶推的船舶应当显示红、绿光舷灯。被编组为多排数列式队形时，应当在最左边的一列船舶只显示红光舷灯，在最右边的一列船舶只显示绿光舷灯。顶推船队中最前一艘船的船首，应当显示白光船首灯一盏，其灯光不得在正横后显露。被顶推船的船尾超过拖船船尾时，还应当显示白光艉灯。吊拖船队中最后一排船应当显示白光艉灯。

2. 船舶长度未满 30 米的船舶被吊拖为单排一列式时，每艘船可以显示白光环照灯一盏以代替红、绿光舷灯。

3. 人力船、帆船、物体在被吊拖、顶推时，应当显示白光环照灯一盏，被顶推时灯光不得在正横后显露。当编组为多排数列式时，则在左、右最外一列显示。

4. 排筏被吊拖时，应当在排筏四角高出排面至少 1 米处显示白光环照灯各一盏；被顶推时，在排首两角高出排面至少 1 米处显示白光环照灯各一盏，其灯光不得在正横后显露。

第三十一条　在航的人力船、帆船、排筏

人力船、帆船在航时，应当在船尾最易见处显示白光环照灯一盏。帆船遇见机动船驶来时，应当及早在船头显示另一盏白光环照灯或者白光手电筒，直到机动船驶过为止。

人力船、帆船由于操作上的困难，确实不能按照机动船要求方向避让时，夜间应当用白光灯或者白光手电筒，白天用白色信号旗左右横摇。

排筏流放时，应当在前、后高出排面至少 1 米处显示白光环照灯各一盏。

第三十二条　工程船

工程船未进入工地或者已撤出工地时，应当显示一般船舶规定的信号，进入工地时，应当显示下列号灯、号型：

（一）工程船在工地其位置固定时，夜间显示环照灯三盏，其连线构成尖端向上的等边三角形，三角形顶端为红光环照灯，底边两端，通航的一侧为白光环照灯，不通航的一侧为红光环照灯。白天在桅杆横桁两端各悬挂号型一个，通航的一侧为圆球，不通航的一侧为十字号型。

（二）自航工程船在航施工时，除显示机动船在航号灯外，夜间显示红、白、红光环照灯各一盏，白天悬挂圆球、菱形、圆球号型各一个。被拖船拖带的工程船在航施工时，除按第三十条规定显示号灯外，还应当显示与自航工程船在航施工时相同的号灯、号型。

（三）工程船所伸出的排泥管，应当在管头和管尾并每隔 50 米距离，显示白光环照灯一盏。

船舶有潜水员在水下作业时，夜间应当显示红光环照灯一盏，白天悬挂"A"字信号旗一面。

第三十三条　掉头

长度为 30 米以上的机动船或者船队，在掉头前五分钟，夜间应当显示红、白光环照灯各一盏，白天悬挂上为圆球一个，下为回答旗一面的信号，掉头完毕后熄灭或者落下。

第三十四条　停泊

船舶、排筏停泊时，分别按下列规定显示信号：

（一）机动船、非自航船停泊时，夜间显示白光环照灯一盏；船舶长度为 50 米以上的，应当在前部和尾部各显示白光环照灯一盏，前灯高于后灯。白天锚泊时均悬挂圆球一个。

（二）人力船、帆船停泊时，夜间显示白光环照灯一盏。排筏停泊时，夜间靠航道一侧，前部和后部各显示白光环照灯一盏。

（三）停泊的船舶、排筏向外伸出有碍其他船舶行驶的缆索、锚、锚链或者其他类似的物体时，应当在伸出的方向，夜间显示红光环照灯一盏，白天悬挂红色号旗一面。

第三十五条　搁浅

搁浅的机动船、非自航船夜间除显示停泊号灯外，还应当显示红光环照灯两盏，白天悬挂圆球三个。

第三十六条　装运危险货物

装运易爆、易燃、剧毒、放射性危险货物的船舶在停泊、装卸及航行中，除显示为一般船舶规定的信号外，夜间还应当在桅杆的横桁上显示红光环照灯一盏，白天悬挂“B”字信号旗一面。

第三十七条　要求减速

要求减速的船舶、排筏或者地段，应当在桅杆横桁处或者地段上、下两端，夜间显示绿、红光环照灯各一盏，白天悬挂“RY”信号旗一组。

重载人力船、帆船要求机动船减速，夜间用白光灯或者白光手电筒，白天用白色号旗，在空中上下挥动。

第三十八条　渔船

渔船不捕鱼时，显示为一般船舶规定的信号。捕鱼时应当显示下列号灯、号型：

（一）机动船在捕鱼时，夜间除显示机动船在航或者锚泊的号灯外，还应当显示绿、白光环照灯各一盏。白天悬挂尖端相对的两个圆锥体所组成的号型。

（二）人力船、帆船捕鱼时，不论在航或者停泊，夜间均应当显示白光环照灯一盏，白天悬挂篮子一个。

（三）渔船有外伸渔具时，应当在渔具伸出方向，夜间显示白光环照灯一盏，白天悬挂三角红旗一面。

第三十九条　失去控制的船舶

失去控制的机动船、非自航船锚泊前，夜间除显示舷灯和艉灯外，还应当显示红光环照灯两盏，白天悬挂圆球两个。

第四十条 船舶眠桅

船舶通过桥梁、架空设施需要眠桅不能按规定显示桅灯时，应当在两舷灯光源连线中点上方不受遮挡处显示白光环照灯一盏，代替桅灯。通过后立即恢复原状。

第四十一条 监督艇和航标艇

监督艇执行公务时，夜间应当显示舷灯、艉灯和红闪光旋转灯一盏。

航标艇在航时，夜间应当显示舷灯、艉灯和绿光环照灯两盏；

停泊时显示绿光环照灯两盏。

第四章 声响信号

第四十二条 声响信号设备

机动船应当配备号笛一个、号钟一只。非自航船、人力船、帆船和排筏应当配备号钟或者其他有效响器一只。

号笛、号钟应当符合本规则附件二的技术要求。

第四十三条 声号的含义

机动船为表示本船的意图、行动或者需要其他船舶、排筏注意时，应当根据本规则各条规定使用号笛发出下列声号：

（一）一短声——我正在向右转向；当和其他船舶对驶相遇时，表示“要求从我左舷会船”。

（二）两短声——我正在向左转向；当和其他船舶对驶相遇时，表示“要求从我右舷会船”。

（三）三短声——我正在倒车或者有后退倾向。

（四）四短声——不同意你的要求。

（五）五短声——怀疑对方是否已经采取充分避让行动，并警告对方注意。

（六）一长声——表示“我将要离泊”“我将要横越”，以及要求来船或者附近船舶注意。

（七）两长声——我要靠泊或者我要求通过船闸。

（八）三长声——有人落水。

（九）一长一短声——掉头时，表示“我向右掉头”；进出干、支流或者叉河口时，表示“我将要或者正在向右转弯”。

（十）一长两短声——掉头时，表示“我向左掉头”；进出干、支流或者叉河口时，表示“我将要或者正在向左转弯”。

（十一）一长三短声——拖船通知被拖船舶、排筏注意。

（十二）两长一短声——追越船要求从前船右舷通过。

（十三）两长两短声——追越船要求从前船左舷通过。

（十四）一长一短一长声——我希望和你联系。

（十五）一长一短一长一短声——同意你的要求。

（十六）一长两短一长声——要求来船同意我通过。

（十七）一短一长一短声——要求他船减速或者停车。

（十八）一短一长声——我已减速或者停车。

（十九）两短一长声——能见度不良时，表示“我是客渡船”。

前款中“短声”是指历时约1秒钟的笛声,“长声”是指历时4到6秒钟的笛声。一组声号内各笛声的间隔时间约为1秒钟,组与组声号的间隔时间约为6秒钟。

第四十四条 船舶相遇时声号的应用

船舶相遇时,应当按下列规定使用声号:

(一)两机动船对驶相遇,下行船(感潮河段的顺流船)应当在相距1千米以上处谨慎考虑航道情况和周围环境,及早鸣放会船声号;上行船(感潮河段的逆流船)听到声号后,如无特殊情况,应当立即回答相应的会船声号。在鸣放会船声号的同时,夜间还应当配合使用红、绿闪光灯,白天也可以配合使用白色号旗。鸣放声号一短声时,夜间连续显示红闪光灯,白天在左舷挥动白色号旗,表示要求来船从我左舷会过;鸣放声号两短声时,夜间连续显示绿闪光灯,白天在右舷挥动白色号旗,表示要求来船从我右舷会过。

(二)机动船发现人力船、帆船有碍本船航行,要求其让路时,应当鸣放声号一长声以引起注意,并鸣放一短声或者两短声表示本船动向。

(三)机动船驶经支流河口或者叉河口前,应当鸣放声号一长声以引起注意;进出干、支流或者叉河口前,向右转弯应当鸣放声号一长一短声,向左转弯应当鸣放声号一长两短声。

(四)机动船与在航施工的工程船对驶相遇,机动船应当在相距1千米以上处鸣放声号一长声,待工程船发出会船声号后,机动船方可以回答相应的会船声号,并谨慎通过。

第四十五条 能见度不良时的声响信号

船舶、排筏在能见度不良的情况下航行、停泊,应当按下列规定发出声响信号:

(一)在航的机动船应当每隔约1分钟鸣放声号一长声。在航的人力船、帆船、排筏应当每隔约1分钟急敲号钟或者其他有效响器约5秒钟。

(二)锚泊的机动船,非自航船、排筏应当每隔约1分钟急敲号钟或者其他有效响器约5秒钟。锚泊的人力船、帆船在听到来船声号后,应当不间断地急敲号钟或者其他有效响器,直到判定来船已对本船无碍时为止。

第四十六条 甚高频无线电话

配有甚高频无线电话的船舶在航时,应当在规定的频道上正常守听,并按下列规定进行通话:

(一)一般先由被让路船呼叫,通话时用语应当简短、明确。

(二)一船发出呼叫后,未闻回答,应当认为另一船未设有无线电话设备。

(三)两船的避让意图经通话商定一致后,仍应当按本规则规定鸣放声号。

(四)船舶驶近弯曲、狭窄航段以及在能见度不良的情况下航行,应当用无线电话周期性地通报本船船位和动态。

第五章 附则

第四十七条 附件

本规则的三个附件是本规则的组成部分,与本规则条文具有同等效力。

本规则中所称的“以上”“大于”,包括本数;所称的“未满”“小于”,不包括本数。

第四十八条 解释机关

本规则的解释权属于中华人民共和国交通部。

第四十九条　生效

本规则自一九九二年一月一日零时起生效，交通部一九七九年颁布的《内河避碰规则》同时废止。

附件一　号灯和号型的技术要求

（一）号灯：

1.“桅灯”是指安置在船舶的桅杆上方或者首尾中心线上方的号灯，在 225 度的水平弧内显示不间断的灯光，其装置要使灯光从船舶的正前方到每一舷正横后 22.5 度内显示。

在后桅装设另一盏桅灯时，后灯高于前灯的垂向距离至少为 3 米，水平距离不小于船舶长度的一半。

2.“舷灯”是指安置在船舶最高甲板左右两侧的左舷的红光灯和右舷的绿光灯，各自在 112.5 度的水平弧内显示不间断的灯光，其装置要使灯光从船舶的正前方到各自一舷的正横后 22.5 度内分别显示。

舷灯遮板向灯面，应当涂以无光黑漆。遮板的高度至少等于灯高。

船舶长度为 80 米以上的驳船，应当在船首、尾部分别设置红、绿光舷灯。

3.“艉灯”是指安置在船尾正中的白光灯，在 135 度的水平弧内显示不间断的灯光，其装置要使灯光从船舶的正后方到每一舷 67.5 度内显示。艉灯的高度应当尽可能与舷灯保持水平，但不得高出舷灯。

4.“船首灯”是指安置在被顶推驳船首的一盏白光灯，在 180 度的水平弧内显示不间断的灯光，其装置要使灯光从船舶的正前方到每一舷 90 度内显示，但不得高于舷灯。

5.“环照灯”是指在 360 度的水平弧内显示不间断灯光的号灯。

6.“红闪光灯”“绿闪光灯”是指安置在舷灯上方左红、右绿的闪光环照灯，其频率为每分钟 50 至 70 闪次。

船舶长度小于 12 米的机动船也可以用红、绿光手电筒代替红、绿闪光灯，但应当保持灯光明亮，颜色清晰分明。

7.“黄闪光灯”是指安置在快速船桅杆上的黄闪光环照灯，其频率为每分钟 50 至 70 闪次。

8.“红、绿光并合灯”是指安装在桅灯的位置，分别从船舶的正前方到左舷正横后 22.5 度内显示红光，到右舷正横后 22.5 度内显示绿光的一盏并合灯。

9.“红、白、绿光三色灯”是指安装在桅灯的位置，从船舶的正前方到左舷正横后 22.5 度内显示红光，到右舷正横后 22.5 度内显示绿光，从船舶的正后方到每舷 67.5 度内显示白光的并合灯。

10.“能见距离”是指在大气透射率为 0.8 的黑夜，用正常目力能见到的规定的号灯距离。

11. 号灯的能见距离、桅灯垂直间距和舷灯遮板长度的技术要求见表一。

（二）操纵号灯：

1. 有条件的船舶可以装置操纵号灯，以补充本规则第四十四条（一）项所规定的声号，操纵号灯的每闪历时应当尽可能与声号鸣放的历时时间同步，其表示的意义与相应的声号意义相同。

2. 操纵号灯应当安置在一盏或者多盏桅灯的同一首尾垂直面上，并不低于前桅灯的位置。

3. 操纵号灯是一盏白光环照灯，其能见距离至少为 4 千米。

（三）船舶长度小于 12 米的机动船夜间航行必须备有能够使用的发电设备和蓄电池，以保证号灯的能见距离。

（四）号型、号旗：

1. 除另有规定外，号型均为黑色。

2. 号型间的垂直距离不得小于 1.5 米，但船舶长度未满 30 米的船舶，其号型间距可相应减小。

3. 横江渡船号型的箭头为等边三角形。

4. 红色、白色旗的规格是宽 0.6 米，高 0.4 米。

5. 本规则所用信号旗和回答旗，均应当符合《1969 年国际信号规则》的规定。

6. 号型的技术要求见表二。

表一

<table>
<tr><th rowspan="2">船舶长度</th><th rowspan="2">桅灯、一组号灯间距离</th><th rowspan="2">舷灯遮板长度（m）</th><th colspan="8">能见距离（km）</th></tr>
<tr><th>桅灯</th><th>舷灯</th><th>尾灯</th><th>环照灯</th><th>闪光灯</th><th>人力船、帆船、排筏和船舶长度小于 12 m 的机动船的白色环照灯</th><th>船首灯</th><th>红、绿光并合灯和红、白、绿光三色灯</th></tr>
<tr><td>50 m 以上</td><td>1.5 m（最低一盏不小于最高甲板以上 4.5 m）</td><td>0.91</td><td>6</td><td>4</td><td>4</td><td>4</td><td>4</td><td rowspan="3">2</td><td rowspan="3">2</td><td rowspan="3">1</td></tr>
<tr><td>30 m 至未满 50 m</td><td>1 m（最低一盏不小于最高甲板以上 3 m）</td><td>0.91</td><td>5</td><td>3</td><td>3</td><td>3</td><td>3</td></tr>
<tr><td>未满 30 m</td><td>0.6 m（最低一盏不小于最高甲板以上 1 m）</td><td>0.6</td><td>3</td><td>2</td><td>2</td><td>2</td><td>2</td></tr>
</table>

表二 　　　　**单位：m**

<table>
<tr><th rowspan="2">船舶长度</th><th>球形</th><th colspan="2">十字形</th><th colspan="2">圆柱形</th><th colspan="2">圆锥形</th><th rowspan="2">菱形</th><th rowspan="2">横江渡船号型</th></tr>
<tr><th>直径</th><th>长度</th><th>宽度</th><th>直径</th><th>高度</th><th>底圆直径</th><th>高度</th></tr>
<tr><td>30 m 以上</td><td>0.6</td><td>0.6</td><td>0.6</td><td>0.6</td><td>1.2</td><td>0.6</td><td>0.6</td><td rowspan="2">两个圆锥体以底相合组织</td><td rowspan="2">双箭头，箭身长 1 m，宽 0.2 m；箭头为等边三角形，边长 0.3 m</td></tr>
<tr><td>30 m 以下</td><td>0.3</td><td>0.3</td><td>0.3</td><td colspan="2"></td><td>0.6</td><td>0.6</td></tr>
</table>

附件二　声响信号设备的技术要求

（一）号笛应当能够出符合本规则要求的声号。船舶长度为 30 米以上的船舶，可听距离不小于 2 千米，船舶长度未满 30 米的船舶，可听距离不小于 1 千米。

（二）号笛应当安置在船上尽可能高的地方，使声音尽可能少受障碍物阻挡，特别在前方方向上或者特定方向上。

（三）号钟或者其他具有类似音响特性的器具所发出的声压级，在距它 1 米处，应当不小于 110 分贝。

（四）号钟应当用抗蚀材料制成，并能发出清晰的音响。船舶长度为 30 米以上的船舶，号钟口的直径应当不小于 300 毫米，船舶长度未满 30 米的船舶，应当不小于 200 毫米。钟锤的重量应当不小于号钟重量的 3%。

附件三　遇险信号

（一）船舶遇险需要其他船舶救助时，应当同时或者分别使用下列信号：

1. 用号笛、号钟或者其他任何有效响器连续发出急促短声；
2. 用无线电报或者其他通信方法发出莫尔斯码组 · · · — — — · · ·（SOS）的信号；
3. 用无线电话发出“求救”或者“梅代”（MAYDAY）语音的信号；
4. 在船上燃放火焰；
5. 人力船、帆船遇险时白天摇红色号旗，夜间摇红光灯或者红光手电筒。

（二）任何船舶如见他船遇险，也可以代发上述求救信号，但应当说明遇险船舶的船名、位置。

（三）除船舶遇险需要救助外，可能与上述信号有混淆的其他信号，都禁止使用。

附录二　国际信号旗

一、字母旗

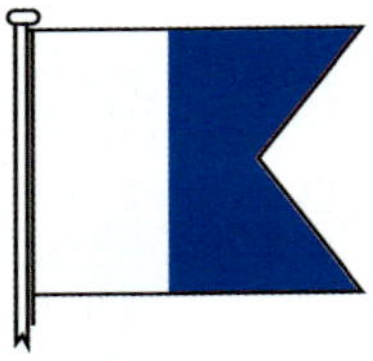 A 我下面有潜水员；请慢速远离我	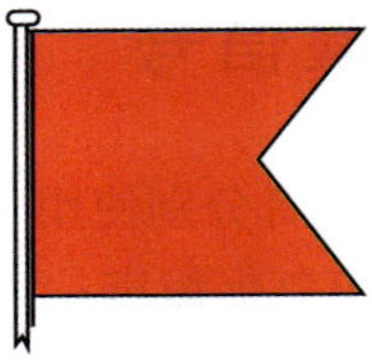 B 我正在装卸或载运危险货物	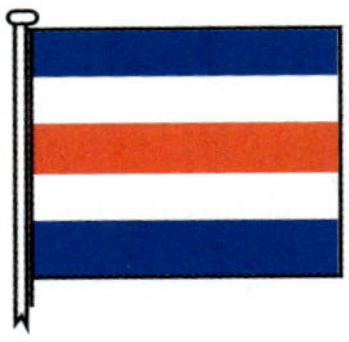 C 是	 D 请让开我，我操纵困难
 E 我正在向右转向	 F 我操纵失灵；请与我通信	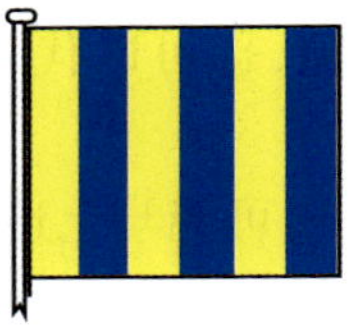 G 我需要引航员	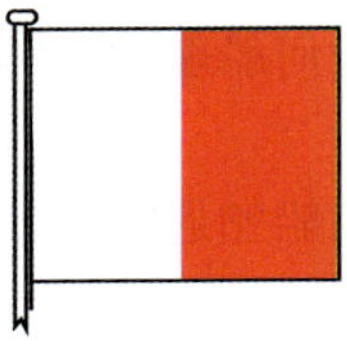 H 我船上有引航员
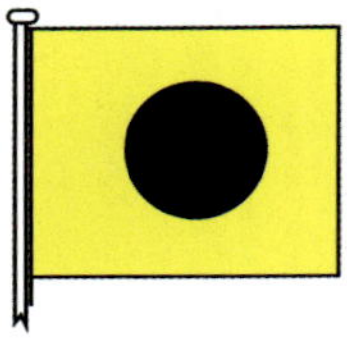 I 我正在向左转向	 J 我船失火，并且船上有危险货物，请远离我	 K 我希望与你通信	 L 你应立即停船

 M 我船已停，并已没有对水速度	 N 不	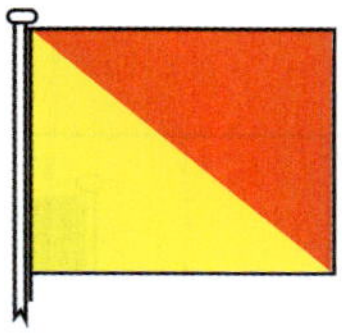 O 有人落水	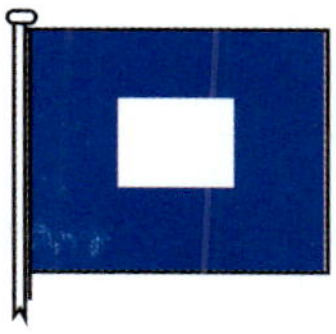 P 在港内，本船将要出海，所有人员应立即回船
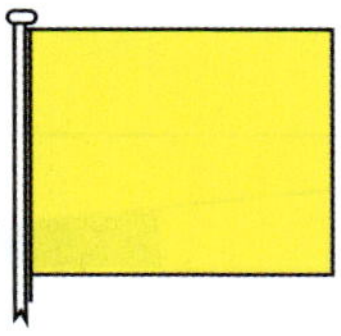 Q 我船没有染疫，请发给我进口检疫证	 R 收到了，或已收到你最后的信号（程序信号）	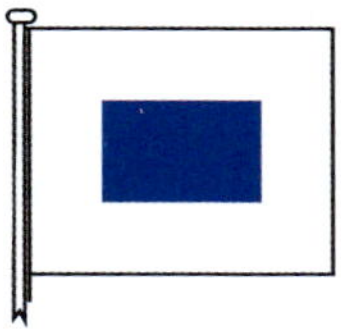 S 我的机器正在开倒车	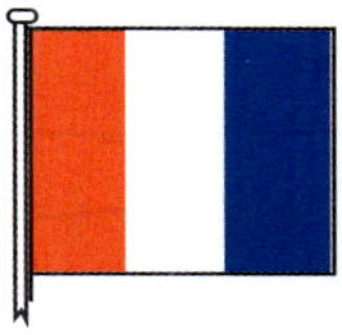 T 请让开我，我正对拖作业
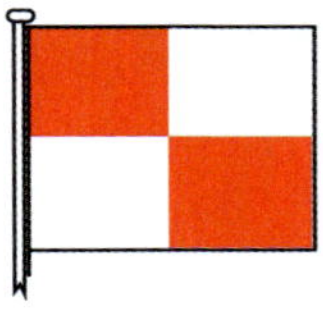 U 你正临近危险中	 V 我需要援助	 W 我需要医疗援助	 X 中止你的意图，并注意我发送的信号
 Y 我正在走锚	 Z 我需要一艘拖船（在渔场由邻近一起作业的渔船使用时，它的意思是“我正在放网”）		

二、数字旗、代旗及回答旗

1	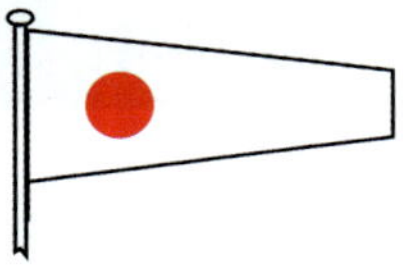	2	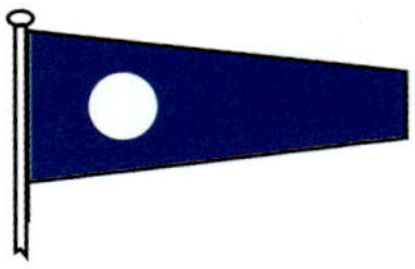	3	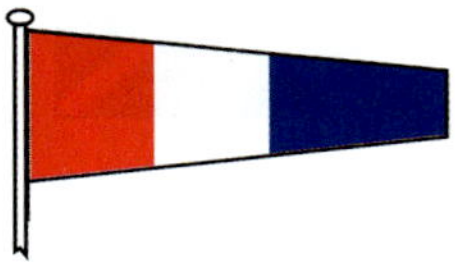
4	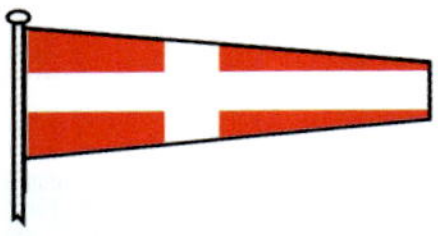	5	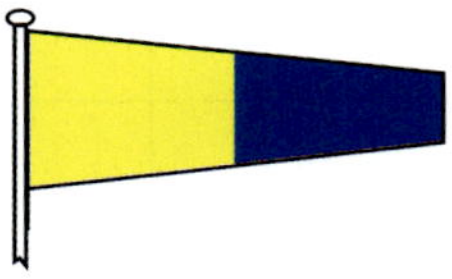	6	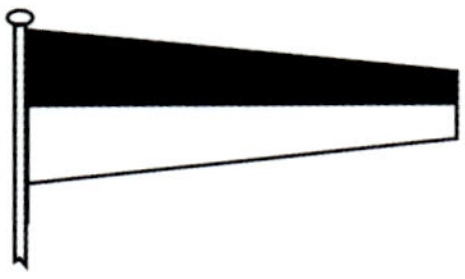
7	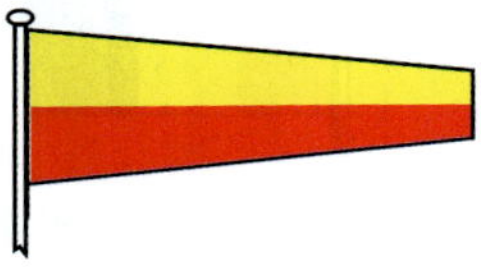	8	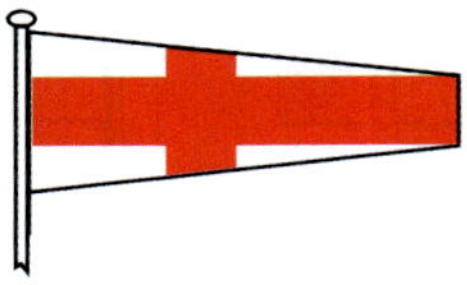	9	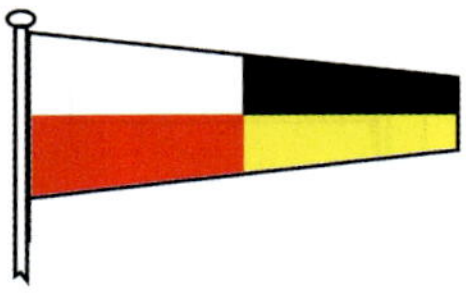
0	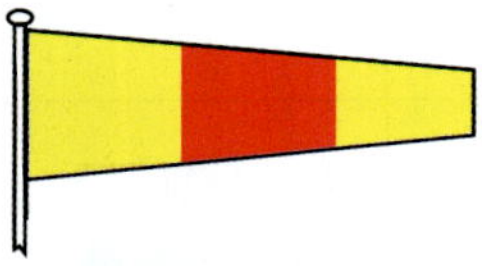	代 1		代 2	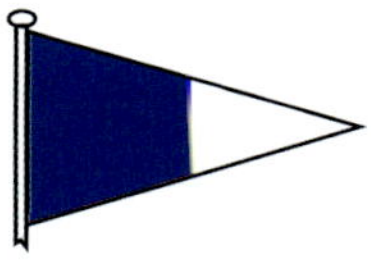
代 3	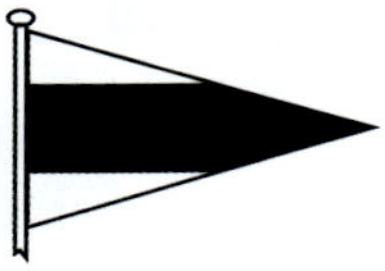	回答			

附录三　内河船舶避碰示意图

一、机动船对驶相遇

1. 在感潮河段以上航段，甲（上行船）让乙（下行船）。

2. 在感潮河段，甲（逆流船）让乙（顺流船）。

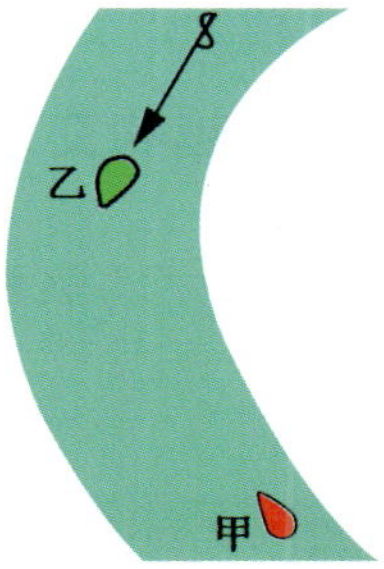

3. 在湖泊、水库或平流区域，一船为单船，另一船为船队时，乙（单船）让甲（船队）。

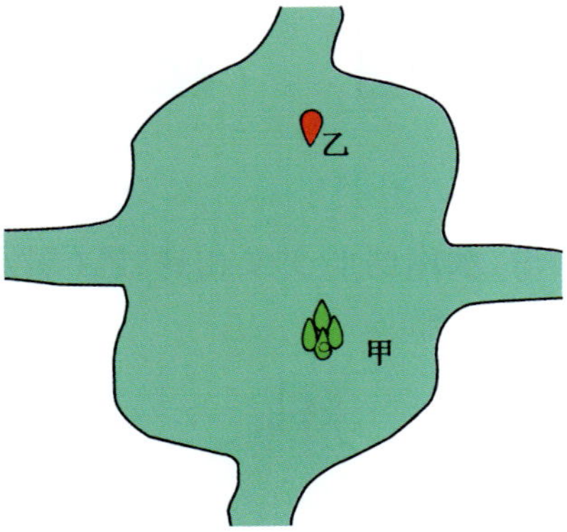

4. 在平流区域或湖泊、水库，两船同为单船或船队，丙（上行船）让乙（下行船）。

二、机动船追越

甲（追越船）让乙（被追越船）。

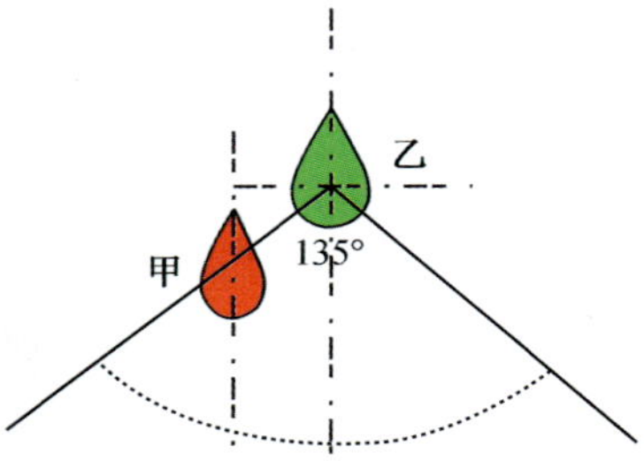

三、机动船横越和交叉相遇

1. 甲（横越船）让乙（顺航道行驶船舶）。

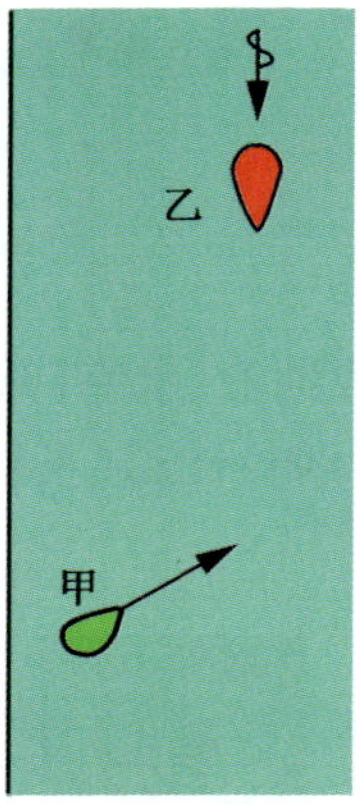

2. 同流向两横越船交叉相遇，乙（居左船）让甲（居右船），丙（居左船）让丁（居右船）。

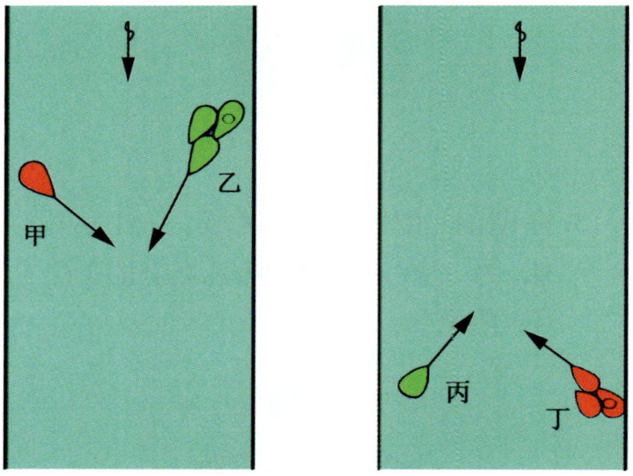

3. 不同流向两横越船相遇，甲（上行船或逆流船）让乙（下行船或顺流船）。

4. 在湖泊、水库两船交叉相遇，乙（居左船）让甲（居右船）。

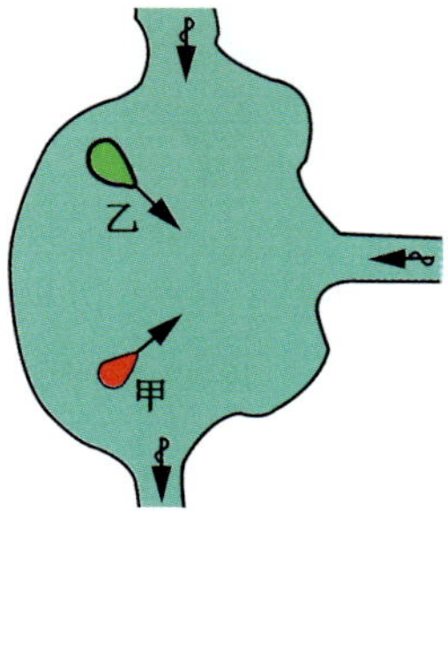

四、机动船尾随行驶

甲(后船)让乙(前船)。

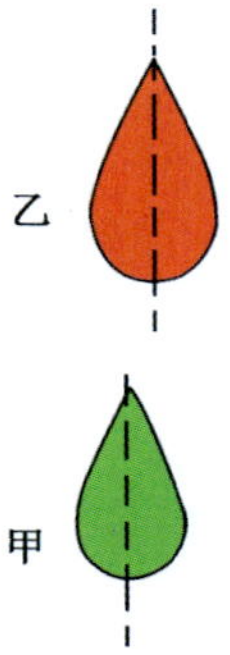

五、机动船在干、支流交汇水域相遇

1. 甲或乙(从干流驶进支流的船舶)让丙(从支流驶出的船舶)。

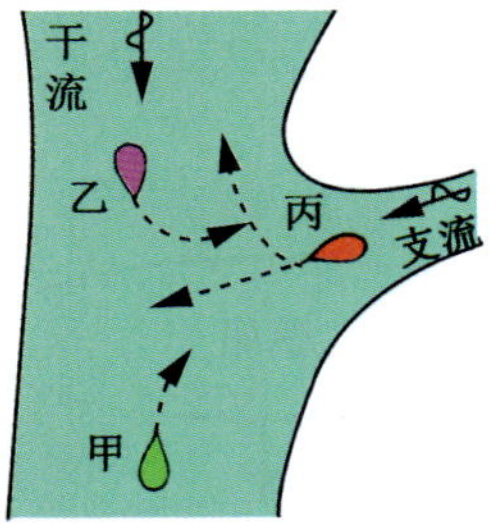

2. 干流船同支流驶出的船舶同一流向时,甲(干流船)让乙(支流驶出的船舶)。

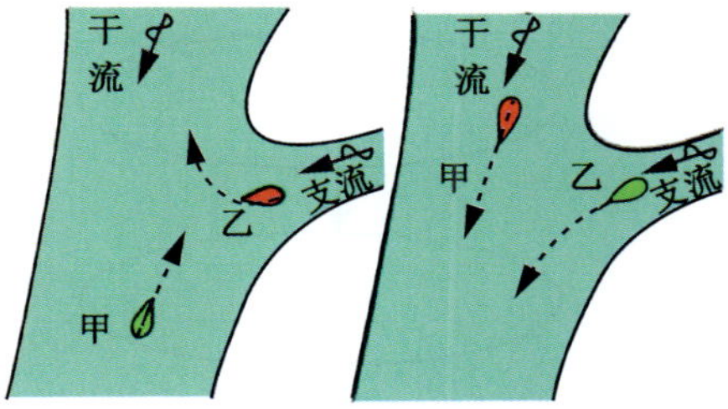

3. 干流船同支流驶出的船舶不同一流向时,甲(上行船或逆流船)让乙(下行船或顺流船)。

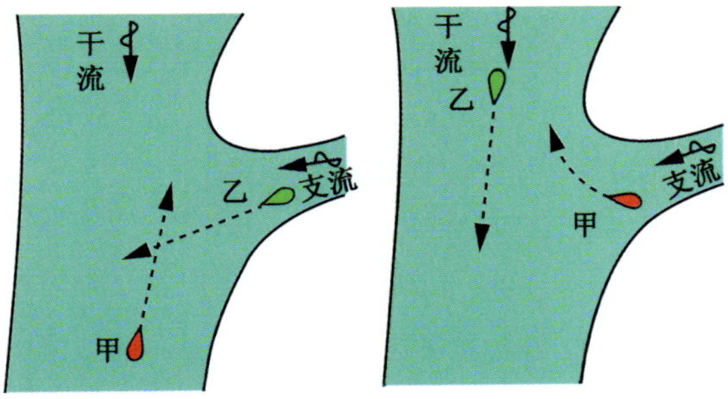

4. 在平流区域进出干、支流交汇水域时,甲(居左船)让乙(居右船)。

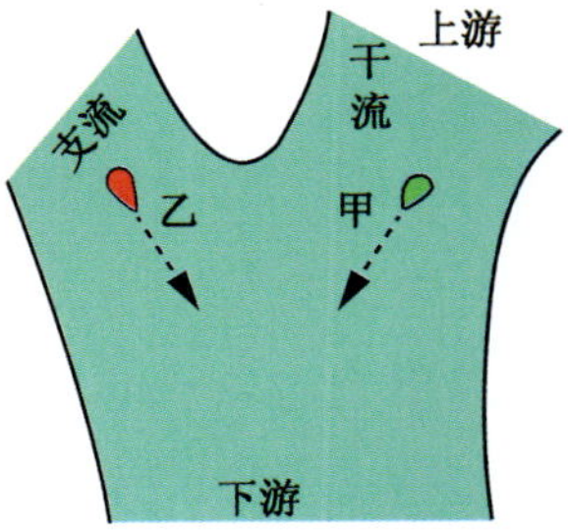

六、机动船在汊河口相遇

1. 同一流向时，乙（居左船）让甲（居右船）。

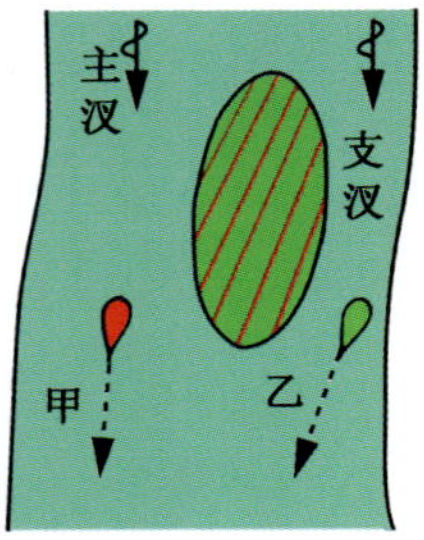

2. 不同流向时，甲（上行船或逆流船）让乙（下行船或顺流船）。

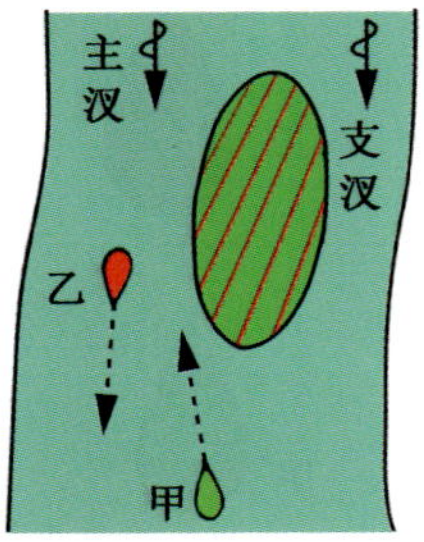

七、不同类型船舶之间的避让责任

说明：箭头方向为一船给另一船让路的关系和顺序。

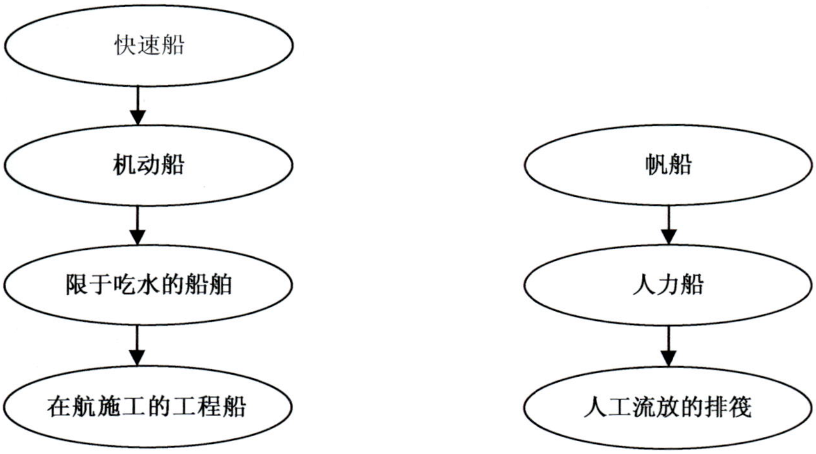

八、两帆船相遇

1. A(顺风船)让 B(抢风船)。

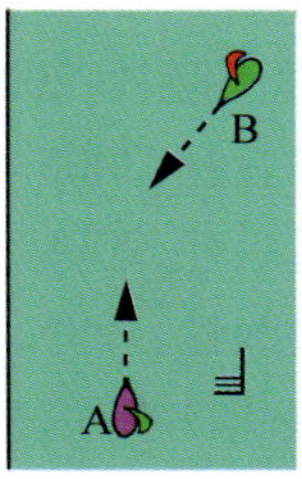

2. 两帆船不同舷受风时,A(左舷受风船)让 B(右舷受风船)。

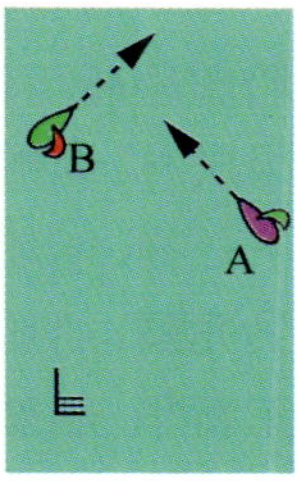

3. 两帆船同舷受风时,“上风船”让“下风船”。

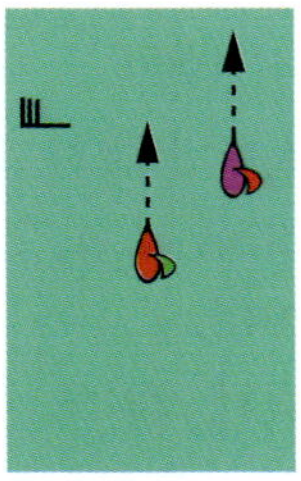

参考文献

[1]吴兆麟. 船舶避碰与值班. 2 版. [M]. 大连:大连海事大学出版社,2007.

[2]蔡存强,杲庆林. 船舶值班与避碰[M]. 北京:人民交通出版社,2005.

[3]赵月林,卜仁祥. 船舶值班与避碰[M]. 北京:人民交通出版社,2008.

[4]司玉琢,吴兆麟. 船舶碰撞法[M]. 大连:大连海运学院出版社,1995.

[5]袁安平,王新华. 船舶避碰[M]. 大连:大连海运学院出版社,1993.

[6]孙文强. 船舶值班与避碰[M]. 大连:大连海事大学出版社,2000.

[7]赵劲松,王逢辰,刘正江,等. 碰撞与避碰规则[M]. 大连:大连海事大学出版社,1995.

[8]赵劲松,王逢辰. 船舶避碰学原理[M]. 大连:大连海事大学出版社,1999.

[9]郑中义,吴兆麟. 船舶避碰决策[M]. 大连:大连海事大学出版社,2000.

[10]张品生,吴士惕. 避碰与信号[M]. 北京:人民交通出版社,1999.

[11]丁继民,杨建国. 船舶避碰与信号[M]. 大连:大连海事大学出版社,2010.

[12]中国海事服务中心. 船舶操纵与避碰(船舶避碰)[M]. 北京:人民交通出版社,2012.

[13]张维俊. 避碰与信号[M]. 武汉:武汉理工大学出版社,2015.

[14]张庆九. 匡冠生. 案例分析[M]. 武汉:武汉理工大学出版社,2015.

[15]丁继民,张维俊. 船舶避碰与信号(驾驶专业 2016 版)[M]. 大连:大连海事大学出版社,2016.